mais trabalho!

COLEÇÃO
Mundo do Trabalho

CAPITALISMO PANDÊMICO
Ricardo Antunes

CUIDADO: TEORIAS E PRÁTICAS
Helena Hirata

GÊNERO E TRABALHO NO BRASIL E NA FRANÇA
Alice Rangel de Paiva Abreu, Helena Hirata
e Maria Rosa Lombardi (orgs.)

ICEBERGS À DERIVA
Ricardo Antunes (org.)

OS LABORATÓRIOS DO TRABALHO DIGITAL
Rafael Grohmann

AS ORIGENS DA SOCIOLOGIA DO TRABALHO
Ricardo Festi

PARA ALÉM DO CAPITAL E PARA ALÉM DO LEVIATÃ
István Mészáros

A PERDA DA RAZÃO SOCIAL DO TRABALHO
Maria da Graça Druck e Tânia Franco (orgs.)

SEM MAQUIAGEM: O TRABALHO DE UM MILHÃO
DE REVENDEDORAS DE COSMÉTICOS
Ludmila Costhek Abílio

A SITUAÇÃO DA CLASSE TRABALHADORA NA INGLATERRA
Friedrich Engels

SUB-HUMANOS: O CAPITALISMO E A METAMORFOSE DA ESCRAVIDÃO
Tiago Muniz Cavalcanti

TEOREMA DA EXPROPRIAÇÃO CAPITALISTA
Klaus Dörre

UBERIZAÇÃO, TRABALHO DIGITAL E INDÚSTRIA 4.0
Ricardo Antunes (org.)

Veja a lista completa dos títulos em:
https://bit.ly/BoitempoMundodoTrabalho

Sadi Dal Rosso

mais trabalho!
a intensificação do labor na sociedade contemporânea

Copyright © Sadi Dal Rosso
Copyright desta edição © Boitempo Editorial, 2008

Direção-geral Ivana Jinkings
Edição Ana Paula Castellani e João Alexandre Peschanski
Assistência editorial Mariana Tavares
Preparação Luís Brasilino
Revisão Ruy Cintra Paiva
Editoração eletrônica Liliana Rodriguez
Capa Guilherme Xavier
(sobre foto de Pieter Janssen)
Coordenação de produção Juliana Brandt
Assistência de produção Livia Viganó

CIP-BRASIL. CATALOGAÇÃO-NA-FONTE
SINDICATO NACIONAL DOS EDITORES DE LIVROS, RJ

D157m Dal Rosso, Sadi, 1946-
Mais trabalho! : a intensificação do labor na sociedade contemporânea / Sadi Dal Rosso. - São Paulo : Boitempo, 2008.

(Mundo do trabalho)
ISBN 978-85-7559-119-2

1. Sociologia do trabalho. 2. Trabalho - Aspectos sociais. 3. Capitalismo - Aspectos sociais. 4. Produtividade do trabalho. 5. Trabalho - Efeito das inovações tecnológicas. 6. Trabalhadores - Condições sociais. 7. Relações trabalhistas. I. Título. II. Título: A intensificação do labor na sociedade contemporânea. III. Série.

08-2794.   CDD:306.3
                                               CDU:316.334.22

É vedada a reprodução de qualquer parte
deste livro sem a expressa autorização da editora.

1ª edição: agosto de 2008; 3ª reimpressão: outubro de 2024

BOITEMPO
Jinkings Editores Associados Ltda.
Rua Pereira Leite, 373
05442-000 São Paulo SP
Tel.: (11) 3875-7250 | 3875-7285
editor@boitempoeditorial.com.br
boitempoeditorial.com.br | blogdaboitempo.com.br
facebook.com/boitempo | twitter.com/editoraboitempo
youtube.com/tvboitempo | instagram.com/boitempo

SUMÁRIO

Apresentação 7
Antonio David Cattani

Introdução. a onda contemporânea de
intensificação do trabalho 11

Parte I. o conceito de intensidade do trabalho 17

1. Intensidade do trabalho 19
   1.1 A que fenômeno damos o nome
       de intensidade do trabalho? 19
   1.2 Produtividade e intensidade do trabalho 25
   1.3 Materialidade e imaterialidade 29
   1.4 Indústria e serviços 36
2. A construção histórica da noção de intensidade do trabalho 45
   2.1 Revolução Industrial – séculos XVIII e XIX 46
   2.2 O taylorismo e o fordismo 56
   2.3 O toyotismo 63
   2.4 Estudos recentes 70

Parte II. a intensidade do trabalho e os trabalhadores 81

3. Um processo gradual e irreversível de difusão da intensidade
   do trabalho 83
   3.1 As escolas de gestão 83
   3.2 A debilidade de tratamento teórico e empírico
       da questão no Brasil e na América Latina 87
   3.3 Debilidades em âmbito mundial 89

	3.4 Fontes de dados no Brasil	89
	3.5 Técnicas de pesquisa para estudar a intensidade do trabalho	91
	3.6 Construção conceitual do problema e da hipótese	94
	3.7 O trabalho de campo	97
4.	A intensificação do trabalho e os trabalhadores	101
	4.1 O processo como um todo	101
	4.2 Instrumentos de intensificação	106
	4.3 Intensificação do trabalho e saúde	135
5.	A diversidade da intensificação do trabalho	149
	5.1 Bancos e finanças	150
	5.2 Telefonia e comunicação	163
	5.3 Supermercados	170
	5.4 Ensino privado	175
	5.5 Construção civil	180
	5.6 Serviço público	182

Conclusão. a teoria da intensidade do trabalho 189

Notas finais 203

Agradecimentos 207

APRESENTAÇÃO

As formas contemporâneas de produção capitalista de bens e serviços são medíocres, atentam contra o bem comum e exploram os trabalhadores em condições que não correspondem mais às potencialidades do tempo presente. Comparativamente a outros modos de produção, o capitalismo representou um avanço extraordinário, superando formas primárias assentadas em relações de produção mediadas por despotismos diversos: políticos, étnicos, familiares ou religiosos. Ao revolucionar continuamente as forças produtivas, ao implementar uma racionalidade instrumental agenciando meios e fins e ao disciplinar as forças sociais do trabalho em moldes produtivistas, o capitalismo suplantou a base limitada da economia e das sociedades existentes até então, lançando a espécie humana na aventura da expansão material ilimitada. Infinitas possibilidades tecnológicas foram desenvolvidas, embora isso se tenha dado no quadro estrito de relações sociais marcadas pela apropriação privada de uma produção que é, essencialmente, coletiva[1].

Jamais, na história da humanidade, houve tamanha criação material: bens e serviços abundantes e de melhor qualidade, inovações que proporcionam mais conforto e saúde, possibilidade de fruição de novas dimensões da vida, disponibilidade de aparatos tecnológicos que facilitam os deslocamentos e as comunicações dos indivíduos. Porém, o preço a pagar revelou-se absurdamente alto. A lógica inexorável do princípio da acumulação ilimitada e da concentração do capital leva à destruição da natureza e ao crescimento das desigualdades socioeconômicas de modo indigno. Mas, sobretudo, a forma

---

[1] Antonio David Cattani (org.), "Os conceitos essenciais", em *A outra economia* (Porto Alegre, Veraz, 2003), p. 9.

capitalista de produção continua baseada no princípio de fungibilidade física e intelectual do trabalho vivo, organizado e disciplinado em condições desinteressantes e estressantes que levam ao embotamento da inteligência, à alienação de muitos para o benefício de poucos.

Novos recursos e infinitas possibilidades materiais surgem de maneira acelerada. A tecnociência e seus múltiplos desdobramentos (bio e transgenia, nanotecnologia etc.) poderiam livrar a humanidade do espectro da fome, reduzir a dor, ampliar o conforto e a segurança. As inovações tecnológicas e organizacionais poderiam reduzir as tarefas penosas, facilitar o labor consciente e criativo que propicia a realização pessoal plena. Mas, novamente, o que se constata é a apropriação desigual dos frutos do progresso, a exploração das forças vulneráveis do trabalho, a inserção subordinada em ambientes de trabalho apresentados como modernos quando, na realidade, reproduzem condições similares às existentes no pré-capitalismo. A reestruturação produtiva, a implantação da especialização flexível e a automação desenfreada proporcionam boas condições de trabalho para poucos, atemorizando os demais com a ameaça da precarização e da exclusão definitiva da esfera produtiva social.

Possibilidades emancipatórias de um lado, realidade social medíocre de outro. Pode-se falar de descompasso, de paradoxo ou de contradição. O fato é que o capitalismo contemporâneo possui dimensões senis, medíocres, que não atendem às necessidades e demandas de uma sociedade mais exigente, técnica e intelectualmente mais qualificada, de uma sociedade que não pode continuar sendo refém de um processo predatório, desrespeitoso à natureza e aos princípios de solidariedade, fraternidade e liberdade.

Ora, as afirmações anteriores podem ser interpretadas como julgamentos morais fundamentados numa visão utópica de uma outra economia e de que um outro mundo é possível. O sistema capitalista vangloria-se da sua legitimidade construída pelo fato de, *soi-disant*, atender racionalmente aos interesses do conjunto da população. Apresentado como eficiente e eficaz, ele seria melhor do que qualquer outro modo de produção e, sobretudo, estaria em constante processo de aperfeiçoamento.

O embate entre os que sustentam que o capitalismo precisa ser superado e aqueles que o defendem como horizonte intransponível não pode ser travado apenas com dados factícios e com argumentos inconsistentes que não correspondam à realidade. O livro de Sadi Dal Rosso é uma obra científica de valor inestimável para qualificar a discussão, pois analisa rigorosamente situações e dinâmicas cruciais na expansão capitalista neste início do século XXI. Com precisão e clareza, o autor comprova a continuidade e o fomento de uma estratégia essencial da dinâmica capitalista: aquela de intensificar o trabalho humano com o objetivo de elevar quantitativa e qualitativamente os resultados. Em outros termos, fazer com que os produtores diretos trabalhem mais, produzam mais e melhor e que, com isso, proporcionem mais lucros ao capitalista.

A obra *Mais trabalho!* é um desmentido cabal às interpretações apologéticas da superioridade do capitalismo e às teses equivocadas sobre o fim da centralidade do trabalho, sobre o surgimento da "sociedade da inteligência" ou da "comunicação", de um capitalismo pós-industrial sem trabalhadores. Dal Rosso procede a uma competente e precisa revisão da literatura especializada. Os clássicos e os principais autores contemporâneos são analisados e criticados (no sentido etimológico do verbo *criticar*, isto é, julgar o que é decisivo). Ao constatar a debilidade dos estudos empíricos para perscrutar o fenômeno da intensificação do trabalho, especialmente na América Latina, o autor concebe e aplica uma metodologia original tendo como foco específico a realidade do Distrito Federal. Cidade sem tradição de trabalho industrial, considerada nessa esfera periferia da periferia, Brasília constitui-se num raro ponto de observação de fenômenos globais. Ela não é exceção, é exemplo concreto daquilo que acontece em escala planetária na totalidade dos setores embalados pelas estratégias liberais do capitalismo que se quer "moderno" ou "pós-moderno".

As constatações são irrefutáveis. Hoje, considerado um período de tempo relativamente curto, o trabalho é mais intenso, o ritmo e a velocidade são maiores, a cobrança de resultados é mais forte, idem a exigência de polivalência, versatilidade e flexibilidade. Esses últimos critérios são apresentados habitualmente como positivos pelos ideólogos do produtivismo e aplicados pelas escolas de gestão e de recursos humanos. Dal Rosso apresenta com detalhes o seu custo humano: a intensificação do trabalho traduz-se em maiores desgastes físico, intelectual e emocional. As conseqüências negativas são comprovadas pela maior incidência de estresse e de acidentes no trabalho, pelo acréscimo das lesões por esforços repetitivos, enfim, pelo adoecimento que afeta o trabalhador, que repercute sobre sua família, com custos para o conjunto da sociedade. O autor procede a um trabalho de clarificação conceitual distinguindo, entre outros pontos importantes, intensificação do trabalho de produtividade. Revalida e atualiza os conceitos de mais-valia absoluta e relativa e, com rara propriedade, requalifica a distinção entre os três setores da economia e entre trabalho imaterial e trabalho material.

A sociologia do trabalho tem demonstrado complexas facetas da precarização do trabalho. Por meio dos novos sistemas de comunicação, especialmente pelo telefone e pela internet, os trabalhadores ficam à disposição de um patrão remoto que os alcança a qualquer hora do dia ou da noite. O trabalho dito flexível traduz-se em jornadas imprevisíveis, alternando tempos ociosos e trabalhos intensos, pois, habitualmente, as tarefas encomendadas deverão ser executadas em tempo recorde. O fenômeno do teletrabalho por vezes é apresentado como uma forma não particularmente positiva para o trabalhador, mas como uma modalidade que substituiria práticas convencionais que prevaleceram nos últimos dois séculos.

Novamente, o trabalho de Dal Rosso traz resultados originais, indicando que, apesar de todas as inovações organizacionais, o fenômeno do prolongamento das horas trabalhadas é, ainda, uma estratégia adotada pelas empresas capitalistas no momento em que a correlação de forças lhes é favorável. E não apenas isso. Essa é uma estratégia utilizada especialmente por aqueles setores ditos modernos, vinculados à parte dinâmica do capitalismo globalizado.

Todos os elementos empíricos e conceituais apresentados em *Mais trabalho!* comprovam que a luta de classes está sendo ganha por um lado. O resultado de trabalhar mais e mais não beneficia os produtores diretos nem o conjunto da sociedade. Trabalhar mais e mais se traduz, objetivamente, em maiores lucros que, devido ao enfraquecimento e à fragmentação das forças sociais do trabalho, são apropriados por segmentos específicos da classe capitalista.

Antonio David Cattani
Porto Alegre, abril de 2007

INTRODUÇÃO

A onda contemporânea de intensificação do trabalho

> Trabalhos, não mais empregos!
> *Dirigente de recursos humanos*
> *de grande empresa brasileira de supermercados*

Abro este livro narrando a história de uma entrevista reveladora das mudanças em curso no trabalho. A pessoa entrevistada era diretora de recursos humanos de uma grande cadeia de supermercados, com abrangência em todo o território brasileiro. A dirigente era mulher, jovem, com formação universitária e tinha sob sua coordenação a seleção e a formação dos quadros para a região do Distrito Federal.

Perguntada sobre as mudanças nas relações de trabalho que os supermercados estabeleciam para os novos contratados, ela aproveitou a ocasião e elaborou um discurso de cunho geral sobre o trabalho. Apresentou uma interpretação sobre as mudanças que, segundo ela, estariam ocorrendo no mundo das empresas, as repercussões que produziam sobre os funcionários e o que deles se esperava. O cerne do discurso foi expresso por meio de uma polarização contundente: "as empresas querem trabalhos, não mais empregos!" Três termos sintomáticos: "empresas", "empregos" e "trabalhos". O discurso descrevia que o futuro do trabalho para as companhias não mais estaria posto sobre a construção de relações estáveis, descritas como "empregos", e sim flexíveis, mutáveis, verbalizadas pela palavra "trabalhos". O primeiro sintetizava as condições de trabalho conquistadas pelos assalariados no seu percurso histórico de lutas. Referia-se à relação empregatícia com salário fixado no início do contrato de trabalho, com direitos de jornada semanal regulada segundo a lei e não segundo as necessidades das empresas, com os descansos semanais obrigatoriamente respeitados, com prescrição das atividades a desenvolver para o tipo de cargo ocupado, evitando, dessa forma, desvios de tarefa, com as contribuições para seguridade social recolhidas mensalmente, o que permitia ao trabalhador a perspectiva de aposentadoria ou, se algo acontecesse no meio do caminho, a possibilidade de beneficiar-se de seguro desemprego e, em qualquer hipótese, acesso aos serviços de saúde. Enfim, "empregos" compreendia aquelas condições que os assalariados conseguiram obter em séculos de lutas e estariam se tornando um peso muito grande para as empresas, as quais enfrentavam a moderna competitividade, e um luxo para os trabalhadores. A noção de "empregos" deveria ser, com o tempo, substituída pela noção de "trabalhos".

Esta não é, *a priori*, auto-explicativa, mas é possível depreender seu sentido do contexto do discurso. Primeiro, a idéia de oposição, de substituição, de transição, de passagem de um mundo organizado sobre a forma de "empregos", com relações estáveis de assalariamento, para um mundo do trabalho organizado sob a forma de "trabalhos". Ou seja, um deveria substituir o outro no novo ambiente dos negócios. A reestruturação produtiva em curso estava acabando com os "empregos" e criando a partir de agora "trabalhos".

O que são "trabalhos"? Sob o domínio dos "empregos", eles sempre existiram, isto é, atividades práticas que requerem a intervenção dos trabalhadores. Não é esse, evidentemente, o sentido que a dirigente de pessoal quer dar à palavra "trabalhos" (no plural). No discurso construído, o estatuto de "trabalhos" opõe-se ao de "empregos". Dessa forma, no futuro não existirão mais "empregos"; apenas "trabalhos" nos quais algumas características centrais da primeira categoria não mais estariam presentes. Em seu lugar, outras condições de trabalho fariam parte dos "trabalhos". Os novos "trabalhos", comparados aos antigos, não seriam atividades permanentes para os trabalhadores, ou poderiam ser permanentes, desde que desprovidas dos "excessos" que as lutas sociais foram introduzindo no contrato de assalariamento. Que excessos? A garantia de contracheque mensal fixo independente da produtividade. No mundo dos "trabalhos", a remuneração dependeria diretamente das tarefas concretas exercidas, não de um salário contratado, mas de um trabalho realizado. Os "empregos" garantem um posto de trabalho e atividades a ele ligadas. Os "trabalhos" não mais vinculam atividades a postos. No seu mundo, os "operadores", como passam a ser denominados os trabalhadores que aí "operam", devem deslocar-se continuamente entre as funções que lhe são exigidas. O termo "operador" de supermercado é exemplar a esse respeito. Ele exerce o trabalho de caixa enquanto houver gente nas filas. No momento em que ninguém mais estiver nas filas de compras, o "operador" desloca-se para a arrumação de prateleiras, a reposição de produtos, o serviço de informação aos clientes, a limpeza ou qualquer outra atividade necessária; e, tão logo necessário, retorna à função de caixa mais uma vez. A saber, os novos "trabalhos" contêm graus superiores de intensidade. Eles não têm a jornada definida permanente, mas horários flexíveis conforme a necessidade da empresa. Os "trabalhos" não terão o luxo das contribuições sociais, um excesso inconcebível no mundo dos auto-empreendedores, auto-agenciadores dos próprios negócios.

Contrapondo "empregos" a "trabalhos" a nossa administradora de pessoal estava sintetizando o que supunha ser a transição entre dois mundos do trabalho. Estamos frente a um discurso construído para interpretar as transformações da sociedade. Discursos não são apenas vibrações sonoras que se deslocam no espaço, são produções conceituais feitas por pessoas ou grupos determinados para não somente descrever realidades em andamento, mas também para interpretar tal realidade de uma determinada maneira. Nitidamente, no discurso da transição entre "empregos" e "trabalhos" estava presente não apenas uma identificação fria da realidade em transformação, a exemplo da ação de um fotógrafo que capta e imobiliza a realidade numa fotografia, como ainda a construção de uma intencionalidade sobre qual seria o destino do processo. A intencionalidade pode estar certa ou errada, porque o futuro não é determinado de uma maneira tão estreita quanto o nosso desejo pede. Há muitos fatores insuspeitos, imprevistos, não adequadamente percebidos, há contradições sociais que podem influenciar o curso futuro de uma realidade social em transformação de forma diferente do que idealizada pelo produtor do discurso. Nossa entrevistada apresentava uma intuição sobre as relações de trabalho em transformação, a saber: estava em andamento um processo – o qual ela era capaz de perceber o início e tentava indicar o seu rumo futuro – de desestruturação das relações que haviam sido construídas algumas décadas antes. Esse processo seria profundo em implicações que, se não determinavam uma crise do sistema de assalariamento, ao menos indicavam a precarização do seu estatuto. A abrangência das mudanças também seria ampla, pois abarcaria o tipo de remuneração, a distribuição dos tempos de trabalho, as condições, as tarefas, o trabalho polivalente, além da intensidade, assunto que interessa a este livro.

No discurso da entrevistada perpassava a intuição de que o novo tipo de trabalho exigiria mais do trabalhador e que isso seria obtido pela introdução do sistema de polivalência em substituição ao de cargos com funções especificadas. A polivalência faz com que o trabalhador se desdobre em várias tarefas sucessivamente, de tal forma que lhe seja praticamente impossível trabalhar de maneira a usufruir pequenos intervalos de descanso. Em outros termos, ela seria o meio pelo qual o trabalho passaria a ganhar em intensidade, a exigir maior empenho, a consumir mais energias pessoais, físicas, emocionais e cognitivas.

A entrevista com a dirigente de recursos humanos permite que seja levantado um rol de questões sobre o sentido das mudanças que estão acontecendo na esfera do trabalho e que este livro procurará responder. Como é possível delimitar o fenômeno da intensificação em meio a tantas outras transformações em curso? Há um espaço conceitual que lhe é próprio e pelo qual ele pode ser distinguido de outros conceitos, tais como elevação da produtividade ou precarização? O fato de as atividades industriais não serem mais os principais empregadores de mão-de-obra implica que o trabalho em atividades de serviço ou atividades também chamadas de imateriais não seria marcado por crescentes demandas de redobrado esforço ou por cargas cada vez maiores? Como a teoria da mais-valia ajuda no entendimento da questão? Ou ela necessita de atualização? (Capítulo 1.) Se a crescente demanda de aplicação total significa um fato contemporâneo, em que medida o fenômeno da intensificação não apresenta antecedentes históricos, quer ligados a revoluções industriais no sentido de mudanças técnicas, quer ligados a períodos de reorganização do trabalho pura e simplesmente? Revolução Industrial dos séculos XVIII e XIX, taylorismo-fordismo e toyotismo não poderiam ser compreendidos como vagas gigantescas, como ondas que moldaram o mundo do trabalho, mas que no fundo expressam diferentes processos de produzir mais trabalho, bem como de elevar a mais-valia, com um significado, portanto, comum? (Capítulo 2.) O limitado conhecimento sobre a intensidade, bem como a dificuldade de encontrar uma medida comum aceita internacionalmente do fenômeno, conduz a uma grande deficiência de estudos sobre a realidade do trabalho. Como pode ser feito um estudo concreto sobre a intensidade tomando como sujeitos das informações os próprios trabalhadores? Quais as vantagens e os limites quando estes são eleitos como sujeitos? Quais implicações epistemológicas tal escolha acarreta? (Capítulo 3.) A intensificação do trabalho contemporâneo apresenta-se como um fenômeno geral e comum a todos os trabalhadores (Capítulo 4) ou com um grau de diversidade próprio de um processo em marcha com manifestações distintas nos ramos e setores de atividade econômica? Seria inusitado conceber que está em curso a conformação de um perfil próprio de problemas de saúde decorrentes das exigências cada vez maiores sobre a classe trabalhadora dos serviços flexíveis? (Capítulo 5.) Como conclusão geral, proponho uma interpretação da teoria da intensificação do trabalho.

O grande movimento de intensificação que acontece sob nossos olhos ao mesmo tempo dá continuidade e altera radicalmente os movimentos anteriores. Continuidade por se tratar da terceira onda de intensificação conhecida na história do capitalismo. Mudança por ser a revolução informática e não a revolução industrial ou agrícola a força produtiva que comanda o atual processo. Um conjunto de novos problemas a responder por meio da pesquisa e da ação política são suscitados. É dentro de condições de incerteza e de pressão social que os trabalhadores e seus movimentos precisam encontrar respostas para mais esse desafio. O objetivo deste livro é contribuir com os trabalhadores nessa busca e enfrentamento.

Esta obra contou com o apoio do Conselho Nacional de Desenvolvimento Científico e Tecnológico (CNPq), da Coordenação para o Aperfeiçoamento de Pessoal do Ensino Superior (Capes), do Departamento de Sociologia da Universidade de Brasília (UnB) e do Banco do Brasil, instituições às quais agradeço. Agradeço também à acolhida do Centro de Estudos sobre o Brasil da École des Hautes Études en Sciences Sociales, em Paris.

Informo ao leitor que o verbete "Intensidade do trabalho" do *Dicionário de trabalho e tecnologia*[1] e o artigo "Intensidade, imaterialidade e saúde" publicado pela *Revista Trabalho, Educação e Saúde* em 2006 contêm materiais publicados em capítulos deste livro. E, como é praxe nas ciências sociais, conteúdos deste livro foram apresentados em encontros nacionais ou internacionais da Associação Latino-americana de Sociologia (Alas), da Associação Latino-americana de Sociologia do Trabalho (Alast) e da Associação Nacional de Pós-Graduação em Ciências Sociais (Anpocs).

---

[1] Antonio David Cattani e Lorena Holzmann (orgs.), *Dicionário de trabalho e tecnologia* (Porto Alegre, Editora da UFRGS, 2006).

PARTE I

O CONCEITO DE INTENSIDADE DO TRABALHO

1
INTENSIDADE DO TRABALHO

1.1 A que fenômeno damos o nome de intensidade do trabalho?

A mais recente onda de intensificação do trabalho de âmbito internacional começou por volta de 1980 e se estende até os dias de hoje, segundo os pesquisadores do campo Robert Castel[1], Michel Gollac e Serge Volkoff[2] e Antoine Valeyre[3]. Isso nos conduz a analisar o que aconteceu nesses últimos anos no mundo do trabalho. E mais. A que fenômeno do trabalho nos estamos referindo? Que entendemos por intensidade do trabalho? A intensificação é um fenômeno contemporâneo apenas? Não houve outros momentos na história do capitalismo durante os quais as exigências do trabalho foram aumentadas significativamente? Quais são esses grandes momentos de intensificação? Como os autores a estudaram através dos tempos? Quais as categorias que empregaram para analisá-la? Que perspectivas teóricas foram desenvolvidas para explicá-la e quais os seus limites?

---

[1] Robert Castel, *L'insécurité sociale: qu'est-ce qu'être protégé?* (Paris, Seuil/République des Idées, 2003).
[2] Michel Gollac e Serge Volkoff, "Citius, altius, fortius. L'intensification du travail", *Actes de la Recherche en Sciences Sociales*, Paris, Seuil, n. 114, 1996, p. 54-67.
[3] Antoine Valeyre, *Formes d'intensification du travail, dynamiques de l'emploi et performances économiques dans les activités industrielles* (Noisy-le-Grand, Documento de trabalho n. 25 do Centre d'Études de l'Emploi, 2003).

Para enfrentar esse encadeamento de perguntas parece razoável que entremos na floresta conduzidos pela trilha da simplicidade. Comecemos por clarificar o que entendemos por intensificação do trabalho distinguindo-o de outros fenômenos correlatos, mas de natureza completamente diferente.

Qualquer trabalho – autônomo ou heterônomo, assalariado ou cooperativo, escravo ou servil, camponês, operário ou intelectual – é realizado segundo determinado grau de intensidade. Ela é uma condição intrínseca a todo o trabalho concreto e está presente em todo o tipo de trabalho executado, em maior ou menor grau. Mas a qual característica do trabalho nos referimos quando empregamos a palavra intensidade?

O trabalho é a transformação da natureza realizada pelos seres humanos empregando para isso meios e instrumentos a seu dispor e seguindo um projeto mental[4]. Quando um projeto mental se atualiza na prática, os sujeitos que o realizam gastam um volume variável de suas energias físicas ou psíquicas. A idéia de que todo o ato de trabalho envolve gasto de energia e, portanto, exige esforço do trabalhador, está na raiz da noção de intensidade. O trabalhador pode gastar mais ou menos de suas energias, mas sempre gasta alguma coisa. A intensidade tem a ver com a maneira como é realizado o ato de trabalhar. Esse é o primeiro elemento a destacar sobre intensidade: ela se refere ao grau de dispêndio de energias realizado pelos trabalhadores na atividade concreta.

A compreensão da noção de intensidade supõe ainda que a atenção esteja concentrada sobre a pessoa do trabalhador, sobre o coletivo dos trabalhadores, e não sobre outros componentes do processo de trabalho que têm capacidade de alterar os resultados, tais como as condições tecnológicas. Sempre que falamos em intensidade do trabalho partimos da análise de quem trabalha, isto é, do trabalhador. Dele é exigido algo a mais, um empenho maior, seja física, seja intelectual, seja psiquicamente, ou alguma combinação desses três elementos. Não se trata de examinar o desempenho das máquinas ou outras coisas quaisquer. A atenção está centrada sobre quem trabalha para examinar qual o dispêndio qualitativo ou quantitativo de energias. Analisa-se o processo de trabalho, considerado em suas dimensões físicas, intelectuais e psíquicas. A intensidade tem a ver tão-somente com o sujeito do trabalho, com o trabalhador individualizado ou com o coletivo dos trabalhadores.

Uma atividade concreta demanda em medida variável o concurso de todas as capacidades do trabalhador, ainda que a atividade faça uso mais focalizado,

---

[4] Karl Marx, *Grundrisse: Foundations of the Critique of Political Economy* (Nova York, Vintage Books, 1973).

esta do esforço físico, aquela do cognitivo e uma terceira do afetivo. É o trabalhador em sua totalidade de pessoa humana que desenvolve a atividade, não apenas o trabalhador enquanto parte, força física, capacidade intelectual ou emocional. A intensidade é, portanto, mais que esforço físico, pois envolve todas as capacidades do trabalhador, sejam as de seu corpo, a acuidade de sua mente, a afetividade despendida ou os saberes adquiridos através do tempo ou transmitidos pelo processo de socialização. Além do envolvimento pessoal, o trabalhador faz uso de relações estabelecidas com outros sujeitos trabalhadores sem as quais o trabalho se tornaria inviável. São levadas em conta na análise da intensificação do trabalho as relações de cooperação com o coletivo dos trabalhadores – a transmissão de conhecimentos entre si que permite um aprendizado mútuo – e as relações familiares, grupais e societais que acompanham o trabalhador em seu dia-a-dia e que se refletem dentro dos locais de trabalho, quer como problemas quer como potencialidades construtivas.

No capitalismo contemporâneo, a análise da intensidade do trabalho está voltada para os resultados. Falamos de intensificação quando os resultados são quantitativa ou qualitativamente superiores, razão pela qual se exige um consumo maior de energias do trabalhador. Há intensificação do trabalho quando se verifica maior gasto de energias do trabalhador no exercício de suas atividades cotidianas. Quando se trata de trabalho físico, os resultados aparecem em medidas tais como maior número de veículos montados por dia por pessoa etc. Quando o trabalho não é físico, mas de tipo intelectual, como no caso do pesquisador, ou emocional, como o que ocorre com o educador e a enfermeira, os resultados podem ser encontrados na melhoria da qualidade mais do que na quantidade de pessoas atendidas.

A manipulação do grau de intensidade tem por objetivo elevar a produção quantitativa ou melhorar qualitativamente os resultados do trabalho. Em princípio, a alteração da intensidade para mais aumenta os resultados do trabalho e a alteração para menos diminui. Em resumo, podemos afirmar que quanto maior é a intensidade, mais trabalho é produzido no mesmo período de tempo considerado. Dessa forma, na história do desenvolvimento econômico, a elevação da intensidade do trabalho cotidiano constitui uma força fundamental de crescimento. A intensificação como produtora de crescimento econômico contém implicitamente um problema social e moral de extrema relevância: não se trata de mais uma forma de exploração da mão-de-obra? Tal questão, por sua vez, implica na pergunta: quem determina o grau de intensidade? O trabalhador? O empregador?

Um rápido parêntese para esclarecer uma fonte de confusões. Há situações de intensificação que não correspondem a maiores ou melhores resultados. Os estudos de economia solidária, por exemplo, mostraram que, quando grupos de trabalhadores assumem uma empresa em estado de falência, seu trabalho pode freqüentemente ser bem mais intenso do que fora em tempos anteriores, de modo que a firma se mantenha em operação. Verifica-se um maior desgaste físico, intelectual e psíquico, sem que isso corresponda a um maior ou melhor resultado do trabalho[5]. Esse não é um fato novo nas ciências sociais. A sociologia rural e a antropologia já há muito apontam que em coletividades camponesas e grupos urbanos empobrecidos trabalha-se mais e mais duramente quando o rendimento é menor; e por causa disso. Esses elementos apontam para uma generalidade e supratemporalidade considerável do fenômeno, particularmente vinculado a formas não-capitalistas de organização do trabalho, mas é preciso deixar claro desde logo que não é esse tipo de intensificação de que trata este livro.

Para apresentar o fenômeno a que damos o nome de intensidade do trabalho recorremos a um exercício de abstração e formalização. Tomemos uma situação de trabalho hodierno qualquer, seja num hospital, numa escola ou num banco, seja numa indústria ou na construção civil, seja, enfim, numa fazenda ou numa granja de produção de aves. Suponhamos que as condições técnicas e externas sejam constantes. Assumamos ainda como constante o número de trabalhadores e que eles tenham qualificações e níveis educacionais assemelháveis. Assumamos, por fim, que o grupo de trabalhadores sob observação opere durante um espaço de tempo definido. Sob tais condições constantes, a obtenção de mais ou de melhores resultados pode ocorrer desde que o grupo de trabalhadores se aplique mais a fundo no trabalho. Dito de outra maneira, mais ou melhores resultados serão conseguidos à medida que esse grupo trabalhar mais intensamente no mesmo espaço de tempo considerado. Esse trabalhar mais densamente, ou simplesmente trabalhar mais, sem quaisquer adjetivos ou advérbios, supõe um esforço maior, um empenho mais firme, um engajamento superior, um gasto maior de energias pessoais para dar conta do *plus*, em termos de carga adicional ou de tarefa mais complexa. Resultarão desse envolvimento superior do grupo com o

---

[5] Paul Singer e André Ricardo de Souza, *A economia solidária no Brasil* (São Paulo, Contexto, 2000); Candido Giraldez Vieitex e Neusa Maria Dal Ri, *Trabalho associado: cooperativas e empresas de autogestão* (Rio de Janeiro, DP&A, 2001).

trabalho um desgaste também maior, uma fadiga mais acentuada e correspondentes efeitos pessoais nos campos fisiológico, mental, emocional e relacional.

Em suma, para a obtenção de mais ou melhores resultados, em qualquer situação de trabalho que seja, dentro das restrições estabelecidas, o grau de intensidade deverá ser superior em alguma medida. Intensidade são aquelas condições de trabalho que determinam o grau de envolvimento do trabalhador, seu empenho, seu consumo de energia pessoal, seu esforço desenvolvido para dar conta das tarefas a mais.

Esse exercício de formalização permite captar o fato a que daremos o nome daqui para frente de intensidade do trabalho e distingui-lo de outras noções como a de produtividade. Chamamos de intensificação os processos de quaisquer naturezas que resultam em um maior dispêndio das capacidades físicas, cognitivas e emotivas do trabalhador com o objetivo de elevar quantitativamente ou melhorar qualitativamente os resultados. Em síntese, mais trabalho. O seu inverso chamamos de redução da intensidade do trabalho ou menos trabalho.

Intensificação e redução da intensidade são processos que se definem em função de relações comparativas no tempo. Comparando a intensidade do trabalho nos momentos t1 (antes) e t2 (depois), pode-se saber se houve intensificação ou redução de intensidade do trabalho.

A restrição de *coeteris paribus* é obviamente uma decorrência da necessidade de precisar o objeto estudado. Nas condições concretas do dia-a-dia, quando então as restrições são suprimidas, elas podem se transformar em fatores determinantes do grau de densidade do trabalho. Podemos aduzir o caso clássico da modernização dos equipamentos e dos meios de trabalho como exemplo. Há pelo menos duzentos anos prevalece a hipótese de que as mudanças tecnológicas que acontecem de tempos em tempos, além de substituir trabalho, que é sua implicação primeira, também contribuem para aumentar o grau da intensidade.

O recurso a alguns autores nos ajuda a esclarecer o conceito de intensidade. Alain Fernex, com base nos estudos de Marx[6], introduz o problema com o seguinte argumento:

> um crescimento da produção no curso de um período dado, para um número de homens-hora determinado, pode resultar de três fatores: 1) ou resulta do aumento da produtividade do trabalho, se a quantidade de trabalho dispensa-

---
[6] Karl Marx, *Grundrisse: Foundations of the Critique of Political Economy*, cit.

do não mudou; 2) ou é proveniente estritamente de uma intensificação do trabalho se, todas as coisas iguais de outro lado, o único elemento suscetível de explicar esse crescimento é um aumento da quantidade de trabalho contido no mesmo número de homens-hora; 3) ou existe a combinação dos dois efeitos e essa situação parece ser a mais "plausível, mas também a que apresenta mais dificuldades.[7]

Fernex também opera com a noção de carga total de trabalho, emprestada de outro autor, Marc Bartoli[8], visando esclarecer a singularidade do conceito de intensidade. A noção de carga total de trabalho compreende todos os elementos componentes do trabalho humano, seja no sentido fisiológico, mental, relacional ou psíquico. Tal visão ampla de intensidade objetiva superar uma concepção simplória fundada apenas no esforço físico.

Como é determinada a intensidade de um ato de trabalho? O grau pode ser definido pelo próprio trabalhador, tal como acontece no trabalho autônomo, no familiar e no cooperativo, ou por outros sujeitos como no trabalho heterônomo. Tais distinções são necessárias porque as relações específicas a cada tipo de trabalho passam por determinações também particulares quanto ao vínculo ou subordinação que se estabelece entre o agente trabalhador e o agente controlador do trabalho. No modo capitalista de produção, assim como no modo escravista e no servil, o controle da intensidade sai das mãos do trabalhador e é, total ou parcialmente, definido pelo empregador[9]. O grau da intensidade resulta de uma disputa, de um conflito social que opõe o interesse dos trabalhadores ao dos empregadores. Não é o indivíduo trabalhador quem decide autonomamente suas condições de trabalho e estabelece o grau de empenho pessoal com a atividade. O ato de compra e venda da força de trabalho confere ao comprador poder sobre como será utilizada essa mercadoria. As empresas e os administradores pautam determinações inarredáveis quanto ao como deve ser realizada determinada tarefa e conseqüentemente qual o grau de intensidade requerido. No trabalho assalariado, a determinação do grau de intensidade é transferida com o ato de compra e venda da força de trabalho das mãos do vendedor para as mãos do comprador. Os empregadores sentem-se com todo o poder nas mãos para

---

[7] Alain Fernex, "Intensité du travail, définition, mesure, évolutions", apresentado no seminário sobre intensificação do trabalho do Centre d'Études de l'Emploi, Paris, 2000, p. 10-1.
[8] Marc Bartoli, *L'intensité du travail* (Grenoble, Tese de doutorado em ciências econômicas na Université des Sciences Sociales de Grenoble, 1980).
[9] Karl Marx, *Grundrisse: Foundations of the Critique of Political Economy*, cit.

administrar o modo como será feito o trabalho e *ipso factu* seu grau de intensidade, uma vez que no contrato não existe cláusula que vincula de antemão essa determinação. Os vendedores da força de trabalho não ficam completamente à mercê dos empregadores por duas razões. A primeira é sua capacidade de luta e sua força de resistência. A segunda é a existência prévia de padrões de intensidade construídos através do tempo e que os trabalhadores assumem como referência. Nem um argumento nem outro conferem integralmente ao trabalhador o poder de controlar a grau da intensidade do lidar[10]. A intensidade permanece, dessa forma, como objeto de eterna disputa entre capitalistas que exigem labutar com mais empenho e trabalhadores que resistem e buscam manter seus ritmos e cargas definidas pessoal ou grupalmente.

1.2 Produtividade e intensidade do trabalho

A relação complexa entre intensidade do trabalho e os fatores que a condicionam conduzem a aprofundar a análise por meio da noção de produtividade a fim de distinguir tão claramente quanto possível intensidade e produtividade do trabalho. Produtividade é um conceito que provém do campo da economia. Em economia, na maioria das vezes, o grau de intensidade fica subsumido como parte integrante do conceito de produtividade, sem que lhe seja conferida uma especificidade qualquer. Operamos com a hipótese de que intensidade do trabalho é uma condição distinta de produtividade por envolver elementos e mecanismos diferentes e podendo, portanto, ser construída com estatuto e com forma de mensuração própria.

Um trabalho é considerado mais produtivo quando seus resultados no momento t2 (depois) são maiores do que no momento anterior t1 (antes). Tal noção de produtividade do trabalho confunde elementos de natureza completamente distinta[11]. Ao levantar a questão sobre a maneira pela qual foi obtido o aumento dos resultados percebe-se a confusão. Pois o aumento dos resultados pode ser obtido de diversas maneiras. Há resultados que decorrem de avanços efetuados tão-somente nos meios materiais com os quais o trabalho é realizado. Chamamos esse caso de aumento da produtividade. Quando os

---

[10] Jean-Pierre Durand e Sylvain Girard, "Attribution, perception et négociation de la charge de travail", *Les Cahiers d'Évry*, Évry, Université d'Évry Val d'Éssonne, maio 2002, p. 1-136.
[11] David Fairris, "Towards a Theory of Work Intensity", seminário sobre intensificação do trabalho do Centre d'Études de l'Emploi, Paris, 2002.

avanços tecnológicos – ou mesmo em sua ausência – exigem maior envolvimento e desgaste do trabalhador, denominamos esse componente social de elevação da intensidade. Conceitualmente, as duas esferas são distintas e como tal devem ficar separadas. Essa é a primeira razão para separar a idéia de produtividade da noção de intensidade.

Há uma segunda razão. Melhoria de resultados pode acontecer em função de mudanças na organização do trabalho. De forma análoga à anterior, é necessário distinguir de que maneira essa transformação acontece para saber se está em andamento um processo de intensificação ou não. Há situações em que a mudança organizacional não envolve qualquer unidade a mais de consumo de energia por parte do trabalhador. É o caso de processos de racionalização de atividades que anteriormente eram feitas de maneira a envolver perdas desnecessárias. Os procedimentos altamente burocratizados dos serviços públicos fornecem um exemplo desse caso em que a racionalização do processo poderia envolver aumento de produtividade sem aumento de intensidade. Por outro lado, é mais freqüente a situação em que o trabalho é reorganizado de maneira a que não seja apenas racionalizado como demande mais energias do trabalhador. Nessa segunda situação, nos encontramos perante reorganização com intensificação.

As duas situações demonstram a necessidade de distinguir produtividade de intensidade do trabalho. A necessidade da distinção começa a ser reconhecida pela Organização para a Cooperação e Desenvolvimento Econômico (OCDE), poderosa entidade internacional que reúne os países capitalistas mais ricos do mundo e propõe critérios e medidas de crescimento da produtividade.

O manual "Medindo a Produtividade" define produtividade como uma "razão da medida do volume de produto para a medida do volume de uso de insumo"[12]. A definição é genérica e não contempla a possibilidade de que a elevação dos resultados aconteça por meio da adoção de condições de trabalho indesejáveis.

Na seção que dedica às diversas medidas de produtividade, o manual indica que as medidas de produtividade, seja com base no produto bruto ou no capital agregado,

> mostram o perfil de tempo de quão produtivamente o trabalho é empregado para gerar produto bruto ou valor agregado. As mudanças da produtividade

---

[12] Organização para a Cooperação e Desenvolvimento Econômico, "Measuring Productivity. Measurement of Aggregate and Industry-Level Productivity Growth", *OCDE Manual*, Paris, 2002, p. 11.

do trabalho refletem a influência conjunta das mudanças em capital, insumos intermediários, bem como mudança técnica, organizacional e de eficiência dentro e entre firmas, a influência de economias de escala, vários graus de uso da capacidade e erros de mensuração.

Até esse ponto nenhuma palavra sobre o papel da intensidade. Ela aparece pela primeira vez quando o manual apresenta a interpretação de que "a produtividade do trabalho reflete somente parcialmente a produtividade do trabalho em termos das capacidades pessoais dos trabalhadores ou da intensidade do trabalho do seu esforço"[13]. A segunda entrada do termo no manual está nas conclusões sobre o uso e interpretação das medidas, quando é repetida a afirmação acima transcrita[14].

Quando trata sobre o insumo trabalho, o manual indica que opera preferencialmente com "o número de horas efetivamente trabalhadas"[15]. Reconhece ainda "diferentes tipos de insumo de trabalho", entre os quais "tempo, esforço e qualificações da força de trabalho"[16] e discute vários ajustamentos que representariam qualidades diferentes do trabalho. Assim a formação de capital humano abriria caminho para os efeitos dos investimentos intangíveis. Outro aspecto levado em consideração são as qualificações, separadas entre muita e nenhuma qualificação. Mas nenhum ajustamento é apresentado para o fator "esforço".

Em suma, a edição 2002 do manual começa a reconhecer formalmente a existência de um fator chamado "intensidade do esforço" como parte da medida de produtividade. Isso quer dizer que ganhos de produtividade podem ser decorrência da majoração da intensidade do esforço daqueles que trabalham ou de grupos dos trabalhadores e não apenas de mudanças técnicas ou organizacionais nos locais de trabalho.

A expressão "a produtividade do trabalho reflete somente parcialmente" produz o efeito de reduzir a força do reconhecimento, por um lado, como também indicar a inexistência de uma medida capaz de quantificá-la. Na hipótese de significar um reconhecimento limitado, a expressão preenche o papel eminentemente político de não acirrar a disputa social sobre o trabalho, de não fornecer instrumentos de luta para o movimento sindical e de não

---

[13] Ibidem, p. 14-5.
[14] Ibidem, p. 20.
[15] Ibidem, p. 40.
[16] Ibidem, p. 46.

irritar os empregadores que são, em última instância, os responsáveis pelo endurecimento das condições de trabalho. Na hipótese de significar um problema técnico, a expressão sublinha apenas a dificuldade de indicadores para separá-la de produtividade em geral. Tal dificuldade está claramente presente quando o manual cita textualmente a necessidade de levar em conta o efeito "esforço", mas não indica qualquer forma de mensuração para isso, o que reduz o reconhecimento a intenções formais.

O reconhecimento do fator intensidade, ainda que sem uma correspondente medida empírica, por parte de uma entidade tão influente como a OCDE não deve ser subestimado. Mostra que a intensidade é um fato pertinente, não uma miragem, um sonho ou uma imaginação. E mais. Pode ser reconhecida na prática uma exigência de maior esforço dos trabalhadores nas condições contemporâneas. Essa é a razão que explica porque o manual passou a incorporar o tema da intensidade. A conjuntura contemporânea mostra crescimento da demanda por maior envolvimento no trabalho e a OCDE reconhece que isso se reflete na produtividade. O reconhecimento também responde a outros fatores, entre eles a ação contestatória do movimento sindical e estudos realizados.

Permanecem problemas com o indicador empírico de intensidade. O manual da OCDE opera com o termo "esforço", o qual também é adotado por Francis Green[17]. Já Fernex emprega o termo "carga total de trabalho"[18]. De forma análoga, Durand e Girard[19] empregam a expressão carga de trabalho. As diferenças terminológicas são indicativas dos problemas conceituais. Pois que se "esforço" denota o gasto energético do agente ao realizar um trabalho, "carga total" refere-se às tarefas a serem executadas. Ambos examinam o lado do agente, o trabalhador. Mas o primeiro centra a análise sobre o gasto de energia do trabalhador e o outro sobre a carga de trabalho. Ainda apoiado em Bartoli, Fernex toma a "fadiga como revelador da carga total de trabalho suportada pelo trabalhador"[20], ou seja, indicador passível de ser obtido através de procedimentos operativos de pesquisa. Já o manual da OCDE não estabelece o indicador empírico de esforço. Avalio que, para fins

---
[17] Francis Green, *Why Has Work Effort Become More Intense? Conjectures and Evidence about Effort-Biased Technical Change and other Stories* (Kent, University of Kent at Canterbury, 2000).
[18] Alain Fernex, "Intensité du travail, définition, mesure, évolutions", cit., p. 16.
[19] Jean-Pierre Durand e Sylvain Girard, "Attribution, perception et négociation de la charge de travail", cit.
[20] Alain Fernex, "Intensité du travail, définition, mesure, évolutions", cit., p. 16.

de pesquisa, a intensidade deva ser detalhada por meio de um conjunto de indicadores recolhidos diretamente junto aos sujeitos do processo de trabalho, uma vez que envolve dimensões amplas do trabalhador, desde as físicas, passando pelas intelectuais, emocionais e relacionais.

Um dos pilares que sustentam este livro é constituído pelo reconhecimento de que intensidade e produtividade são conceitos diferentes com conteúdos distintos e que a noção de intensidade desvela o engajamento dos trabalhadores significando que eles produzem mais trabalho, ou trabalho de qualidade superior, em um mesmo período de tempo considerado e que a noção de produtividade restringe-se ao efeito das transformações tecnológicas.

1.3 Materialidade e imaterialidade

Muito do trabalho contemporâneo apresenta características distintas de outras épocas. Entre elas, sobressaem os fatos de que o emprego está cada vez mais concentrado em atividades de serviços[21] e que componentes da imaterialidade transformam o trabalho industrial. É, portanto, necessário introduzir a questão da materialidade e da imaterialidade discutindo não apenas a transição entre elas, como também conseqüências, entre as quais que o trabalho imaterial também é profundamente transformado por práticas intensificadoras, produz efeitos nocivos sobre a saúde dos trabalhadores.

Quando Marx propôs a metáfora da porosidade para iluminar o conceito de intensidade, as revoluções industriais inglesa e estadunidense estavam em pleno andamento, o que fazia convergir toda a análise para a produção e o trabalho materiais. Para as sociedades pré-industriais tal perspectiva aplicava-se ainda mais devido a sua dependência do trabalho sobre a natureza como maneira de derivar a sobrevivência. Naqueles momentos, tanto quanto hoje, o trabalho material repercutia sobre o trabalhador como um todo: seus músculos, seu cérebro, seus nervos, sua emoção, suas relações sociais. Tanto no trabalho material, físico, quanto no imaterial, o trabalhador faz uso de outras faculdades além de sua energia física. Faz uso de sua inteligência, de sua capacidade de concepção, de criação, de análise, de lógica. Emprega os componentes de afetividade ao relacionar-se com as pessoas, sejam os colegas

---

[21] Marcio Pochmann, "O trabalho em três tempos", *Ciência e Cultura*, São Paulo, ano 56, n. 4, out./nov./dez. 2006, p. 29.

de trabalho, os dirigentes das empresas e dos serviços estatais, os clientes. Utiliza as experiências adquiridas anteriormente no trabalho, sejam em termos relacionais e grupais, sejam em termos de habilidades individuais herdadas gerações após gerações ou aprendidas nos processos educativos. Toda a definição de trabalho passa por um certo componente de reflexão intelectual ou envolvimento efetivo do trabalhador que não seja apenas exercício de força física, ainda que esse trabalho possa ser o do escravo que lida na lavoura de café, do assalariado que carrega sacos de cimento ou do funcionário público que separa correspondências sem cessar. Em qualquer desses exemplos podem ser identificadas a participação da inteligência, da cultura adquirida, da socialização herdada e das relações construídas pelo trabalhador. O trabalho ocupa a pessoa como um todo. Todos os aspectos de sua personalidade são envolvidos até certa medida no ato de trabalhar.

Da Revolução Industrial e das sociedades pré-industriais para hoje os tempos mudaram. Em decorrência do aprofundamento da divisão social do trabalho e do emprego de equipamentos de comunicação e de armazenamento de informações particularmente poderosos, na atualidade o espaço ocupado pelo trabalho imaterial no conjunto das atividades humanas expandiu-se muito. As atividades, hoje, passam a incorporar cada vez mais tecnologias de informática, de comunicação e de automação, que por sua vez ocupam muito mais a dimensão de conhecimento, da inteligência prática e da emoção do trabalhador do que em épocas anteriores[22]. Mesmo tradicionais atividades industriais e primárias são transformadas pela revolução tecnológica, incorporando nelas também uma grande fatia de trabalho imaterial. O método toyotista talvez seja aquele que mais recorra à inteligência do trabalhador no trabalho industrial, não enquanto promovendo sua autonomia ou liberdade[23], mas no sentido de usar a capacidade de controle de defeitos, eliminação das perdas, controle de diversas máquinas por um mesmo trabalhador e uso da criatividade do trabalhador em benefício da empresa, mediante a ativação das dimensões da socialização e do relacionamento cooperativo com os outros por meio do trabalho em equipes e dos círculos de controle de qualidade.

---

[22] Carmem Ligia Iochins Grisci, "Trabalho imaterial", em Antonio David Cattani e Lorena Holzmann (orgs.), *Dicionário de trabalho e tecnologia* (Porto Alegre, Editora da UFRGS, 2006), p. 327.

[23] Luc Boltanski e Ève Chiapello, *Le nouvel esprit du capitalisme* (Paris, Gallimard, 1999).

Assim como a Revolução Industrial repercutiu sobre a classe trabalhadora dando origem à classe operária industrial, a Revolução Informacional gera a classe dos trabalhadores imateriais intensificados.

Majoritariamente, os estudos de intensidade, tanto do passado quanto do presente, tomam por objeto o trabalho material, sendo o setor industrial o mais estudado e as indústrias de automóveis o ramo isoladamente mais pesquisado[24]. Uma primeira razão justifica a preferência desses estudos pelas indústrias automobilísticas e pelo setor industrial. O ramo automotivo concentra enormes volumes de capitais num seleto grupo de oligopólios que operam mundialmente e participam de uma desvairada corrida por fatias do mercado, competição que conduz a uma procura frenética por maiores ganhos de produtividade. Dois dos mais importantes sistemas de produção industrial, o fordismo e o toyotismo, foram gerados dentro do ramo automotivo e suas práticas intensificadoras daí se espalharam para todos os outros ramos econômicos em todos os quatro cantos do mundo. Em segundo lugar, o ramo automotivo converteu-se em paradigma pela expressão do segmento operário dentro da classe trabalhadora e pelas lutas memoráveis que os metalúrgicos conduziram e que deixaram marcas indeléveis na história do trabalho.

É erro grosseiro supor que intensificação ocorre apenas em atividades industriais. Muito ao contrário. Em todas as atividades que concentram grandes volumes de capital e que desenvolvem uma competição sem limites e fronteiras, tais como nas atividades financeiras e bancárias, telecomunicações, grandes cadeias de abastecimento urbano, nos sistemas de transportes, nos ramos de saúde, educação, cultura, esporte e lazer e em outros serviços imateriais, o trabalho é cada vez mais cobrado por resultados e por maior envolvimento do trabalhador. Tais atividades não-materiais estão em estado avançadíssimo de reestruturação econômica[25] e nelas o emprego de trabalho intensificado é prática corriqueira.

---

[24] Thomas Gounet, *Fordismo e toyotismo na civilização do automóvel* (São Paulo, Boitempo, 2001); Armelle Gorgeu, René Mathieu e Michel Pialoux, "Polyvalence, polycompétence ouvrières et intensification du travail: l'exemple de l'industrie automobile", seminário sobre intensificação do trabalho do Centre d'Études de l'Emploi, Paris, 2002; Antoine Valeyre, *Formes d'intensification du travail, dynamiques de l'emploi et performances économiques dans les activités industrielles*, cit.; Jean-Pierre Durand e Sylvain Girard, "Attribution, perception et négociation de la charge de travail", cit.

[25] Juliet Webster, *Working and Living in the European Knowledge Society: The Quality of Working Life and its Effects on the Wider Lives of Employees* (Dublin, Employment Research Center, Department of Sociology, Trinity College, 2003); Claire Kelliher e Julie Gore, "Functional Flexi-

A passagem das atividades industriais para as de serviço corresponde a uma transição do trabalho material para o imaterial. Tal deslocamento conduz a implicações teóricas profundas[26]. Marx, que desenvolveu o conceito de mais-valia para explicar o valor do trabalho, concentrou sua atenção sobre a mais-valia absoluta que tem como centro a noção de tempo médio socialmente necessário e se aplica antes à materialidade que à imaterialidade do trabalho. O crescente desenvolvimento da divisão social do trabalho em direção ao campo da imaterialidade estabelece a necessidade de desenvolver a noção de mais-valia relativa para responder às questões do trabalho intelectual e do envolvimento afetivo na geração do valor. É o caso de ampliar o conceito de mais-valia relativa mediante a distinção de tipos de mais-valia. Mais adiante neste livro são apresentados três tipos de mais-valia relativa que contemplam a evolução de uma sociedade centrada em atividades materiais para uma sociedade centrada em atividades imateriais. Em segundo lugar, torna-se imprescindível, dado o crescente espaço ocupado pelos serviços no emprego da mão-de-obra mundial, rediscutir a questão da produtividade ou improdutividade do trabalho nesse setor. Se alguns serviços, tais como comércio de mercadorias, eram considerados improdutivos à era de Marx, de forma análoga outros eram considerados produtivos e não podem ser lançados à vala comum do trabalho improdutivo pelo simples argumento de que o trabalho no setor de serviços é genericamente improdutivo. Pesquisa, comunicações, telefonia, cultura, serviços educacionais e de saúde, lazer e esporte, apenas para mencionar alguns e que na classificação tripartite do emprego recaem no setor de serviços, jamais podem ser considerados improdutivos, sob pena de desvirtuar toda teoria do valor trabalho na atualidade. A divisão tripartite proposta por Colin Clark em 1940[27] e largamente adotada no mundo todo não

---

bility and the Intensification of Work: Transformation within Service Industries", seminário sobre intensificação do trabalho do Centre d'Études de l'Emploi, Paris, 2002; Philippe Askenazy, "The Consequences of New Workplace Practices in the United States", seminário sobre intensificação do trabalho do Centre d'Études de l'Emploi, Noisy-le-Grand, 2000; idem, "Réduire le temps de travail, flexibilité et intensification", seminário sobre intensificação do trabalho do Centre d'Études de l'Emploi, Paris, 2002.

[26] Karl Marx, *The Capital* (v. 1, Nova York, International Publishers, 1975); Maurizio Lazzarato, "General Intellect", publicado no site Multitudes, disponível em <http://multitudes.samizdat.net/spip.php?article1498>, 2004; André Gorz, *L'immatériel* (Paris, Galilée, 2003); Toni Negri, "Valeur travail: crise et problèmes de reconstruction dans le postmoderne", publicado no site Multitudes, disponível em <http://multitudes.samizdat.net/spip.php?article606>, 1992; István Mészáros, *Para além do capital* (São Paulo, Boitempo, 2002).

[27] Colin Clark, *The Condition of Economic Progress* (Londres, Macmillan, 1940).

constitui critério de produtividade ou improdutividade para a teoria do valor trabalho. Rediscutir a questão da improdutividade do trabalho imaterial, separando dele aqueles serviços que contribuem de maneira exponencial para a valorização do trabalho, é uma necessidade para o *aggiornamento* da teoria.

Há ainda que distinguir atividades de serviços baseadas na materialidade daquelas fundamentadas na imaterialidade. Nos serviços baseados na materialidade, o emprego da mão-de-obra pauta-se tão integralmente no trabalho físico e corporal quanto o trabalho industrial. Assim, as atividades vinculadas à prestação de serviços pessoais como em bares, restaurantes e os serviços que os viabilizam, entre eles as cozinhas e a produção de alimentos e bebidas, equiparam-se ao trabalho industrial no sentido de sua materialidade. O mesmo refere-se a inúmeros outros serviços que são simples extensões do trabalho industrial, entre os quais a reparação de motores, máquinas, equipamentos, aparelhos e outros itens assemelháveis. Os serviços com base na imaterialidade marcam diferenças significativas em relação ao trabalho industrial pelo fato de demandarem mais intensamente as capacidades intelectuais, afetivas, os aprendizados culturais herdados e transmitidos, o cuidado individual e coletivo. A intensidade em tais serviços não é adequadamente avaliada caso se expresse exclusivamente em termos corporais, físicos, materiais. Que é intensidade para um pesquisador, senão for considerado o aspecto imaterial de seu trabalho, o apelo à inteligência? Que é para um professor, caso não seja levada em consideração a capacidade de se relacionar com seus estudantes? E para um enfermeiro ou um médico, se não forem considerados aspectos afetivos e psicológicos da relação com o paciente que necessita de apoio e cuidados? Para um comunicador, um jornalista, um repórter, um entrevistador, caso não seja levada em consideração a pressão pela produção da matéria jornalística, a sua veiculação para um público de massa? Para um secretário ou uma secretária, se não for levado em consideração o aspecto afetivo da relação com o chefe e o consumidor? Como analisar a intensidade de uma telefonista ou de um operador de comunicação, se não for levada em conta a relação comunicativa?

Os setores que fazem apelo mais à inteligência, à afetividade, à capacidade de representação cultural, à capacidade de relacionar-se são os serviços de educação e cultura, os de saúde, os serviços sociais, os de comunicação e telefonia, os bancários e de finanças, importação e exportação e outros que surgiram com a revolução informática. Tais serviços estão crescendo sistematicamente como empregadores de mão-de-obra nas últimas décadas. A pesquisa futura precisa aprofundar o estudo de como aparece a questão da intensidade nessas formas imateriais. Como alguns desses setores situam-se entre aqueles que mais concentram capitais e, conseqüentemente, em que as formas de competição por resultados, por produtividade, por eficiência, adquirem contornos mais ferozes, tal como o caso de finanças, telefonia, comunicações, pesquisas, importação e exportação, não seria nada improvável pensar na hipótese de que o trabalho nesses setores pode estar sofrendo uma pressão ímpar por intensificação.

Os problemas que se levantam para a teoria do valor não são pequenos nem simples. Como pensar a dimensão do valor perante a imaterialidade, perante a cooperação da inteligência, do sentimento, do relacionamento interpessoal, os aspectos herdados pela socialização ou aprendidos culturalmente? Como medir o valor nesses casos? Ainda que inexistam respostas satisfatórias para tais questões[28], deve ser mantido o sentido de incorporar essas dimensões imateriais do trabalho que não se submetem ao crivo de medidas talhadas para medir quantidades no coração da teoria do valor trabalho.

A teoria do valor trabalho considera a dimensão tempo de trabalho por meio da fórmula do tempo médio socialmente necessário. O trabalho imaterial escapa desse esquema de medida de tempo. Um pesquisador faz uma descoberta e o valor dessa descoberta pode ser infinito ou nenhum. Infinito se a descoberta pode ser comodificada, mercantilizada, transformada em mercadoria. O valor do trabalho do pesquisador não é representado pelo tempo médio socialmente necessário. A faísca cerebral e a fogueira mental que conduziram à descoberta são de natureza distinta do tempo médio e isso lhe confere um potencial infinito de valor. Nenhum, caso se trate de pesquisa básica ou de pesquisa cujos resultados práticos não podem ser imediatamente transformados em mercadorias. Ao pesquisador restam os direitos autorais, os de pesquisa ou os de marca registrada. Para a teoria do valor trabalho, o trabalho imaterial suscita questões da maior importância. Se a métrica do tempo de trabalho socialmente necessário não se aplica à maioria das atividades imateriais e se as atividades imateriais são empregadoras de uma proporção cada vez maior da força de trabalho, então a solução do impasse pode tomar dois caminhos. O primeiro consiste em supor que a etapa da teoria do valor está sendo superada pela divisão social do trabalho e que é

---

[28] Maurizio Lazzarato, "General Intellect", cit.; Toni Negri, "Valeur-travail: crise et problèmes de reconstruction dans le postmoderne", publicado no site Multitudes, disponível em <http://multitudes.samizdat.net/spip.php?article606>, 1992.

necessário desenvolver novas categorias para analisar a luta de classes e a evolução da sociedade[29]. Outro consiste em alargar as tradicionais noções da teoria do valor no sentido de incorporar a produção de valor também em diversas atividades imateriais. É crítico incorporar as dimensões qualitativas da inteligência, da afetividade e da sociabilidade no trabalho, acima e além do tempo médio socialmente necessário. Tal *aggiornamento* teórico envolve revisitar também toda a discussão sobre trabalho produtivo e improdutivo. Esse segundo caminho aplica-se amplamente ao estudo da intensidade por mostrar que tal condição, presente em todo o trabalho físico e corporal, também é utilizada nas atividades de serviço, especialmente aquelas que são submetidas a uma competição mais feroz.

A emergência de sociedades em que a maioria dos empregos se localiza no setor de serviços levanta a possibilidade de surgimento de outros paradigmas de intensificação não necessariamente procedentes do paradigma industrial. Isso ficou explícito em todas as situações de intensificação analisadas que sempre se aplicavam a determinadas indústrias nas quais se tentava intensificar o trabalho mediante aprendizagem e adaptação dos ritmos corporais ao ritmo imposto pelas máquinas, estudos dos movimentos corporais e tempos necessários para cada movimento, atribuição do controle de mais máquinas para um mesmo trabalhador, controle do desempenho por meio de sinais luminosos e de cartazes e assim por diante. Nos paradigmas industriais, através da história, prevalece sistematicamente o trabalho em sua dimensão física, que consome as energias do corpo do trabalhador, que produz cansaço físico, que leva a acidentes de trabalho e que acarreta em doenças do trabalho. A transição do paradigma da materialidade para a imaterialidade é acompanhada por conseqüências de amplas implicações. O trabalho apoiado por computadores fixos e portáteis, por sistemas de comunicação por meio de telefones celulares e mil aparelhos que se sucedem freneticamente uns aos outros no mercado tende a romper com o padrão dos tempos de trabalho separado nitidamente dos tempos de não-trabalho. As fronteiras passam a ficar mais difusas e o tempo de trabalho invade os tempos de não-trabalho, afetando a vida individual e coletiva[30].

---

[29] Toni Negri e Maurizio Lazzarato, *Trabalho imaterial* (Rio de Janeiro, DP&A, 1992); André Gorz, *L'immattériel*, cit.; Michael Hardt e Toni Negri, *Multidão* (Rio de Janeiro, Record, 2005).

[30] Gilbert de Terssac e Diane-Gabrielle Tremblay (orgs.), *Où va les temps de travail?* (Toulouse, Octarès Éditions, 2001).

A transição do material para o imaterial abre outra fonte de problemas para o trabalho por conta dos desgastes intelectuais e relacionais que a atividade imaterial impõe sobre o trabalhador[31]. À medida que numa sociedade cresce o contingente de pessoas que trabalham em atividades imateriais, aumentam também os problemas pessoais e de saúde decorrentes da forma imaterial do trabalho e de sua intensificação. Esses elementos fundamentam a hipótese de que o trabalho imaterial deverá gerar acidentes e doenças do trabalho de natureza totalmente distintas do trabalho material.

1.4 Indústria e serviços

Há pelo menos meio século prevalece a concepção de uma divisão tripartite do trabalho na sociedade, a saber, setor primário, secundário e terciário[32], que permite ordenar empregos e a estrutura da economia. Algumas tentativas de reconceitualização foram apresentadas[33], mas não conseguiram obter uma adesão massiva, de modo que continua a prevalecer a noção tripartite. A questão precisa ser novamente reposta, porque, a prevalecer a tendência da redução da mão-de-obra no setor industrial nas taxas que vem acontecendo nas últimas décadas, em breve a imensa maioria da mão-de-obra estaria concentrada em atividades terciárias, razão suficiente para justificar a tarefa de repensar profundamente a divisão do trabalho na sociedade.

Desde os anos 1960, os estudos começam a apontar para uma transformação profunda na estrutura setorial de empregos[34]. A transformação consiste essencialmente em uma redução proporcional do emprego no setor industrial com expansão do setor terciário. A forma de interpretar tal mudança passa por

---

[31] Juliana Coli, "A precarização do trabalho imaterial: o caso do cantor do espetáculo lírico", em Ricardo Antunes (org.), *Riqueza e miséria do trabalho no Brasil* (São Paulo, Boitempo, 2006), p. 303.
[32] Colin Clark, *The Condition of Economic Progress*, cit.
[33] Harley Browning e Joachim Singelmann, *The Emergence of a Service Society: Demographic and Sociological Aspects of the Sectoral Transformation of the Labor Force in the USA* (Austin, University of Texas, 1975); Paul Singer, *Economia política do trabalho* (São Paulo, Hucitec, 1977).
[34] Harley Browning e Joachim Singelmann, *The Emergence of a Service Society: Demographic and Sociological Aspects of the Sectoral Transformation of the Labor Force in the USA*, cit.; Sadi Dal Rosso, *The Growth of Capitalism and Transformation of the Labor Force in Brazil* (Austin, University of Texas, dissertação de PhD não publicada, 1978).

perspectivas teóricas que priorizam a sociedade do conhecimento[35], a sociedade pós-industrial, a sociedade da inteligência[36], a era da informática e telemática[37], a sociedade de serviços[38]. As transformações tecnológicas tendem a afetar mais profundamente o trabalho industrial, substituindo mais velozmente o trabalho por máquinas e ultimamente por robôs inteligentes, conduzindo as sociedades em função das estruturas setoriais de seus empregos para sociedades que podem ser descritas como de serviços pelo fato de terem a maioria de sua força de trabalho ocupada nesse setor e não nas atividades industriais. Deve-se reconhecer adicionalmente que, em muitos países, a transformação simplesmente prescindiu do momento industrial, tendo ocorrido a transição direta de sociedades predominantemente agrárias para sociedades de serviços.

Nos países ricos, o capitalismo que conduzira a redução da capacidade de emprego do setor primário a percentagens inferiores a 10%, agora, sob nossos olhos, reduz o emprego do secundário a percentagens entre 20% e 30%, o que faz dos serviços o grande empregador de mão-de-obra[39]. Nos países pobres, os valores são diferentes, mas à medida que esses países conseguem, por força própria ou por meio da entrada de capitais estrangeiros, desenvolver indústrias, ocorre, invariavelmente, uma repercussão do desenvolvimento industrial sobre a agricultura, liberando e expulsando mão-de-obra camponesa para trabalhar em serviços urbanos e industriais. A forma de desenvolvimento do capitalismo em escala global sugere a tendência de que, em décadas, o setor industrial estará tão reduzido em sua capacidade de empregar mão-de-obra, quanto hoje o setor primário.

A divisão tripartite do trabalho ganhou respaldo intelectual, entre outras razões, por colocar em discussão a teoria do valor. Se não havia qualquer dúvida de que o trabalho agropecuário era produtivo, não foi pequeno o

---

[35] Daniel Bell, *The Coming of Post-Industrial Society* (Nova York, Basic Books, 1973).
[36] André Gorz, *L'immatériel*, cit.
[37] Benjamin Coriat, *L'atelier et le robot: essai sur le taylorisme, le fordisme et la production de masse à l'âge de l'électronique* (Paris, Christian Bourgeois Éditeur, 1990), *L'atelier et le chronomètre: essai sur le taylorisme, le fordisme et la production de masse* (Paris, Christian Bourgeois Éditeur, 1994) e *Pensar pelo avesso: o modelo japonês de trabalho e organização* (Rio de Janeiro, Revan/UFRJ, 1994).
[38] Victor Fuchs, *The Service Economy* (Nova York, Columbia University Press, 1968); Manuela Olagnero, *Terziario e terziarizzazione nell'analisi sociológica* (Milão, Franco Angeli Editore, 1982).
[39] Marcio Pochmann, "O trabalho em três tempos", cit.

debate sobre a produtividade do trabalho industrial[40]. O setor dos serviços ficou sendo, em largos traços, o repositório da não-produtividade. E se continuam válidas as noções de não-produtividade de serviços mercantis e serviços governamentais, questões que precisam ser levantadas em relação a uma série de outros serviços, bem como das repercussões sobre eles das mudanças técnicas da revolução informática e de outras transformações contemporâneas. Porquanto, se a noção de valor esteve sempre ligada à noção de tempo médio socialmente necessário para a produção de um bem, o desenvolvimento do trabalho em suas vertentes intelectual e emocional torna mais difícil a aplicação dessa medida do valor, conforme argumentado anteriormente.

A dimensão intelectual e afetiva do trabalho não é uma descoberta nova na história humana. A divisão de trabalho intelectual e manual nada mais é do que a separação do trabalho entre seus componentes intrínsecos. O trabalho contemporâneo mantém muitos elementos da divisão entre trabalho manual e intelectual, mas acrescenta outros. Dentre eles, há uma proporção muito maior de pessoas trabalhando em condições que exigem fortemente a componente intelectual no exercício das atividades cotidianas. Nas esferas tipicamente manuais que foram transformadas pela adoção de mudanças tecnológicas, o recurso ao trabalho intelectual é cada vez mais uma exigência. Mudanças no sistema fabril conduziram a uma adoção sem precedente de proporções variáveis de trabalhos que requerem o recurso da ação intelectual. Mas além dos setores tipicamente manuais, a divisão do trabalho ampliou campos anteriormente inexistentes que exigem dramaticamente o emprego das funções intelectuais. Valham como exemplos o sistema de pesquisa em todos os campos do saber humano, os sistemas de comunicação, telefonia e transporte, a operação dos sistemas da rede internacional de computadores, a ampliação dos sistemas de ensino, saúde, cultura e serviços sociais. Amplos domínios de serviços são compostos inteiramente de atividades em que a componente intelectual é demandada exaustivamente.

A componente emocional do trabalho igualmente não representa novidade no campo da pesquisa sobre trabalho. Assim como a atividade intelectual, o envolvimento emocional passou a ser exigido cada vez mais no capitalismo contemporâneo. Todos os setores de atendimento de educação, de

---

[40] Adam Smith, *Indagine sulla natura e le cause della richezza delle nazioni* (Milão, Istituto Editoriale Internazionale, 1973); Karl Marx, *Teorias da mais-valia: história crítica do pensamento econômico* (São Paulo, Difel-Difusão, 1985).

pesquisa, de atendimento a saúde, de atendimento a clientes – este último representado pelo ícone dos *sweat-shops* contemporâneos que são os *call centers* – são indicações das novas demandas feitas sobre o corpo e o espírito do trabalhador.

Os apontamentos aqui lançados têm em vista indicar a dimensão da exploração dos componentes intelectual e emocional dos trabalhadores em relação aos seus componentes de força física. Como bem expressa[41], são os componentes "culturais" da mercadoria. Se a capacidade intelectual e emocional dos trabalhadores é empregada em proporções sem precedentes, também novos problemas são gerados para os próprios trabalhadores à medida que tais energias são aplicadas sob a forma de trabalho. A hipótese subjacente consiste em que estaria em curso uma transição do trabalho de suas componentes manual e física para o trabalho em que prevalece a componente intelectual, emocional e relacional.

A tese da sociedade da inteligência[42] tinha como pano de fundo desvelar uma sociedade que aos poucos fosse se liberando do trabalho e conduzida para o campo das atividades emancipatórias, que são o reino da inteligência e da liberdade. O problema com essa interpretação é que não é isso que está ocorrendo na sociedade contemporânea. Os componentes intelectuais e emocionais do trabalho são uma forma de captar o problema da intensificação posto aos dias de hoje. Está simplesmente fora de qualquer propósito pensar a pesquisa sobre trabalho intensificado com um conceito de intensidade que se restrinja à dimensão da fadiga física, do cansaço corporal, decorrente do esforço físico adicional empregado na produção de bens e serviços. Todas as dimensões que o trabalho consome precisam ser levadas em consideração para, dessa forma, chegar a um entendimento compreensivo da questão da intensidade.

A introdução de uma dimensão intelectual e emotiva da intensidade do trabalho nos abre uma fronteira de pesquisa no campo dos serviços e também nos permite analisar a partir desses ângulos aquelas atividades tradicionalmente analisadas sob a óptica do esforço físico[43].

---

[41] Maurizio Lazzarato, "General intellect", cit.
[42] Daniel Bell, *The Coming of Post-Industrial Society*, cit.
[43] Juliana Coli, "A precarização do trabalho imaterial: o caso do cantor do espetáculo lírico", cit.; Carmem Ligia Iochins Grisci, "Trabalho imaterial", cit.; Márcio Pochmann, "O trabalho em três tempos", cit.; Ruy Gomes Braga Neto, "Trabalho e fluxo informacional: por uma sociologia da condição proletária contemporânea" (Caxambu, anais do 30º Encontro Anual da Anpocs, 2006).

A dimensão intelectual da intensidade não significa uma contribuição apenas ao trabalho do pesquisador, do professor, do intelectual e de todos aqueles que trabalham com atividades centralmente mentais, como jornalistas, radialistas, trabalhadores dos sistemas de comunicação (rádio, jornais, televisão, internet, imprensa), e daqueles que embora não desempenhando uma atividade de pesquisa propriamente dita operam com a esfera intelectual (telefonistas, trabalhadores de *call centers*, de teletrabalho, trabalhadores a distância mediados pelos sistemas de informação e de comunicação, trabalhadores em atividades de propaganda, marketing, assessorias e consultorias), mas a todo componente mental e intelectual que passa a ser exigido cada vez mais pelo trabalho contemporâneo. Da mesma forma, invocar a componente emocional do trabalho não significa apenas abrir espaço para compreender a atividade do psicólogo, do conselheiro, do pedagogo, do professor, do médico, do assistente social, do enfermeiro, do trabalhador de hospitais, clínicas, spas, centros de recuperação psíquica e física, mas implica permitir uma nova janela para examinar todo o tipo de envolvimento emocional com o trabalho e os novos desgastes emocionais exigidos pelos novos tipos de atividades aos trabalhadores de qualquer esfera.

Um amplo campo de pesquisa abre-se com o movimento de trazer para o centro de atenção as dimensões da emoção e da inteligência sempre existentes no trabalho. Este, com os desdobramentos que sobre ele tiveram os resultados de pesquisas e os desenvolvimentos tecnológicos aplicados, não consegue mais ser adequadamente entendido se as suas dimensões imateriais são simplesmente removidas do foco de análise. No campo específico da pesquisa sobre intensidade do trabalho, perde-se uma parte essencial da intensificação caso se deixe de concebê-la também como desgaste intelectual e emocional.

Um conjunto cada vez maior de trabalhadores está vinculado a sistemas de comunicação que os deixam à disposição da empresa a qualquer momento do dia ou da noite, em função de acordos anteriores de disponibilidade, bem como de arranjos de emprego que prevêem a possibilidade de convocação a qualquer hora. Os sistemas de comunicação direta e no instante permitem resolver um problema da empresa ou do local de trabalho enquanto o trabalhador está em pleno período de descanso. Que é hora de trabalho e que é hora de não-trabalho em tais condições? Os trabalhos flexíveis criaram condições não apenas para que os horários de trabalho real se aproximem de suas margens formais, descartando assim os tempos mortos durante as jornadas, como ainda permitem a intrusão dos negócios nos momentos de vida pessoal do trabalhador, nos tempos de não-trabalho[44]. Considerado sob a óptica da jornada, o trabalho flexível, seja em função da intensidade, seja em função dos horários, cria sérios problemas para as pessoas encarregadas das tarefas familiares, do cuidado do domicílio, do cuidado com as crianças e pessoas idosas. Emerge um viés de divisão de trabalho segundo o gênero nessa área. Tais casos mostram como a definição conceitual da intensidade do trabalho permite ampliar o horizonte dos problemas e das discussões à medida que tomadas em consideração a inteligência e a afetividade encontradas no trabalho.

Robert Reich[45] emprega o termo de analistas simbólicos para designar as pessoas que operam diretamente com símbolos no trabalho do dia-a-dia, buscando solucionar problemas de qualquer ordem, e compara esse novo grupo de trabalhadores da inteligência com os grupos tradicionais por ele denominados de trabalhadores de serviços pessoais e de trabalhadores *blue-collars*. Símbolos são elementos imateriais de diversas ordens. Símbolos são ao mesmo tempo os elementos descritores empregados na pesquisa científica como também são símbolos elementos de ordem imaterial que nada têm a ver com o universo da inteligência. Têm a ver com a afetividade, com o reino da religião, das artes, das letras, da comunicação. Eis o que há de interessante no tratamento proposto por Reich. Ele opera com esferas do trabalho que não se restringem ao mundo da materialidade. O autor os conceitua como analistas simbólicos aqueles que trabalham com a dimensão simbólica, mais do que com a dimensão física e corporal do trabalho. Os analistas simbólicos são os mais bem remunerados dentre os trabalhadores, são os novos ganhadores no processo de mundialização da economia[a], o que introduz a noção, também presente em Bell, da sociedade da inteligência como escatologia.

A inteligência e o afeto representam novas frentes de intensificação do trabalho, no sentido de áreas de fronteiras das capacidades humanas entendidas até bem recentemente como infensas ao controle e à exploração pelo capital. O processo é antes cumulativo que substitutivo. Cumulativo à medida que os trabalhadores precisam acrescentar o gasto de energias intelectuais e psíquicas ao gasto de energias físicas. O efeito do acúmulo indica que o trabalho é, por um lado, explorado mais intensamente e, por outro, que os desgastes dos trabalhadores se ampliam para fronteiras do mundo da atividade que antes não eram mobilizadas. Dessa forma, a concepção de trabalho intelec-

---

[44] Francis Green, *Why Has Work Effort Become more Intense?*, cit.
[45] Robert Reich, *O trabalho das nações: preparando-nos para o capitalismo do século XXI* (São Paulo, Educator, 1994).

tual e de trabalho emocional presente neste livro difere profundamente da concepção de sociedade de inteligência desenvolvida pela sociologia e economia norte-americanas nos anos 1950 e 1970 e de outras visões utópicas de trabalho emancipado sob o capitalismo.

O campo da pesquisa científica mais do que qualquer outro permite superar a questão da não-produtividade dos serviços. Avanços na pesquisa biomédica, por exemplo, abriram a possibilidade de o corpo humano e a própria vida serem transformados em mercadorias que valorizam o capital[46]. São resultados da pesquisa científica que opera fundamentalmente com a dimensão intelectual do trabalho. A comodificação dos corpos e a mercantilização da vida estão dentro da esfera da valorização do capital, o que torna o serviço da pesquisa uma atividade altamente produtiva em termos capitalistas. Todo tipo de pesquisa e em boa medida o trabalho intelectual e emocional suscita um outro tipo de questão, a saber: seu efeito ultrapassa os confins da medida de tempo necessário. Não há como propor um parâmetro do valor uma vez que o trabalho da pesquisa, o serviço da pesquisa, encerra o potencial de desencadear um conjunto de mudanças e abrir mercados, como no caso da mercantilização do corpo, numa velocidade e impacto incomensuráveis.

É necessário reconstruir a classificação da divisão social do trabalho, de que serviços não podem ser considerados como o repositório da improdutividade e vários deles têm de ser entendidos como contribuintes para a produção do valor, de que os aspectos intelectual e emocional do trabalho representam elementos fundamentais do processo contemporâneo de intensificação, de que a revolução tecnológica leva a acabar com a separação entre tempo de trabalho e tempo de não-trabalho e que essa invasão sobre o tempo de não-trabalho contém uma marca inquestionável de gênero.

À guisa de resumo do primeiro capítulo, torno a frisar idéias norteadoras deste livro que se propõem a esclarecer o significado da dimensão de intensidade do trabalho. Por esse conceito entende-se a condição pela qual requer-se mais esforço físico, intelectual ou emocional de quem trabalha com o objetivo de produzir mais resultados, consideradas constantes a jornada, a força de trabalho empregada e as condições técnicas. A dimensão de intensidade distingue-se, pois, de outras condições como produtividade e

---

[46] Fréderic Vandenberghe, "Trabalhando Marx: o marxismo e o fim da sociedade do trabalho", em Paulo Henrique Martins e Brasilmar Ferreira Nunes (orgs.), *A nova ordem social: perspectivas da solidariedade contemporânea* (Brasília, Paralelo 15, 2004).

precariedade. Sociologicamente, o significado da questão da intensidade está no fato de que não se trata de um evento individualizado e sim de uma condição geral do trabalho contemporâneo, fixada em regras e normas de conduta, em habitualidade, constituindo um padrão de organização que, portanto, independe dos desejos, das vontades e das características específicas de cada trabalhador. Como quaisquer outras condições de trabalho, o grau de intensidade de uma atividade resulta das relações que entre si estabelecem trabalhadores e empregadores. O emprego contemporâneo concentra-se majoritariamente em atividades de serviço, o que conduziu à necessidade de uma digressão sobre materialidade e imaterialidade, indústria e serviços. A questão do trabalho material e imaterial suscita problemas de primeira ordem em relação à teoria do valor trabalho, no sentido de como pensá-la e utilizá-la para interpretar características da sociedade contemporânea, tarefa ainda completamente aberta nos campos da reflexão teórica e dos estudos concretos. Minimamente impõe-se a tarefa de sua atualização para dar conta de infinitos serviços de natureza imaterial. Ao tratar de atividades que reclamam o empenho cada vez maior das dimensões intelectuais e afetivas de quem trabalha, precisa ser mantido distanciamento do entendimento utópico de que o mundo está caminhando inexoravelmente para uma via de trabalho intelectual emancipado, reconhecendo que os serviços intelectuais ou afetivos estão sujeitos aos mesmos meios de intensificação que as outras atividades ditas materiais, o que implica no surgimento de uma série de novos problemas de saúde que afetam a classe dos trabalhadores imateriais dos trabalhos intensificados.

No capítulo seguinte, lanço mão da história como instrumento de análise para identificar pelo menos três grandes vagas de intensificação, sendo a mais recente aquela que varre e transforma o trabalho contemporâneo com mil exigências de velocidade, agilidade, ritmo, polivalência, versatilidade, flexibilidade, acúmulo de tarefas e busca incessante de mais resultados.

2
A CONSTRUÇÃO HISTÓRICA DA NOÇÃO DE INTENSIDADE DO TRABALHO

A sociedade contemporânea é sacudida por uma onda de exigências cada vez maiores sobre os assalariados por mais trabalho e mais resultados. A própria revolução tecnológica – em que nos encontramos neste exato momento – contribui grandemente para que os indivíduos sejam cada vez mais sugados em suas capacidades de produzir mais trabalhos. Resumimos esse envolvimento superior dos trabalhadores seja física, seja mental, seja emocionalmente na expressão "mais trabalho". Intensificar é exigir mais trabalhos e resultados superiores no mesmo espaço de tempo. Significa, portanto, aumentar a exploração do trabalho.

Estabelecida a noção de intensidade passamos a desenvolver a construção histórica desse conceito. Trabalhamos com a hipótese de que a história do trabalho conheceu e conhece várias e distintas práxis de intensificação, cuja manifestação contemporânea constitui apenas mais uma onda.

O grau de intensidade pode ser aumentado basicamente de duas maneiras: uma, quando transformações tecnológicas faz crescer a carga de trabalho; a outra, quando a reorganização do trabalho eleva a carga, na presença ou não de mudança técnica. O aumento do grau de intensidade impulsionado por mudanças tecnológicas ocorre durante os períodos de revoluções industriais, tal como nos dias de hoje com a revolução informática. As reorganizações do trabalho podem acontecer durante os períodos de revoluções industriais ou fora delas. O taylorismo pode ser pensado como uma reorganização do trabalho fora de um período de revolução tecnológica. Em suma, o grau da intensidade varia combinada ou isoladamente em função de alteração das condições técnicas e de mudanças em sua própria organização. Tal esquema de análise nos é particularmente útil para examinar a evolução histórica da intensidade a começar pela Revolução Industrial.

2.1 Revolução Industrial – séculos XVIII e XIX

Durante as revoluções industriais, seja a clássica inglesa, a norte-americana, aquelas que ocorrem nos países de capitalismo antigo, sejam as que tomam lugar nos países de capitalismo recente, a intensidade do trabalho não passou despercebida dos intelectuais das ciências sociais, dos economistas e dos líderes de movimentos sociais. Durante a Revolução Industrial inglesa, Marx captou com extrema clareza o processo de intensificação e teorizou sobre ele. Dos economistas clássicos que o antecedem, Adam Smith e David Ricardo lançam os fundamentos da teoria do valor, mas não apresentam contribuição significativa para a teoria da intensificação. A Smith atribui-se a expansão do conceito de valor ao trabalho industrial e a Ricardo a formulação de uma teoria do valor da mercadoria com base no tempo médio socialmente necessário para sua produção. Ambos não desenvolvem o modo como o valor e a mais-valia são produzidos, pois é o tratamento desse aspecto da questão que permite ao pesquisador defrontar-se com a noção de intensidade. Contribuem para explicar essa omissão os fatos de que Smith[b] viveu durante a pré-Revolução Industrial inglesa e que Ricardo[c] estudou no início dela, quando os controles da sociedade sobre a exploração do trabalho não se faziam ainda sentir. Por último, não estava no horizonte desses economistas analisar o grau de exploração do trabalho, que é ao que se refere o estudo da intensidade.

Marx vive plenamente o período das revoluções industriais inglesa e norte-americana do século XIX e suas mudanças profundas sobre a sociedade. O primeiro volume de *O capital*, no qual é feita a análise da intensificação, é publicado em 1864, o que lhe permitiu analisar as dramáticas transformações sociais produzidas pelo capitalismo que aconteciam ao alcance dos seus olhos, apoiado ainda na vantagem de um distanciamento de tempo, pois a Revolução Industrial já seguia um caminho avançado de, pelo menos, meio século. Sua teorização sobre o valor de troca repousa sobre a noção de tempo. Para aumentar a produção de valor, o capitalista aumenta o número de horas de trabalho, elevando o seu limite superior ao máximo suportável. Como essas jornadas intermináveis colocavam em risco a saúde e a vida dos trabalhadores, eles próprios, com o apoio de importantes setores da sociedade, mobilizaram-se exigindo o estabelecimento de controles legais sobre o número de horas. Os ecos de tais reclamações chegaram ao Parlamento que, após algumas décadas de hesitação, vota leis restringindo as horas diárias de trabalho, primeiro a doze, depois a onze e, mais tarde, a dez. Implantada a legislação e criado o sistema de fiscalização das leis, começa a fechar-se lentamente a possibilidade de produção de mais-valia pela via chamada absoluta, isto é, por meio do alongamento das horas de trabalho ao dia ou por semana, o que colocava um freio ao processo de acumulação de capitais. Os capitalistas então deixam de lado o caminho do alongamento da jornada e passam a investir em equipamentos modernos para aumentar a produção. Os novos equipamentos operam mais rapidamente e requerem que o operário aumente a velocidade do seu trabalho, adapte-se ao ritmo e às exigências impostas pelas máquinas. Desse momento em diante, o homem não mais comanda a máquina, é ela que o comanda. A introdução de máquinas e equipamentos mais produtivos eleva também as exigências sobre o trabalhador em termos de aprendizado, adaptação, ritmo e velocidade. Esse maior dispêndio de energia operária é interpretado por Marx como uma nova maneira de produzir valor, a saber, a via chamada de mais-valia relativa, que ocorre simultaneamente pelo aumento da produtividade do capital fixo e pelo aumento da intensidade do trabalho operário. Para facilitar nossa análise posterior, chamaremos a esse tipo de mais-valia de mais-valia relativa de tipo I, ou seja, pela via da intensificação que acompanha a introdução de mudanças técnicas no trabalho.

Qual a substância da categoria intensidade para Marx? Ele utiliza uma linguagem metafórica para descrever a realidade da Revolução Industrial Inglesa dos séculos XVIII e XIX. O termo que emprega é "porosidade". O trabalho é "poroso" no sentido de uma atividade intercalada por momentos de não-trabalho. Ou seja, a jornada compreende em seu interior duas realidades: momentos de trabalho e de não-trabalho. Dentro da jornada, estes últimos formam aquilo que Marx chama de "porosidade" do trabalho. Durante os tempos mortos, os "porosos", o trabalhador não trabalha e não produz valor. Como o trabalho assalariado é heterônomo, o empregado procura aumentar os tempos de não-trabalho e assim diminuir seu próprio desgaste. O desejo dos empregadores, ao contrário, é eliminar totalmente as "porosidades" da jornada, meta difícil de atingir. Se todos os tempos mortos não são elimináveis, alguns podem ser diminuídos e, com isso, aumentada a intensidade. A "porosidade" é representada por tempos mortos, que são tempos compreendidos dentro da jornada, mas nos quais o trabalhador não está envolvido com trabalho, isto é, com a produção de bens e serviços. A jornada é formada por "porosidades" maiores ou menores, dependendo das condições de trabalho vigentes.

No afã de aumentar ganhos, o capitalista intensifica o trabalho reduzindo os "poros" existentes dentro dos limites da jornada. Eliminando os tempos mortos, por um lado, aumenta e torna mais densa a jornada de trabalho e, por outro, consegue elevar o produto sujeito ao circuito mercantil que é seu objetivo maior. A metáfora da "porosidade" permite compreender de uma forma extremamente imaginativa e perspicaz como o trabalho pode ficar mais denso, mais concentrado, no mesmo intervalo de tempo, ou seja, sem aumentar a jornada.

Os estudos de tempo e movimento, os estudos ergonométricos e de psicologia do trabalho, posteriores a Marx, demonstraram que o trabalho não é realizado com o mesmo grau de intensidade do início ao fim da jornada. No começo, o trabalho apresenta um rendimento mais baixo, depois se torna mais denso até atingir, rapidamente, seu patamar mais elevado. Após algum tempo de exercício do trabalho em ritmo elevado, o cansaço vai tomando conta e os resultados começam a diminuir. Nos horários próximos ao seu término, o trabalho tende a cair de rendimento. Essa é uma maneira semelhante à empregada por Marx para descrever a intensidade. Empregando a linguagem marxista, as "porosidades" se concentrariam no início e no final do expediente e em determinados momentos durante a jornada. Diminuir tais "porosidades" constitui o objetivo de todas as escolas de gestão do trabalho, interessadas na racionalização dos processos.

Quando o capitalista consegue impor um trabalho mais denso, pelo menos duas questões se colocam. A primeira é a conseqüência desse processo de intensificação sobre os corpos dos trabalhadores. A segunda é nas mãos de que atores do processo de trabalho vão parar os resultados obtidos com a redução dos "poros" do trabalho e dos tempos mortos. Os trabalhadores arcam com as conseqüências físicas e sociais e os capitalistas apropriam-se dos novos valores produzidos com a intensificação.

Além de empregar a metáfora da "porosidade", Marx realiza em *O capital* uma análise formal em que supõe diversas combinações de intensidade com produtividade, mantidos inalterados o número de trabalhadores e as condições materiais, para tornar preciso o conceito de intensidade. Desde logo,

Marx deixa claro que a forma de compreender a intensidade está completamente dissociada do conceito de produtividade. Eis o raciocínio:

> [...] é evidente que as grandezas relativas do preço da força de trabalho e da mais-valia seriam determinadas pelos seguintes três fatores:
> 1 – a duração da jornada de trabalho ou a grandeza extensiva do trabalho;
> 2 – a intensidade do trabalho normal, ou grandeza intensiva do trabalho, que faz com que em um tempo determinado um quanto determinado de trabalho seja gasto;
> 3 – enfim, a força produtiva do trabalho que faz com que, em função do grau de desenvolvimento das condições de produção, a mesma quantidade de trabalho forneça no mesmo tempo uma quantidade mais ou menos importante de produtos.[1]

Em primeiro lugar, intensificar o trabalho implica maiores gastos de energias vitais e também resultados mais elevados. Por isso, a intensificação aumenta a mais-valia, já que os resultados excedem os gastos. Em segundo lugar, intensidade tem a ver com o *quantum* de trabalho gasto e com mais-valia. Produtividade tem a ver com o grau de desenvolvimento dos meios de produção. Intensidade e produtividade são, portanto, conceitos completamente distintos.

A análise continua com a apresentação de combinações possíveis dos fatores acima enumerados. São combinações teóricas que preservam a distinção entre produtividade e intensidade, mas esclarecem as diferenças. Quando apresenta a condição teórica que mantém a duração da jornada constante e estabelece a possibilidade de que a intensidade e a produtividade sejam variáveis, Marx acrescenta o comentário de que:

> um crescimento da intensidade do trabalho implica um aumento do gasto de trabalho no mesmo lapso de tempo. Uma jornada de trabalho mais intensiva se materializará portanto em mais produtos que uma jornada menos intensiva, mas do mesmo número de horas. Certamente, com uma força produtiva mais elevada, a mesma jornada de trabalho fornecerá também mais produtos.[2]

Além de distinguir a categoria intensidade, que se refere ao trabalho do empregado, da categoria de produtividade, que se refere ao grau de desenvol-

---

[1] Karl Marx, *The Capital* (v. 1, Nova York, International Publishers, 1975), p. 581-2.
[2] Ibidem, p. 586-7.

vimento das forças produtivas, o comentário ressalta a produção de resultados superiores, razão que faz com que a intensificação resulte em mais valor, em mais-valia relativa.

Em outra hipótese teórica na qual estabelece variações simultâneas da duração, da intensidade e da produtividade do trabalho encontramos algumas intuições insuperáveis de Marx que indicam uma visão extremamente complexa e atual do problema da intensidade: "mais a força produtiva do trabalho cresce, mais se pode reduzir a jornada de trabalho, e mais a jornada de trabalho é abreviada, mais a intensidade do trabalho pode crescer"[3]. O crescimento da produtividade pode acontecer simultaneamente com o crescimento da intensidade. A formulação é visionária e futurista e aplica-se mais do que nunca aos dias de hoje, mostrando como é importante tratar a questão da intensidade na chamada Terceira Revolução Industrial.

Em outro lugar do volume 1 de *O capital*, no capítulo 19, Marx analisa a gênese do conceito de intensidade. A intensificação fez sua entrada na história humana quando não foi mais possível alongar a duração da jornada. Trata-se de um recurso a que os capitalistas lançaram mão quando o meio de aumentar a mais-valia absoluta, representado pelo alongamento das horas, foi impedido por lei:

> o prolongamento desmesurado da jornada de trabalho, que a maquinaria nas mãos do capital produziu, acabou por desencadear uma reação da sociedade ameaçada nos seus fundamentos vitais, reação que conduziu ela mesma a uma limitação da jornada normal de trabalho, fixada por lei. Desenvolve-se sob essa base um fenômeno que nós já encontramos antes e que já toma uma importância decisiva: a intensificação do trabalho.[4]

As relações entre o alongamento da jornada e a intensificação são analisadas a partir da matéria-prima fornecida pelo caso inglês. Primeiramente aponta para o crescimento da rapidez e da intensidade do trabalho com o progresso do maquinismo e com o aprendizado da classe operária com as máquinas. Escrevendo lá por 1869, afirma que "na Inglaterra, durante meio século, o prolongamento da jornada vai de par a par com a intensificação crescente do trabalho industrial"[5]. Entretanto, é impossível querer perpetuar tal situação, pois ela conduziria à dilapidação da força de trabalho. O Estado

---

[3] Ibidem, p. 592.
[4] Ibidem, p. 459.
[5] Idem.

inglês então intervém reduzindo a duração da jornada e controlando o trabalho para determinados grupos de trabalhadores, a saber, mulheres e crianças. Reduzida na Inglaterra, em 1832, a duração da jornada de doze para onze horas diárias,

> o capital se lança deliberadamente e com todas as suas forças sobre a produção da mais-valia relativa, por meio de um desenvolvimento acelerado do sistema de máquinas. Ao mesmo tempo, acontece uma mudança das características da mais-valia relativa [...] uma tensão acrescida da força de trabalho e uma ocupação mais intensa dos buracos no tempo de trabalho, isto é, uma condensação do trabalho. Tal compressão resulta [...] num *quantum* de trabalho maior. Ao lado da medida de tempo de trabalho como "grandeza estendida" aparece agora a medida de seu grau de condensação.[6]

A partir desse ponto a análise toma um cunho empírico, examinando como o trabalho é intensificado na prática cotidiana dos setores e ramos da atividade econômica. O primeiro caso analisado é o das indústrias tradicionais, as manufaturas, em que a maquinaria não joga papel algum ou somente um papel limitado. A introdução da lei da redução da jornada mostrou que em tais manufaturas "aumentava maravilhosamente a regularidade, a uniformidade, a ordem, a continuidade e a energia do trabalho"[7]. Nos ateliês de fiação e de cardagem a velocidade da maquinaria aumentou 2%. Menciona ainda experiências feitas em diversas fábricas, nas quais com a redução da jornada em uma hora diária, de doze para onze, manteve-se a mesma produção, o mesmo salário e uma hora de tempo livre para refeições apenas.

> Com a lei da redução da jornada, [...] a máquina transforma-se nas mãos do capitalista, no meio objetivo que ele utiliza sistematicamente para extorquir mais trabalho no mesmo tempo. Isso se efetua de duas maneiras: por um aumento da velocidade das máquinas e por uma extensão do volume de maquinaria supervisionado pelo mesmo operário ou do campo de trabalho deste.[8]

Nessa parte, antevendo a tese da tecnologia enviesada pelo esforço (*effort-biased technology*) hodiernamente defendida por Francis Green[9], Marx escreve:

---

[6] Ibidem, p. 460.
[7] Ibidem, p. 461.
[8] Ibidem, p. 462.
[9] Francis Green, *Why Has Work Effort Become More Intense? Conjectures and Evidence about Effort-Biased Technical Change and other Stories* (Kent, University of Kent at Canterbury, 2000).

a melhoria da construção da maquinaria é de uma parte necessária ao exercício de uma pressão mais forte sobre o trabalhador e de outra parte acompanha a intensificação do trabalho, à medida que o limite da jornada de trabalho impõe aos capitalistas um orçamento mais estrito em termos de gasto de produção.[10]

Seguem exemplos de melhorias nas máquinas a vapor e conseqüências de seu emprego sobre os trabalhadores. A seu favor, Marx aduz a fala de Lord Ashley, conde de Shaftesbury, quando se dirigiu à Câmara dos Comuns, em 1844: "a maquinaria, falou o conde, realizou sem dúvida uma obra de substituição dos tendões e dos músculos de milhões de seres humanos, mas ela também multiplicou prodigiosamente o trabalho dos homens que governam seu terrível movimento"[11]. Os relatórios de inspeção das fábricas fornecem dados tanto para Marx como para os parlamentares. Assim em 1863, Ferrand, membro do Parlamento inglês, declara à Câmara Baixa: "Delegados operários de dezesseis distritos em nome dos quais eu falo me declararam que o trabalho cresceu constantemente nas fábricas em conseqüência da melhoria das máquinas"[12]. Por fim, inspetores de fábricas afirmam que "a diminuição da jornada de trabalho deu já origem a uma intensidade do trabalho que destruiu a saúde dos operários e, em conseqüência, a própria força de trabalho"[13].

Ao concluir sua análise, Marx expõe as relações que vê entre redução da jornada e intensificação.

> Não há a menor dúvida de que a tendência do capital, uma vez que o prolongamento da jornada lhe é definitivamente impedido pela lei, a encontrar no aumento sistemático do grau da intensidade do trabalho e a transformar toda a melhoria da maquinaria em um meio de maior exploração da força de trabalho, conduzirá em breve e necessariamente a uma nova virada em que uma nova diminuição das horas de trabalho ficará inevitável.

A relação entre transformação tecnológica, que aumenta a produtividade do trabalho, e intensificação é sintetizada da seguinte forma:

---

[10] Karl Marx, *Grundrisse: Foundations of the Critique of Political Economy* (Nova York, Vintage, 1975), p. 462.
[11] Ibidem, p. 463.
[12] Ibidem, p. 468.
[13] Karl Marx, *The Capital*, cit., p. 468.

Vimos como a maquinaria aumenta o material da exploração humana do capital pela apropriação do trabalho de mulheres e de crianças, como ela confisca todo o tempo de vida do operário para uma extensão desmesurada da jornada de trabalho e como enfim seu progresso, que permite fornecer em tempo breve um produto consideravelmente acrescido, servem de meio sistemático para mobilizar a cada instante mais trabalho, para explorar a força de trabalho de forma mais intensiva.[14]

Por último, os escritos de Marx fornecem elementos para análises comparativas por ressaltar mudanças dramáticas no campo profissional com substituição completa de inteiras categorias profissionais e no terreno das exigências dos conhecimentos necessários. Ao descrever a superação da manufatura pelo sistema da fábrica moderna, ele analisa que tal modificação solapou completamente as bases da divisão do trabalho próprias ao operário especializado: "A fábrica suprime a base técnica sobre a qual repousava a divisão de trabalho da manufatura. A hierarquia dos operários especializados é substituída na fábrica automática pela tendência à equalização, nivelamento das tarefas"[15]. De forma análoga, poderíamos supor que o trabalhador assalariado da produção em massa criado pela grande indústria do século XX e organizado em empregos formais já não seja o mesmo polivalente e flexível do século XXI organizado sob relações informais e precárias.

A passagem da manufatura para a grande indústria requer, em segundo lugar, uma ressocialização operária, que em si mesma implica um tipo de trabalho mais denso, porquanto comandado pelo ritmo da máquina. O operário passa por uma aprendizagem precoce a fim de "adaptar seu próprio movimento ao movimento uniforme e contínuo do autômato"[16].

A análise da evolução da grande indústria já conduzira Marx a elaborar a respeito do trabalho imaterial e suas implicações. O texto de *Grundrisse* em que é tratada a passagem para o trabalho imaterial é extremamente complexo e sintético. Marx vê o encerramento de uma etapa em que prevalece a exploração do trabalho vivo e o ingresso em outra fundada num sentido coletivo e comunitário do trabalho. O problema consiste em saber quais as condições que indicam tal transição. Como vimos antes, alguns autores[17] avaliam que já

---

[14] Karl Marx, *Grundrisse: Foundations of the Critique of Political Economy*, cit., p. 417.
[15] Karl Marx, *The Capital*, cit., p. 471.
[16] Ibidem, p. 472.
[17] Maurizio Lazzarato, "Le concept de travail immatériel: la grande entreprise", publicado no site Multitudes, disponível em <http://multitudes.samizdat.net/spip.php?article608>, 1992;

ingressamos completamente numa fase de capitalismo cognitivo em que o capital controla inclusive a subjetividade do trabalhador. É um julgamento prático de implicações políticas profundas. A nós interessa captar o sentido dessa nova onda de intensificação contemporânea, para o qual a teoria do valor do trabalho atualizada consegue oferecer instrumento conceitual poderoso.

Concluindo a análise da categoria intensidade, vemos que Marx formulou um conjunto articulado de teses: o núcleo do conceito representado pela noção de mais trabalho, de mais valor; sua gênese dependendo de impedimentos sociais ao alongamento da jornada; que fortes transformações tecnológicas na base do trabalho conduzem a processos de intensificação; que, ainda assim, intensidade deve ser distinguida de produtividade; que a intensificação é passível de demonstração empírica; e, finalmente, que a intensificação não está fora do alcance de políticas de regulação do trabalho.

A categoria intensidade é crucial para a teoria do valor trabalho. Ela assinala a passagem da mais-valia absoluta, ou grandeza extensiva do trabalho, para a mais-valia relativa, ou grandeza intensiva. A intensidade indica um salto fundamental na produção do valor. A noção de mais-valia absoluta é empregada para analisar a produção extra de valor mediante alongamentos de jornada e efeitos similares. Já a noção de mais-valia relativa é utilizada para produção de mais valores mediante intensificação e efeitos similares. Distintas formas de intensificação são hodiernamente identificáveis, o que permite estabelecer mais-valias relativas de tipo I, II, III e semelhantes, inclusive quando se trata do trabalho intelectual.

A categoria tempo de trabalho é absolutamente central para compreender a noção de valor. O valor é o tempo de trabalho socialmente necessário para produzir qualquer bem ou serviço, para desenvolver uma atividade de tipo intelectual ou de tipo afetiva. O valor é o tempo de trabalho consumido de acordo com os padrões médios vigentes na sociedade. Valor tem a ver com tempo de trabalho e com o trabalhador. Valor é produzido pelo trabalhador gastando tempo de trabalho. Tal noção de valor está anos-luz distante da noção de valor utilidade como prevalece no conceito clássico de uma parte significativa e hegemônica da economia política.

A acumulação de riquezas supõe o consumo cada vez maior de tempo de trabalho. Como o capitalista consegue produzir mais valores? Historicamente,

---

Toni Negri, "Valeur travail: crise et problèmes de reconstruction dans le postmoderne", publicado no site Multitudes, disponível em <http://multitudes.samizdat.net/spip.php?article606>, 1992; André Gorz, *L'immatériel* (Paris, Galilée, 2003).

a sua produção depende, em primeiro lugar, do número de pessoas. Uma quantidade maior de indivíduos produz mais valores do que um só. Em determinado momento da história, foi necessário escravizar pessoas para se obter uma força de trabalho maior. A segunda maneira de aumentar o valor produzido consiste em alongar o tempo de serviço dos mesmos indivíduos que já estão trabalhando. O alongamento da jornada é um processo historicamente constatável e atingiu a sua dimensão maior na primeira Revolução Industrial em quase todos os países do mundo. Um maior número de pessoas trabalhando e/ou o mesmo número de pessoas trabalhando durante mais horas produzem a forma de mais valor chamada de mais-valia absoluta.

Chegou um momento em que o alongamento da jornada atingiu um ponto intransponível, seu teto. Tal era a destruição física dos empregados que a voz da população se fez sentir e os governos começaram a aprovar leis que estabeleciam controles sobre a duração do serviço legalmente aceitável e sobre a duração de trabalho para algumas categorias específicas, como as mulheres, as crianças e os adolescentes. Com tal tipo de legislação, a via da acumulação de riquezas por meio da produção da mais-valia absoluta foi impedida para os capitalistas, para os gerentes de atividades estatais e para os pequenos produtores de mercadorias. Mas, a torneira da acumulação enquanto tal não foi fechada, apenas um mecanismo foi considerado moralmente inaceitável pela sociedade. Outras portas se abriram. Já que alongar a duração da jornada dos trabalhadores não é mais possível, os capitalistas, os gerentes de empresas estatais e os donos de pequenos negócios artesanais ou rurais passaram a buscar a acumulação por meio do mecanismo de tornar o trabalho mais intenso. Um serviço é considerado mais intenso quando, mantidas a duração da jornada e as mesmas condições de infra-estrutura produtiva, o trabalhador apresenta mais ou melhores resultados, em decorrência do mais trabalho despendido.

Com a intensificação, o valor produzido passa a ter outra natureza, a da mais-valia relativa. Esse é um mecanismo de aumentar a produção do valor, mantidas iguais as demais condições. Entretanto, o aperfeiçoamento das máquinas, as invenções e toda uma parafernália de mudanças materiais também contribuem para aumentar a eficiência final do trabalho. O termo produtividade em Marx é reservado para descrever o aumento da produção da mais-valia relativa mediante a melhoria ou a transformação radical das condições infra-estruturais de produzir riqueza, aquilo que Marx chama de desenvolvimento das forças produtivas. Na época da Revolução Industrial, ele já observava que o desenvolvimento das forças produtivas estava diretamente relacionado com a intensificação. As observações dos inspetores reais do trabalho nas fábricas lhe ofereceu incontáveis exemplos dessa dependência nova que o trabalhador passa a ter em relação à máquina. Não é ele o mestre do equipamento, como na forma artesanal e na manufatura, porque é a máquina que impõe ao trabalhador o ritmo e a velocidade do trabalho. O trabalhador converte-se em apêndice da máquina. "Na manufatura e no artesanato, o operário se serve da ferramenta; na fábrica, ele serve à máquina."[18] A importância do desenvolvimento das máquinas e dos equipamentos é tão grande para a intensificação do processo de trabalho que ele considera que o desenvolvimento das forças produtivas é uma conseqüência necessária do impedimento de alongar a jornada.

Com o amadurecimento da Revolução Industrial fecha-se o primeiro ciclo de intensificação da história do capitalismo, que se caracteriza pela passagem do alongamento da jornada para a intensificação via transformação tecnológica das empresas. Em termos de ideologia política, esse período corresponde à prevalência do capitalismo liberal.

Com importantes ressalvas, análise semelhante pode ser feita sobre o caso brasileiro, desde que deslocando o começo da Revolução Industrial para o final do século XIX e seu amadurecimento para o século XX. O estudo das primeiras implantações industriais em vários estados do Brasil, seja no Rio de Janeiro, São Paulo, Rio Grande do Sul, Minas Gerais, Bahia, Pernambuco e outros lugares, ainda ao fim do século XIX, demonstra o emprego combinado dos mecanismos de alongamento da jornada com intensificação na realidade de pós-trabalho escravo[19].

2.2 O taylorismo e o fordismo

Mudamos de ambiente. Da Inglaterra da Revolução Industrial, passamos para os Estados Unidos ao final do século XIX e começo do XX. Os estudos experimentais do norte-americano Frederick Winslow Taylor lançam as bases para o tratamento científico do trabalho. Os seus trabalhos resultam em significativos aumentos de intensidade, mediante processos de reorganização e não revolução industrial. A proposta da "administração científica do trabalho"

---

[18] Karl Marx, *The Capital*, cit., p. 474.
[19] Sadi Dal Rosso, *A jornada de trabalho na sociedade: o castigo de Prometeu* (São Paulo, LTr, 1996); Domingos Giroletti, *Fábrica, convento, disciplina* (Belo Horizonte, Imprensa Oficial, 1991).

constitui o exemplo mais claro de um processo de elevação do grau de intensidade, sem que sejam necessárias alterações profundas na estrutura tecnológica existente. Mudanças técnicas de peso acontecem com a modernização do sistema taylorista pela capacidade de John Ford de adaptar os sistemas de cadeias produtivas ou esteiras rolantes empregados nos abatedouros de animais para a produção em massa de automóveis e outros produtos industriais. As características centrais do "método da administração científica" proposto por Taylor como a forma de aumentar o rendimento do trabalho são mantidas e aprofundadas por meio dos controles mecânicos do ritmo e da velocidade do trabalho.

Braverman escreve que, antes de Taylor, outros autores trataram o problema dos ganhos de produtividade no trabalho, entre eles Andre Ure, Charles Babbage e François Fayol[20]. Mas nenhum levou a empreitada tão a fundo, fez tantos experimentos e expôs com tanta clareza o método de aumentar os resultados do trabalho quanto o norte-americano.

Qual a questão que propõe Taylor e qual o método para resolvê-la? Ele narra sua história pessoal e escreve que começou em 1880 a "fazer os experimentos acima referidos para determinar o que constitui um dia próprio (justo) de trabalho para o trabalhador"[21] e que os "experimentos nesse campo foram conduzidos durante um período de aproximadamente 26 anos"[22]. Seu objetivo é descobrir o que seria um dia justo, apropriado. Tal preocupação decorre do fato de que Taylor havia feito um diagnóstico sobre o problema do trabalho e chegara à conclusão de que o problema consistia basicamente em "subtrabalho" (que ele expressa exatamente sob a expressão de *underworking* – trabalho insuficiente, pouco trabalho – ou sob os termos popularmente empregados de *soldiering* ou *hanging it out*[23]). Taylor coloca tal diagnóstico em termos de grande convicção pessoal, como é próprio de discursos de reformadores religiosos ou sociais ("o autor afirma sem medo de contradição"), que o "subtrabalho" é "o maior mal de que o povo trabalhador está afetado"[24]. Eis o ponto, o maior mal da sociedade à sua época é

---

[20] Harry Braverman, *Labor and Monopoly Capital: The Degradation of Work in the Twentieth Century* (Nova York e Londres, Monthly Review, 1974).
[21] Frederick Winslow Taylor, *The Principles of Scientific Management* (Nova York, Norton and Company, 1967), p. 104-5.
[22] Ibidem, p. 105-6.
[23] Ibidem, p. 13-5.
[24] Idem.

representado pelo "subtrabalho", pela baixa eficiência e rendimento. Afirma ainda que a administração tradicional também coopera com esse estado de coisas. A solução para o problema está na "administração científica" do trabalho. O objetivo a que ela se propõe é "o máximo de prosperidade para o empregador e para cada trabalhador"[25]. Qual seria a fonte dessa máxima prosperidade? Como seria atingido tal objetivo? Por meio de uma revolução tecnológica a ser adotada pelas empresas? Por meio de investimentos na diversificação dos produtos? Não! A prosperidade máxima será atingida dentro das mesmas condições técnicas existentes e com o mesmo volume de capital fixo investido. Taylor não propõe que as empresas gastem mais em máquinas, equipamentos, desenvolvimentos de tecnologias aplicadas. Isso tudo pode vir a acontecer, as empresas podem investir mais em tecnologia, a modernização de equipamentos pode ser uma medida importante para atingir o objetivo de prosperidade máxima, ainda assim investimentos em capital fixo ou capital de giro não são partes essenciais de seu método de alcançar a prosperidade. Diferentemente de Marx que pensava que a mudança técnica conduzia à intensificação, Taylor pensava em elevar a intensidade do trabalho dentro das condições técnicas vigentes.

Em que consiste pois o seu método? Ele escreve: "No caso de qualquer indivíduo singular, a máxima prosperidade pode existir somente quando o indivíduo atingir seu mais elevado estado de eficiência; isto é, quando ele está fornecendo seu maior resultado diário"[26]. E logo mais repete a mesma idéia, acrescentando apenas o aspecto do uso eficiente também dos equipamentos, "maior prosperidade pode existir somente como resultado da maior produtividade possível dos homens e das máquinas do estabelecimento"[27]. Procura ainda generalizar a idéia em termos de produtividade: "prosperidade máxima pode existir somente como resultado de produtividade máxima"[28]. Desnecessário dizer que produtividade máxima será atingida mediante o método de fazer com que o trabalhador forneça diariamente um produto dobrado, triplicado ou quadruplicado.

Que o método de Taylor consiste em elevar a intensidade pode ser determinado do relatório de experimentos feitos durante sua vida que constam do segundo capítulo de seu livro sobre "administração científica". A obra contém

---

[25] Ibidem, p. 9.
[26] Ibidem, p. 11.
[27] Ibidem, p. 12.
[28] Idem.

o relato de seis experimentos desenvolvidos pessoalmente por ele ou por outro membro de sua sociedade e por ele relatado. A seguir são sintetizados os experimentos e a avaliação feita por Taylor dos resultados, os quais demonstram o grau de intensificação alcançado, o que constitui, em última instância, o núcleo central do método taylorista.

1. O experimento na Bethleem Steel Company. Quando Taylor chegou a essa empresa, "encontramos que esse grupo (de 75 trabalhadores) estava carregando em média mais ou menos 12,5 toneladas por homem por dia"[29]. Com a aplicação de seu método de administração científica, "um homem atrás do outro foi pego e treinado a mover ferro na proporção de 47,5 toneladas por dia, até que todo o ferro foi movido a essa taxa e os homens recebiam 60% a mais de pagamento que os outros trabalhadores a seu redor"[30]. Esse trabalhador anônimo é representado pelo ícone de Schmidt, o funcionário que se assemelhava a um boi, na expressão de Taylor.

2. O experimento na Midvale Steel Company resultou em que "após quase três anos desse tipo de luta, a produção das máquinas aumentou, em muitos casos dobrou"[31]. A duplicação dos resultados foi alcançada por meio da reorganização do trabalho, não havendo qualquer modernização tecnológica.

3. O experimento com "carregamento por meio de pás". Eis os dados fornecidos por Taylor sobre os resultados obtidos: "o número de trabalhadores foi reduzido de entre 400 a 600 para aproximadamente 140" e "o número médio de toneladas por homem por dia (aumentou) de 16 para 59"[32].

4. O experimento com assentamento de tijolos. Este não foi realizado diretamente por Taylor, mas pelo membro de sua sociedade da "administração científica", Frank Bunker Gilbreth e relatado por Taylor. Resultados da aplicação do método científico: os pedreiros passaram a assentar "350 tijolos por homem por hora [...] enquanto que com o método antigo (assentavam) 120 tijolos por homem por hora"[33]. Para atingir tal sucesso

---

[29] Ibidem, p. 42
[30] Ibidem, p. 47.
[31] Ibidem, p. 52.
[32] Ibidem, p. 71.
[33] Ibidem, p. 81.

Gilbreth empregou estudos de movimento e tempo e "reduziu os movimentos de 18 por tijolo para cinco e até, em um caso, chegou a um ponto tão baixo como dois movimentos por tijolo"[34].
5. O experimento com inspeção de esferas para bicicletas. Mediante um estudo de tempo, Taylor diagnosticou que "as meninas gastavam uma considerável parte de seu tempo seja quase 'sem fazer nada', conversando ou meio trabalhando ou atualmente não fazendo nada"[35]. Após a aplicação de seu método de administração científica "35 moças faziam o trabalho feito anteriormente por 120"[36].
6. Por fim, o experimento com uma empresa de manufatura de máquinas. A reorganização do trabalho relatada por Taylor produziu o seguinte resultado: "o ganho em tempo variou entre 2,5 vezes velocidade na instância mais baixa e nove vezes a velocidade na instância mais alta"[37]. E expresso de outra maneira: "No período de três anos na empresa, o resultado mais do que dobrou por homem e por máquina"[38].

Em pelo menos dois textos, Taylor sintetiza o método, cujos resultados foram acima expostos. No primeiro, indica quais são "os quatro grandes princípios subjacentes à administração: o desenvolvimento de uma verdadeira ciência; a seleção científica do trabalhador; sua educação e desenvolvimento científicos; íntima e amigável cooperação entre a administração e os homens"[39]. Mais adiante ele repete que a "administração científica" é "uma combinação de ciência, harmonia, cooperação, máxima produção e o desenvolvimento de cada homem a sua mais alta eficiência e prosperidade"[40]. Nos dois textos, bem como nos experimentos relatados, a questão a ser resolvida cientificamente é sempre o problema de aumentar o rendimento do trabalho. Ou seja, o real problema do método taylorista é aumentar a produtividade do trabalho. Já vimos que esse aumento da produtividade significa, na realidade, um processo de intensificação, "cientificamente" estudado e implementado, pois a única variável que é substantivamente alterada é a ação do trabalhador, seu envolvimento, seu empenho, seu trabalho. Em suma, o funcionário é conduzido a

---
[34] Ibidem, p. 79.
[35] Ibidem, p. 92.
[36] Ibidem, p. 95.
[37] Ibidem, p. 100.
[38] Ibidem, p. 101.
[39] Ibidem, p. 130, nota de rodapé n. 1.
[40] Ibidem, p. 140.

produzir mais trabalho, a trabalhar mais, no mesmo período de tempo considerado e dentro das condições técnicas vigentes.

A esse ponto parece desnecessário perguntar por que o método de Taylor consiste na intensificação do trabalho. Porque, ainda que a jornada de trabalho não seja modificada e que a estrutura técnica das empresas continue a mesma, a carga de trabalho aumentou dramaticamente para os trabalhadores. Foi alcançada uma elevação do grau de intensidade, dentro da mesma duração da jornada. Nisso consiste o coração do método científico de Taylor.

É importante observar que a "administração científica" não consegue ser aplicada sem custos, sem a constituição de uma estrutura de planejamento, de supervisão, de ensino e de controle nas empresas. A formação de uma estrutura burocrática pesada solapa em parte os ganhos obtidos pela crescente intensidade do trabalho operário. O próprio Taylor reconhece que o antigo supervisor precisa ser substituído por oito pessoas e lista suas tarefas: "o inspetor, o chefe de equipe, o chefe da velocidade, o chefe dos reparos, o assistente de tempo, o assistente de rotinas, o encarregado da disciplina, o professor"[41].

O problema da superestrutura burocrática será resolvido pelo fordismo mediante a modernização do método taylorista. Ford mantém o departamento de planejamento da empresa, pois sabe que a divisão do trabalho entre concepção e execução é a peça central do método, mas introduz a esteira de produção, a cadeia de produção, de tal forma que a velocidade e o ritmo, que anteriormente exigiam controladores para ser aplicados, agora passam a ser determinados por um mecanismo mecânico, pela velocidade variável da esteira de produção[42].

O taylorismo, modernizado pelo fordismo, é o método de administração do trabalho aplicado durante mais de meio século, entre 1920 e 1970, no mundo inteiro. Sua crise começou a surgir com a revolta do operariado, articulado com o movimento estudantil, nos idos de 1968. Nesse período, começam a encontrar seu fim os chamados "trinta anos gloriosos", de que tanto fala a literatura social européia.

O taylorismo e o fordismo são os sistemas que, pela primeira vez, introduzem sistematicamente a mudança na organização do trabalho como instrumento para aumentar a produtividade. Acrescentam, por isso, um elemento novo aos estudos desenvolvidos por Marx durante a Revolução

---

[41] Ibidem, p. 124.
[42] Devon Gerardo Peña, *The Terror of the Machine: Technology, Work, Gender, and Ecology on the U.S.-Mexico Border* (Austin, Center for Mexican-American Studies, 1997).

Industrial. Durante aquele período, o aumento da intensidade foi obtido mediante uma revolução tecnológica. O sistema taylorista e fordista não supõe mudança tecnológica para aumentar a produtividade. Ele atua sobre a organização do trabalho e aí introduz transformações. As mudanças aumentam a carga de trabalho, medida sempre em termos de volume de produto produzido ou em termos de redução do quadro de pessoal necessário para executar determinada tarefa, ou ainda em termos de velocidade ou ritmo dos movimentos. Em síntese, o sistema taylorista-fordista altera a organização do trabalho para obter resultados superiores. É, então, um exemplo clássico de intensificação por reorganização do trabalho na ausência de revolução tecnológica.

Taylor estuda a melhor maneira para realizar uma tarefa. A melhor maneira não é necessariamente aquela ensinada pela tradição, pelo conhecimento, herdada pelas gerações ou socializada entre os trabalhadores. A melhor maneira de realizar um trabalho deve ser resultado do estudo científico dos engenheiros e dos administradores. Para atingir esse alvo, o estudo do tempo e dos movimentos mínimos necessários ocupa o principal lugar. Em termos de tempo, trata-se de encontrar o mínimo necessário para realizar determinada operação ou tarefa. Em termos de movimento, trata-se de atingir o mesmo alvo: qual a maneira de realizar mais racionalmente os movimentos necessários para uma operação. Ambos, tempo e movimento, passam por um processo de racionalização tecnocientífica e depois por um processo administrativo de implantação da nova maneira de agir nas locais de trabalho.

Os estudos científicos do trabalho reduzem a "porosidade" do trabalho, os tempos mortos durante a jornada, diminuem o poder de decisão do trabalhador sobre o trabalho, alteram profundamente o saber operário, apoderando-se das formas de conhecimentos profissionais dos trabalhadores herdadas da tradição ou descobertas coletivamente durante a cooperação no trabalho. Em outras palavras, os empregadores buscam aproximar o tempo de trabalho real do tempo de trabalho contratado. À medida que esse objetivo é atingido, aumenta o produto do trabalho, não como efeito da alteração da composição técnica do capital, mas como decorrência da organização racionalizada do trabalho. Esta significa mais trabalho, um passo à frente no dispêndio das energias do trabalhador, significa intensificação.

Estamos diante do aumento da mais-valia relativa por meio da reorganização do trabalho e que também pode ser chamada de mais-valia relativa de tipo II, a saber, quando a intensidade é obtida mediante mudanças organizativas no processo do trabalho e não por revolução industrial.

2.3 O toyotismo

Taiichi Ohno, o engenheiro que se define como o criador do sistema de produção Toyota, insiste repetidas vezes que 1973, ano do primeiro choque do petróleo, deve ser tomado como o marco a partir do qual o seu sistema se impôs ao mundo, dado que naquele momento ficou explícito que o sistema de produção em massa não mais se adequava a um mundo com baixo crescimento econômico e com restrições de demanda. Não são poucas as análises que concordam aproximadamente com essa data que marca a crise do sistema fordista de produção e a busca por um novo paradigma de gestão da força de trabalho. Esse paradigma já estava pronto e em aplicação dentro da Toyota. Mostraremos agora como esse sistema responde a questão da intensidade e sintetiza tendências contemporâneas de transformação do processo de trabalho podendo ser seu ícone.

O ponto de partida para o sistema Toyota consiste na crítica que elabora ao fordismo. Este é dissipatório, essencialmente montado sobre o desperdício, escreve Ohno. A superprodução, os tempos de espera, os transportes desnecessários, os processos de fabricação, os estoques não vendidos, as idas e vindas perdidas e os defeitos de produção são perdas. "A cadeia de montagem do sistema Ford de produção de massa estava na origem dos desperdícios"[43]. A listagem dos desperdícios do sistema fordista não inclui uma referência direta ao trabalhador, a rigidez que a especialização profissional envolve para a fábrica, a rigidez que o emprego de um trabalhador por máquina confere à produção, o número de trabalhadores empregados. Entretanto, são essas as questões de fundo que o sistema toyotista busca responder. Por isso, daremos atenção especial em nossa análise a como esse sistema de gestão do trabalho enfrenta os problemas gerados pela mão-de-obra, aspecto absolutamente central para construir uma interpretação sobre a intensidade na contemporaneidade.

O engenheiro Ohno conta do espanto de que foi tomado quando alguém lhe disse, em 1937, que um trabalhador alemão produzia três vezes mais do que um japonês e que um trabalhador norte-americano, operando sob o método intensificado de trabalho concebido por Taylor e aplicado

---
[43] Taiichi Ohno e Setsuo Mito, *Présent et avenir du toyotisme* (Paris, Masson, 1993), p. 113.

por Ford, produzia três vezes mais do que um alemão. Desse fato, ele retira a primeira conclusão de que "o trabalhador japonês [...] devia desperdiçar muito de seu trabalho"[44]. Para construir um sistema de produção que competisse com o fordismo, seria necessário dar resposta a esse diagnóstico de baixa eficiência do trabalho. A saber, seria necessário aumentar fortemente o grau de eficiência da mão-de-obra empregada ou jamais o toyotismo conseguiria superar a eficiência obtida pelo sistema fordista de gestão do trabalho. Os gestos dos empregados japoneses podem ser divididos entre desperdícios e trabalho. Os desperdícios devem ser eliminados sem qualquer demora. Nos gestos que constituem trabalho pode-se separar, adicionalmente, aqueles que acrescentam valor ao trabalho total e aqueles que não. Quanto ao trabalho que não agrega valor, a meta é reduzi-lo a zero, por meio da reorganização da produção. "Reduzir os efetivos não tem sentido se não conduzir à redução da parte do trabalho sem valor agregado no trabalho total. O ideal é atingir zero por cento. Essa foi minha obsessão no processo de elaboração do sistema toyotista de produção"[45]. Exprimir o esforço de aumentar a eficiência do trabalhador japonês sob a expressão de "obsessão" não deixa dúvidas quanto à importância que a questão do trabalho possui no conjunto da montagem do sistema toyotista de produção, que, diga-se logo, envolve a alteração de vários outros aspectos que não o trabalho. O diagnóstico de Ohno e a obsessão pelo objetivo de aumentar a eficiência do trabalhador japonês são indicadores da centralidade dessa questão na montagem do sistema. Se não fosse resolvido tal "problema", o sistema não alcançaria o desempenho previsto.

Como o problema da eficiência do trabalhador é resolvido pelo sistema toyotista de produção? Primeiramente, pela redução de efetivos. Na história da Toyota, a redução de efetivos – que é uma condição fundamental do sistema – foi obtida mediante um processo traumático, que Ohno conta de passagem. "Nos anos 1950, [...] entre abril e junho, tivemos problemas sociais devido à redução de efetivos."[46] Enfrentando um problema de redução de demanda, a Toyota aproveitou a ocasião e demitiu de uma vez entre 20% e 30% da força de trabalho empregada[47]. O sindicato enfrentou a demissão em massa com a convocação de greve. A Toyota resistiu sistematicamente e não readmitiu

---

[44] Taiichi Ohno, *L'esprit Toyota* (Paris, Masson, 1989), p. 15-6.
[45] Ibidem, p. 67.
[46] Ibidem, p. 23.
[47] Ibidem, p. 77.

nenhum trabalhador, valendo-se do respaldo de suporte financeiro obtido na praça. A greve prolongou-se, mas a empresa manteve-se firme, derrotando o sindicato, tanto no objetivo da readmissão dos demitidos, quanto no de constituir um sindicato próprio de empresa, separado do dos metalúrgicos.

É interessante analisar como Ohno interpreta a questão sindical dentro do processo de constituição de um sistema de produção. Em sua análise, o que levou o sistema fordista ao colapso foi tanto a crise do petróleo e a conseqüente alteração do padrão da demanda, quanto, nos anos 1960 e 1970, os problemas "externos das reivindicações sindicais vieram se acrescentar às numerosas dificuldades internas da produção e a indústria automobilística norte-americana se desintegrou"[48]. Nessa análise, pelo menos dois aspectos estão colocados. O primeiro é o de que a questão sindical é considerada externa à fábrica e a fábrica deve enfrentar o sindicato, se possível criando um sindicato próprio de empresa, pois – e nisso reside o segundo aspecto – a revolta operária exerceu um papel fundamental na desintegração do sistema de produção de Ford.

Reduzido o quadro de pessoal, derrotado o sindicato e terminada a greve, a empresa foi beneficiada por muitos pedidos em decorrência do início da guerra na Coréia e voltou a operar plenamente, mas os efetivos não foram recontratados. "Nós pudemos atender os pedidos crescentes com o pessoal suficiente, a despeito de uma produção aumentada [...] foi o resultado da criatividade, do esforço e do talento [...] aquilo que se transformou no sistema de produção Toyota."[49] Deixada de lado a mistificação ideológica do recurso à "criatividade" e ao "talento", impunha-se aumentar a produtividade dos trabalhadores, o que foi obtido pela empresa mediante um movimento duplo: atribuir a cada trabalhador o cuidado de diversas máquinas, inclusive aquelas que realizavam tarefas diferentes, o que implicava uma reconversão do trabalho especializado em trabalho polivalente.

Com o intuito de superar o sistema Ford, a Toyota passa a experimentar, a partir dos anos 1950, a produção a tempo certo. Isso envolve uma inversão no pensamento da relação entre fábrica e sistema de consumo. No sistema fordista, a empresa produz e empurra suas mercadorias goela abaixo da sociedade que, como está numa época de alto crescimento econômico – os "trinta anos gloriosos" –, compra tudo o que for produzido. Em época de

---

[48] Taiichi Ohno e Setsuo Mito, *Présent et avenir du toyotisme*, cit., p. 59.
[49] Ibidem, p. 77.

baixo crescimento econômico, a produção fica a reboque do que o mercado consome, o mercado puxa a produção. Daí a idéia de produzir a tempo justo, isto é, somente aquilo que o mercado consome, exatamente no momento e na quantidade em que for necessário. Essa noção de produção a tempo justo tem diversas implicações. Ela, por exemplo, pode levar a que os estoques praticamente cheguem a zero – estoque zero. Encomendas às empresas associadas são solicitadas de acordo com a necessidade e a produção de peças, componentes e equipamentos são feitos somente na medida do necessário. Isso cria uma flutuação na produção que decorre da condição da demanda por parte do mercado e tem repercussão sobre a força de trabalho empregada. A força de trabalho se adequa a tal flutuação mediante horas extras no período em que é necessário. Esse é um primeiro elemento do sistema toyotista que tem influência sobre a intensidade. Mantido um contingente mínimo de força de trabalho, a elevação da demanda é satisfeita mediante um trabalho mais intenso e também com o emprego de horas extras e com a contratação adicional, quando necessário.

A resposta da força de trabalho à demanda variável do mercado constitui um caso excepcional, a saber, a intensificação aparece apenas quando há acréscimos de demanda. Precisamos encontrar qual a relação normal do sistema toyotista com o trabalho cotidiano de seus empregados e operários. Aqui, outro princípio decorrente da noção de combater os desperdícios passa a vigorar. Trata-se da noção de auto-ativação das máquinas, que permite com que um trabalhador cuide de diversas máquinas ao mesmo tempo, máquinas que fazem atividades diferentes.

> Autonomação. Não é necessário manter um operador perto de cada máquina, enquanto ela está funcionando normalmente. Somente quando pára é que a máquina requer que a gente se ocupe dela. Assim, um operador pode se ocupar de várias máquinas, o que permite aumentar consideravelmente a eficácia da produção.[50]

A noção de autonomação – ou auto-ativação – significa que as máquinas são dotadas de certa capacidade de inteligência, permitindo o controle simultâneo de vários equipamentos por um funcionário. O sistema passa de um operário-uma máquina para um operário-diversas máquinas. "É possível tornar cada operador responsável, não mais de uma só máquina, mas de várias.

---

[50] Taiichi Ohno, *L'esprit Toyota*, cit., p. 19.

O resultado é um ganho considerável de produtividade."[51] Buscando compreender a intensidade, o autor enfatiza diversas vezes que o resultado da operação é aumentar a eficiência do trabalho, para o que o trabalhador também precisa despender mais suas energias físicas e mentais. O controle de diversas máquinas ao mesmo tempo faz com que o trabalhador tenha todo o seu tempo de trabalho formal convertido em tempo de trabalho real. Ou seja, ele não mais dispõe daqueles tempos de descanso enquanto a máquina está operando bem e não necessita de seu apoio. Com a introdução da noção de um operário-diversas máquinas, o sistema toyotista eleva o grau de intensidade de seus operários. Os tempos de trabalho "morto" desaparecem dos horários de trabalho. O limite do trabalho tende a confinar com o limite do emprego.

Há uma segunda conseqüência da aplicação do princípio um operário-diversas máquinas. À medida que essas diversas máquinas realizam tarefas diferentes, o trabalhador especializado não mais cabe no sistema. É preciso requalificá-lo de modo que o operário deixe de ser especializado e passe a ser um trabalhador polivalente, que conhece e realiza diversas atividades ao mesmo tempo. O sistema toyotista caracteriza-se pela polivalência no trabalho em contraposição ao sistema fordista, que se estruturava sobre a especialização, ainda que limitada a uma operação, do operário. A polivalência implica um componente a mais de intensificação, à medida que requer um esforço adicional de trabalho mental, conhecimento de operações diversas, sua lógica, trabalho emotivo, concentração e atenção no controle de máquinas diversas.

Um dos aspectos que mais atraíram a atenção de Green ao visitar uma fábrica que empregava o sistema toyotista de produção foi encontrar a fábrica pontilhada por sinais luminosos de todas as cores[52]. Green inventou então a expressão *amber light factory* (a fábrica com luz de âmbar). A *amber light factory* introduz ao tema do emprego do sistema kanban. Este é definido por Ohno como um dos "pilares do sistema toyotista de produção"[53], o que quer dizer que sem ele o sistema não funciona. Kanban, em sua origem, era um simples pedaço de papel que fornecia as informações básicas para o operário – o que produzir, que peça utilizar, para onde encaminhar. Além disso, ele exercia o papel de informar o estado do trabalho naquele devido setor.

---

[51] Taiichi Ohno e Setsuo Mito, *Présent et avenir du toyotisme*, cit., p. 20.
[52] Francis Green, *Why Has Work Effort Become More Intense? Conjectures and Evidence about Effort-Biased Technical Change and other Stories*, cit.
[53] Taiichi Ohno, *L'esprit Toyota*, cit., p. 19.

O sistema kanban cria um fluxo de informações que vai na direção do operário, dando-lhe informações necessárias para o trabalho, e cria um segundo fluxo de informações que vai na direção da supervisão e do controle do trabalho, pelo qual é possível saber se a produção está andando bem, quais os problemas e onde se localizam os problemas. Dessa forma, o sistema kanban exerce um controle sobre o desempenho operário e permite que o trabalho seja conduzido no ritmo, na velocidade e no padrão desejado. O sistema kanban se manifesta como um sistema de controle sobre a intensidade. Por meio dos controles luminosos, dos controles por papéis ou por meio dos controles de computadores, o desejado ritmo do trabalho é implantado na fábrica toyotista. Ou seja, o sistema kanban exerce diversos papéis dentro da estrutura do sistema de produção toyotista, entre os quais um não-negligenciável de controlar o ritmo, a velocidade e o desempenho do trabalhador, em outras palavras, de intensificar o trabalho.

Conclusão

A descrição sistemática dos grandes sistemas de intensificação em sua evolução histórica nos permite introduzir uma contribuição adicional sobre a intensidade do trabalho contemporâneo. O trabalho contemporâneo é herdeiro de uma jornada mais reduzida em número de horas trabalhadas, mas também de um grau de intensidade muito maior do trabalho do que em épocas anteriores. Os fatores da intensidade do trabalho são multiplicativos, não substitutivos. Isso quer dizer que graus de intensidade obtidos em uma práxis de trabalho podem ser – e freqüentemente o são – absorvidos pela práxis que a sucede. Basta lembrar o fascínio que o sistema fordista exerceu sobre a concepção do sistema toyotista. O ritmo e a velocidade que o fordismo conseguiu imprimir ao trabalho são reproduzidos no toyotismo, que por sua vez procura, com uma pertinácia inquebrantável, corrigir sistematicamente os fatores de desperdício que aquele apresenta em decorrência de seu princípio de produção em massa e em grande escala. O engenheiro Ohno fica embevecido por alguns elementos do sistema Ford de produção. A produção em cadeia, por exemplo, é mantida no sistema Toyota com as modificações necessárias. "O estabelecimento de um fluxo contínuo de produção e a reimplantação das máquinas no ateliê permitem eliminar os desperdícios [...] e possibilitam a realização do sistema de um operário-diversas máquinas. O resultado é que a produtividade cresceu duas ou três vezes"[54].

---

[54] Ibidem, p. 26.

Para encerrar a análise e melhor demonstrar a maneira como o sistema toyotista constrói a intensificação sistemática do trabalho, retomo o caso da produção de motores relatado por Ohno como exemplo da redução de quadros e do aumento da eficácia do trabalho. A Toyota produzia, em determinada data, 5 mil unidades de motores empregando oitenta trabalhadores. Ohno conta que perguntou, então, ao diretor da divisão de quantos homens precisaria para produzir 10 mil unidades. O diretor respondeu que precisaria de 160 homens. Ohno perguntou então ao diretor se o tomava por estúpido, pois ele bem sabia fazer a conta de que 80 vezes 2 é igual a 160 e o que ele estava perguntando era outra coisa. Que voltasse e repensasse uma solução. O caso encerrou-se com o aumento da intensidade para os trabalhadores. Ohno orgulhosamente relata: "pouco tempo depois, cem homens fabricavam mais de 10 mil unidades"[55]. Antes, a produção média de unidades por trabalhador era de 62,5. Depois a média subiu para cem. Um exemplo lapidar do que consiste a criatividade e inteligência do trabalhador toyotista!

Resumindo a forma como o sistema Toyota resolve a questão da intensidade, podemos afirmar que é um sistema que eleva o grau da intensidade a um ponto que nenhum outro sistema conseguira jamais alcançar. Daí o seu sucesso e seu destino universalizante para além do território japonês e para além dos portões das fábricas de automóveis. Os procedimentos pelos quais a intensidade do trabalho é aumentada são: a) a redução do número da mão-de-obra empregada; b) a implantação do sistema de um operário-diversas máquinas; c) a implantação do sistema de um operário-diversas máquinas com operações diferentes; e d) e o controle da sistemática de trabalho através do sistema kanban. Tais instrumentos possibilitam reduzir o trabalho não produtivo ao mínimo possível e reter somente o trabalho que acrescenta valor. Não é por ser ineficiente que o sistema fordista entra em crise. É porque as formas que emprega para elevar a intensidade ficam muito aquém daquelas empregadas pelo toyotismo.

O sistema toyotista de produção, ainda que concebido num período de pré-revolução informática, adequa-se perfeitamente a esse período. Na verdade, a concepção do sistema de produção, como puxado pelas demandas do mercado, mostra como é um sistema intrinsecamente voltado para a informação e para a era da inteligência. Tal aspecto é repetidas vezes estabelecido nos livros do engenheiro Ohno. O sistema consiste de mudanças organizacionais,

---

[55] Ibidem, p. 79.

como o demonstram o princípio de um operário-diversas máquinas, o sistema kanban, a produção a tempo devido, mas também se beneficia de mudanças tecnológicas. Nesse sentido, o toyotismo constitui uma síntese que se beneficia das inovações no campo da forma de organizar o trabalho e das transformações tecnológicas que também tem efeitos importantes sobre o trabalho humano. Formalizando a intensificação de acordo com o conceito de mais-valia, o sistema toyotista seria um exemplo da combinação da mais-valia relativa de tipo III, a saber, aquele em que mudanças tecnológicas junto com transformações na organização do trabalho contribuem para aumentá-la.

2.4 Estudos recentes

Destacarei a seguir alguns estudos contemporâneos que oferecem contribuições significativas no campo conceitual, metodológico e empírico sobre o estudo da intensidade. A maioria deles parte da constatação de que uma onda de intensificação começou a transformar o mundo do trabalho a partir das grandes mudanças dos anos 1980 e posteriores[56].

1. Mudança tecnológica enviesada pelo esforço. Green[57], economista da Universidade de Leeds na Inglaterra, não trabalha a questão conceitual da intensidade enquanto tal. Assume-a como existente e como fato inegável a partir de declarações de empregadores e de trabalhadores e de estudos empíricos realizados nos países desenvolvidos. Green procura investigar a conexão causal da intensidade. Para isso, constrói a noção de *effort-biased technological change* (EFBT), ou "mudança tecnológica enviesada pelo esforço": "Significa que as mudanças tecnológicas aumentam a produtividade dos trabalhadores de alto esforço em relação aos trabalhadores de baixo esforço"[58].

As mudanças tecnológicas contemporâneas, particularmente aquelas no campo da informação e da comunicação, constituem instrumentos fundamentais para reduzir a "porosidade" do trabalho, os momentos de não-trabalho dentro do tempo de trabalho. O exemplo frisante do emprego das novas

---

[56] Damien Merllié e Pascal Paoli, *Ten Years of Working Conditions in the European Union (Summary)* (Dublin, European Foundation for the Improvement of Living and Working Conditions, 2000).

[57] Francis Green, *It's Been a Hard Day's Night: The Concentration and Intensification of Work in late 20th Century Britain* (Kent, Department of Economics, University of Kent at Canterbury, 1999).

[58] Idem, *Why Has Work Effort Become more Intense? Conjectures and Evidence about Effort-Biased Technical Change and other Stories*, cit., p. 5.

tecnologias como formas de intensificação são os *call centers*[59], descritos por Green como *sweat-shops* do século XX. Nos *call centers*, as tecnologias de informação e de comunicação permitem não apenas rapidez no desempenho das tarefas como redistribuem as ligações imediatamente a cada operador, criando-se assim um fluxo de chamadas e não permitindo que o trabalho sofra qualquer solução de continuidade. Além disso, essas técnicas apresentam a possibilidade de controlar o desempenho dos trabalhadores, medindo de maneira férrea o seu desempenho e solapando possíveis formas de reduzir o desgaste[60]. São esses os efeitos da tecnologia dentro do local de trabalho. "Os computadores portáteis, os telefones móveis e as conexões pela Internet abriram as portas para o trabalho mais intenso nos trens, nos aviões e em casa."[61] O tempo livre, o tempo de não-trabalho, passa a ser engolido pelo trabalho. "A tecnologia que poupa trabalho está falhando em liberar aqueles que trabalham."[62]

A intensidade não se limita aos setores industriais, estende-se aos de serviços, quer sejam públicos ou privados. Os seus efeitos expandem-se para todas as esferas da economia.

Green contribui muito para a descrição do fenômeno e sua análise causal. Mas a forma de Green abordar a questão da intensificação não colabora com a compreensão do que seja trabalho mais intenso e de suas diferenças em relação a produtividade do trabalho resultado das mudanças técnicas. Em outras palavras, o grande ganho obtido com a separação conceitual entre intensidade do trabalho e produtividade torna-se a fechar.

Podemos ver a tese de Green das mudanças tecnológicas enviesadas pelo esforço como sendo a retomada e a atualização para os dias de hoje da tese apresentada por Marx, quando da passagem da redução do tempo de trabalho para a intensidade. Com efeito, vimos que os empregadores, à medida que se viram impedidos de continuar a empregar o alongamento da jornada como mecanismo de aumento da mais-valia absoluta, passaram a apelar para duas ações concatenadas: a primeira, controlando mais firmemente o trabalho dos

---

[59] Ruy Gomes Braga Neto, "Trabalho e fluxo informacional: por uma sociologia da condição proletária contemporânea" (Caxambu, anais do 30º Encontro Anual da Anpocs, 2006).

[60] Jean-Pierre Durand e Sylvain Girard, "Attribution, perception et négociation de la charge de travail", *Les Cahiers d'Évry*, Évry, Université d'Évry Val d'Essonne, maio 2002.

[61] Francis Green, *Why Has Work Effort Become more Intense? Conjectures and Evidence about Effort-Biased Technical Change and other Stories*, cit., p. 6.

[62] Idem.

empregados de maneira a que o não-trabalho dentro dos expedientes fosse reduzido ao mínimo possível, intensificando dessa forma o trabalho; a segunda consistiu em mudar as condições técnicas do trabalho, incorporando máquinas mais efetivas, o que propiciava o aumento da produtividade. Mas, nesse movimento de incorporar mudanças tecnológicas, as próprias alterações são fatores de intensificação por exigir mais alto desempenho dos empregados. Enquanto Marx[63] escreve a respeito das melhorias proporcionadas pela máquina a vapor, que permite acelerar o número de movimentos realizados, fazendo com que o trabalhador tenha de dar conta desse novo ritmo, no trabalho da tecelagem, por exemplo, Green[64] se refere a computadores portáteis, telefones móveis e rede de Internet. O contexto é diferente, as mudanças técnicas são outras, mas a substância do processo é a mesma. As transformações técnicas produzem efeitos de intensificação.

Green argumenta que é a tecnologia enviesada pelo esforço que apresenta a melhor correlação empírica com a intensidade. Sua preocupação maior é com a demonstração prática das relações causais. Seu empenho é encontrar qual o fator causal da intensidade que, apresentando consistência teórica, também apresenta consistência empírica. Para isso utilizou dados de levantamentos junto a empregadores e dirigentes de empresas, técnica que suscita dúvidas se é a melhor opção para analisar a intensidade.

Qual outra crítica pode ser feita ao trabalho de Green? A teoria que explica a intensidade como conseqüência das mudanças técnicas supõe que não possa existir outra fonte que não essa. Toda a intensidade pode ser explicada como efeito das mudanças tecnológicas diretas – enquanto um computador pode, além de facilitar o trabalho de escrita, cálculo ou desenho, supervisionar e servir de controle do ritmo, da velocidade do próprio trabalho executado e do resultado quantitativo ou qualitativo da tarefa executada – ou indiretas, na proporção em que a adoção das transformações é acompanhada de alterações na organização do trabalho. A análise da intensidade a partir das mudanças tecnológicas é correta por voltar a atenção a um fator importante da sua causa. Entretanto existem outros fatores que conduzem a ela. Pode haver alteração na intensidade acompanhada de mudança técnica – que anteriormente denominamos por mais-valia de tipo I – ou não – ao que chamamos de mais-valia de tipo II. Aquela não acompanhada de mudança técnica prévia implica

---

[63] Karl Marx, *The Capital*, cit., p. 463.
[64] Francis Green, *Why Has Work Effort Become more Intense? Conjectures and Evidence about Effort-Biased Technical Change and other Stories*, cit.

que a reorganização do trabalho é também elemento suficiente para torná-lo mais intenso. Computadores, portáteis ou não, telefones móveis e Internet são os exemplos preferidos de Green para demonstrar a intensidade como resultado de alterações técnicas. Os três casos aplicam-se particularmente ao setor privado da economia. O setor público e casos específicos do setor privado, como por exemplo as empresas mais tradicionais, podem ser exemplos de intensidade não acompanhada de mudança tecnológica substantiva.

Em favor dessa crítica, vamos examinar um caso de intensidade, sem mudança da base técnica, no trabalho dos professores das universidades públicas federais brasileiras. Até 1999, os professores eram remunerados pelo governo federal sem que para isso os resultados, medidos em horas-aula lecionadas, trabalhos escritos, livros e artigos publicados, pesquisas realizadas, extensão universitária desenvolvida ou quaisquer outras formas de avaliação, fossem estabelecidos como critérios de salário. Durante a greve de 1999, um reajuste de salários foi conferido pelo governo federal, atrelando o montante da gratificação a um número mínimo de horas-aula, 100% da gratificação pelo exercício de docência (GED) àqueles professores que atingissem a média de 10 horas semanais em sala de aula e 60% aos que ficassem abaixo de 10 horas. Tal exigência conduziu a um aumento efetivo do número de horas-aula oferecidas pelos departamentos das universidades. Não foram as mudanças técnicas que produziram os maiores resultados e sim alterações na organização do trabalho. Um incentivo monetário foi empregado para obter mais do trabalho docente. O incentivo foi imposto pelo governo brasileiro a despeito da resistência do movimento grevista organizado pelo sindicato dos professores universitários. A medida carrega a marca de unilateralidade e imposição. Seu objetivo é claro, intensificar o trabalho docente. É meu entendimento que o caso apresentado não seja isolado, mas freqüente e que se aplica tanto ao setor público, quanto ao privado, nas condições em que os governos, as empresas ou os indivíduos não dispõem de recursos volumosos para aplicar em mudança da base tecnológica. O argumento que faço, portanto, implica considerar a intensidade como um processo que está dentro das relações de trabalho que se tecem entre empregadores e trabalhadores, o que conduz a um gigantesco debate a respeito da sua real causa, se as mudanças técnicas ou se as mudanças organizativas[d].

2. Intensificação a partir dos efeitos sobre o trabalhador. A preocupação conceitual aparece como o motor do estudo de David Fairris[65], economista

---
[65] David Fairris e Mark Brenner, "Workplace Transformation and the Rise in Cumulative Trauma Disorders: Is there a Connection?", *Journal of Labour Research*, Nova York, v. 22, 2001.

estadunidense. Nos Estados Unidos, "o movimento de transformação do lugar de trabalho originou-se na parte final de 1970 e no início de 1980"[66] e buscou ganhos de produtividade com a adoção de técnicas concebidas originalmente e empregadas na produção japonesa, Círculos de Controle da Qualidade, Gestão da Qualidade Total, técnicas de produção a tempo certo, equipes de produção. As empresas norte-americanas tratavam de enfrentar a crescente competitividade japonesa mediante os mesmos instrumentos impulsionadores de produtividade criados por eles. A contribuição crítica introduzida por Fairris na análise econômica consiste em pesquisar a origem de tais ganhos. Sua questão consiste em saber quais as reais causas do aumento de produtividade, se obtidas às custas da saúde do trabalhador, de crescimento nos acidentes de trabalho, de elevação da insegurança no trabalho, de intensificação do trabalho, de deterioração das relações de trabalho ou de outros fatores de ordem institucional ou organizacional. A hipótese com a qual opera é que, com os métodos de organização de alto desempenho, "a produtividade aumenta em detrimento da qualidade das condições de trabalho"[67]. Seus estudos voltam-se mais para as áreas de saúde e segurança dos trabalhadores, do que propriamente para a identificação do conceito de intensificação.

O argumento de Fairris é acidamente crítico do curso que está tomando o movimento de transformação do local de trabalho, processo conhecido no Brasil como reestruturação produtiva, por afetar duramente a saúde e a vida dos trabalhadores. Ele propõe melhorar as condições de trabalho, reduzindo os fatores de insegurança e os que afetam a saúde dos empregados. As empresas ganhariam em eficiência produtiva e em resultados econômicos e financeiros, pois os dias perdidos por acidentes e doenças do trabalho têm custo. Fairris supõe que todas essas mudanças seriam factíveis dentro do quadro do sistema capitalista vigente, o que dá ao seu argumento certo tom utópico de crítica radical e ao mesmo tempo propositiva. Mas é exatamente a racionalidade econômica e financeira que está por trás de toda essa deterioração das condições de trabalho.

O aspecto construtivo da estratégia de Farris para enfrentar o estudo da produtividade consiste na separação conceitual entre produtividade e intensidade. Não basta examinar aumentos na primeira. É preciso analisar suas causas

---

[66] Ibidem, p. 11.
[67] David Fairris, "Towards a Theory of Work Intensity", seminário sobre intensificação do trabalho do Centre d'Études de l'Emploi, Paris, 2002, p. 3.

e aquilo que acontece com os trabalhadores quando são realizadas mudanças organizacionais, uma vez que tais ganhos podem estar resultando apenas da intensificação. Implicitamente, Fairris discorda da perspectiva de Green de ver a intensidade como resultante de mudanças técnicas. Sua contribuição tem como principal força exatamente tentar revelar os custos dos ganhos de produtividade, não apenas no sentido social – a vida dos trabalhadores – mas também econômico, o que lhe permite desenvolver a noção de que as empresas podem ganhar em eficiência produtiva e não perder dinheiro[(e)]. Décadas antes de Fairris, Elton Mayo[68] e seus colaboradores analisaram efeitos de mudanças nas condições de trabalho sobre a produtividade sem que com isso tivessem convencido a racionalidade empresarial de sua pertinência. De alguma forma, Fairris acompanha o desenvolvimento dessa escola, a mais importante já desenvolvida nos Estados Unidos em sociologia do trabalho.

Fairris estuda as mudanças do trabalho a partir daquilo que ocorre no setor industrial, como se ele fosse o paradigma para qualquer outro setor da economia. Nos países desenvolvidos e subdesenvolvidos, a mão-de-obra está empregada hoje mais nos setores de serviços do que nos de produção de bens. Quanto mais se acentuar a automação da fabricação, mais essa tendência ganhará força. Em razão disso, é preocupante a afirmação de Fairris de que no terciário as correlações entre adoção de técnicas novas de organização do trabalho e o surgimento da síndrome do canal carpiano e os problemas traumáticos acumulados – problemas que no Brasil conhecemos sob o nome de lesões por esforço repetitivo ou distúrbios osteomoleculares relacionados ao trabalho (LER/Dort) – não se fazem sentir e que, portanto, "a ação se passa na indústria manufatureira"[69]. Ainda que inventadas no setor industrial, as técnicas de intensificação não se restringem a ele e se expandem, quais manchas de óleo no mar, pelos setores de serviços, particularmente aqueles sujeitos a maior competição[70].

3. Intensificação e tempo de trabalho. Em livro que explora o futuro da categoria de tempo de trabalho, três pesquisadores franceses[71] elaboram dis-

---

[68] Elton Mayo, *The Human Problems of an Industrial Civilization* (Nova York, The Viking Press, 1963).
[69] David Fairris, "Towards a Theory of Work Intensity", cit., p. 9.
[70] Jean-Pierre Durand e Sylvain Girard, "Attribution, perception et négociation de la charge de travail", cit.
[71] Yvon Quéinnec, Béatrice Barthe e Françoise Verdier, "Réduction du temps de travail et organisation de l'activité de travail: des rapports ambigus et complexes", em Gilbert de Terssac e Diane-Gabrielle Tremblay (org.), *Où va le temps de travail?* (Paris, Octaris, 2000).

tinções e precisões terminológicas a partir da redução do tempo de trabalho, o que nos propicia uma compreensão da noção de intensidade de um outro ângulo. Como é sobejamente conhecido, o tempo de serviço pode ser dividido em dois componentes: um cronométrico (duração, velocidade ou ritmo) e outro cronológico (divisão dos horários, ordem, começo-fim)[72]. As formas mais relevantes de intensificar o trabalho a partir de componentes cronométricos da jornada seriam a intensificação, a densificação e a massificação. Os autores reservam o primeiro termo para os aumentos de velocidade e ritmo no trabalho e apontam o recente aumento de problemas de LER/Dort em todos os postos que empregam sistemas de cadeias, esteiras ou algo aproximado, como exemplo mais marcante. Por densificação é entendida a tendência a diminuir os "tempos mortos", de tal modo que o trabalho, que era antes "poroso", se transforma agora em mais "denso". Está aberta a caça aos deslocamentos "improdutivos", às micropausas informais, às esperas entre tarefas. A densificação é obtida mediante microrregulações que controlam o exercício do trabalho. Como conseqüência dela, o estresse vem se tornando uma razão cada vez mais freqüente de queixas, particularmente nas atividades de serviços. O termo massificação exprime uma tendência muito semelhante à densificação. Por ele entende-se a subtração de todas ou algumas pausas, a retirada de horas de formação, de treinamento e de recuperação, a tentativa de aproximar o trabalho real de sua distribuição formal e a distribuição de tarefas que de antemão supõem o emprego de horas adicionais. As formas de intensificação a partir de componentes cronológicos da jornada seriam a fragmentação, o aumento do número de horas por turno e a dissociação dos tempos dos homens dos das máquinas. A fragmentação é possibilitada pela flexibilização das jornadas. A transformação delas em mensais e anuais facilita reformatar as durações diárias. As distribuições do tempo são variáveis entre trabalho real e tempo livre. Duas horas de trabalho pela manhã, três pela tarde, duas à noite. São situações muito presentes no trabalho docente, na telemanutenção, nos consertos, no teletrabalho e na distribuição por atacado. Compreender que fragmentação também indica intensificação, ainda que abstratamente possa existir separadamente do trabalho mais intenso, requer um esforço de análise que revele não apenas a

---

[72] Claus Offe, "A economia política do mercado de trabalho", em *Capitalismo desorganizado* (São Paulo, Brasiliense, 1989), p. 19-69; Sadi Dal Rosso, *A jornada de trabalho na sociedade: o castigo de Prometeu*, cit.

dimensão do custo individual ou grupal, como também o fato de que, ao distribuir o tempo de serviço separado por intervalos, tais intervalos operam como os "poros" do trabalho, que, existindo fora do tempo de trabalho, podem ser expulsos quando o trabalho recomeça. O serviço docente permite exemplificar como a fragmentação pode aumentar a intensidade. Se um professor fosse lecionar seis horas por dia, em seqüência, as últimas aulas seriam certamente afetadas por menor rendimento por parte do professor, devido à exaustão. A fragmentação das aulas em diversos momentos do dia permite que o professor recupere, em alguma medida, suas condições físicas e psíquicas, fazendo com que seu trabalho nas últimas horas da noite tenham igual grau de efetividade junto aos alunos, que as primeiras aulas da manhã. Esse exemplo indica com precisão como a noção de intensidade também deve ser analisada em seus efeitos qualitativos. A tendência de aumento do número de horas por turnos consiste em aumentar a quantidade de tempo ininterrupto de trabalho, passando, por exemplo, de um esquema de oito horas diárias durante cinco dias para doze horas diárias durante quatro dias, vindo depois o descanso semanal. Pode produzir problemas sérios de sobrecargas e de acidentes. Por fim, a dissociação dos tempos dos homens dos das máquinas representa uma forma muito empregada nos grandes negócios que assim ampliam seu período de abertura, seja na produção de bens, seja na oferta de serviços. As empresas beneficiam-se de grandes ganhos. O problema é que essa fórmula inclui o trabalho em horários "anormais e atípicos", seja durante a noite, seja nos fins de semana, seja nos dias festivos e feriados. As conseqüências para os trabalhadores ocorrem especialmente na organização da vida social e familiar. Tal série de elementos cronológicos e cronométricos dá conta de diversas maneiras pelas quais a intensificação se fundamenta em novas formas de distribuição do tempo de trabalho. Mas tais maneiras, por sua vez, são insuficientes como classificação geral das formas de intensificação, uma vez que as possibilidades de intensificar são bem mais amplas do que aquelas fundadas na dimensão tempo. Por exemplo, a gestão por resultados que é reconhecida como fator intensificador constitui-se a partir do poder de organizar o trabalho e não de uma forma de distribuição dos tempos.

4. Não há negociação da carga de trabalho. Durand e Girard publicaram resultados de pesquisa de campo realizada na França destinada a observar o que aconteceu com a carga de trabalho dentro de empresas após a aprovação das leis de redução da jornada para 35 horas semanais, apurações que são relevantes para entender as relações entre trabalhadores e patronato em situações de

intensificação[73]. Os autores operam com a noção de carga de trabalho, categoria que a sociologia compartilha com outros campos de conhecimento como a medicina, a psicologia e a ergonomia e que tem o respaldo de autores como Bartoli[74]. Ainda que o número de respostas aos questionários enviados às empresas foi pequeno (8%), como sempre sói acontecer quando a técnica da remessa postal é empregada como meio de levantamento de informações, a conclusão a que chegaram os autores é estarrecedora.

A redução do tempo de trabalho nas pequenas, médias e grandes empresas intensificou, segundo as respostas dos participantes aos questionários, o trabalho dos assalariados em mais de 80% das respostas recebidas. Segundo eles, ainda os ajustamentos dos assalariados e a construção de regras informais no trabalho não são praticamente toleradas.[75]

Se não existe negociação e se o patronato exerce uma pressão contínua pelo aumento da carga de trabalho, que se traduz pela aceleração dos ritmos, pelo acúmulo de tarefas, pelas relações com os clientes, entre outras modalidades, resta aos trabalhadores o recurso a regras informais que escapam do controle dos administradores e supervisores que não as toleram para regular e reduzir em alguma medida o trabalho e torná-lo suportável[76]. Como a administração não consegue controlar as infinitas possibilidades de arranjos do trabalho, as normas informais são um dos poucos recursos que restam aos empregados para se proteger contra o trabalho excessivo. Nas circunstâncias em que não conseguem exercitar suas estratégias de evasão e impor suas regras informais, ou adoecem ou deixam o trabalho.

5. Dois eventos recentes permitem delinear uma visão panorâmica dos estudos contemporâneos sobre intensidade. O Centro de Estudos do Emprego (CEE) do governo francês organizou um seminário com dezesseis sessões entre 2000 e 2002. Logo após, o mesmo CEE convocou um colóquio internacional em Paris em 2003. As contribuições apresentadas ao seminário e ao colóquio estão disponíveis pela Internet no sítio do Centro.

---

[73] Jean-Pierre Durand e Sylvain Girard, "Attribution, perception et négociation de la charge de travail", cit.
[74] Marc Bartoli, *L'intensité du travail*, tese de doutorado em Ciências Econômicas na Université des Sciences Sociales de Grenoble, 2001.
[75] Jean-Pierre Durand e Sylvain Girard, "Attribution, perception et négociation de la charge de travail", cit., p. 79.
[76] Idem, p. 108 e 114-9.

Os eventos reuniram contribuições de pesquisadores de origem francesa, inglesa, estadunidense, australiana, canadense, belga, holandesa e sueca. Foi notória a ausência de estudos latino-americanos, africanos, asiáticos e de países ricos como o Japão. Os estudos podem ser classificados em três grupos: estudos empíricos[77], contribuições metodológicas[78] e contribuições concei-

---

[77] Marc Bartoli e Michel Rocca, "Gestion par objectifs et réquisition de compétences: vers de nouvelles sources d'intensification du travail", seminário sobre intensificação do trabalho do Centre d'Études de l'Emploi, Paris, 2002; Myriam Campinos-Dubernet, "Changement technique, productivité et intensification du travail", seminário sobre intensificação do trabalho do Centre d'Études de l'Emploi, Paris, 2000; Armelle Gorgeu, René Mathieu e Michel Pialoux, "Polyvalence, polycompétence ouvrières et intensification du travail: l'exemple de l'industrie automobile", seminário sobre intensificação do trabalho do Centre d'Études de l'Emploi, Paris, 2002; Brendan Burchell e Colette Fagan, "Gender and the Intensification of Work: Evidence from the 2000 European Working Conditions Survey", seminário sobre intensificação do trabalho do Centre d'Études de l'Emploi, Paris, 2001; Nicole Vézina, Susan Stock e Yves St-Jacques, "L'intensification du travail des couturières: savoir-faire et prévention des douleurs articulaires", seminário sobre intensificação do trabalho do Centre d'Études de l'Emploi, Paris, 2002; Philippe Askenazy, "The Consequences of New Workplace Practices in the United States", seminário sobre intensificação do trabalho do Centre d'Études de l'Emploi, Noisy-le-Grand, 2000; idem, "Réduire le temps de travail, flexibilité et intensification", seminário sobre intensificação do trabalho do Centre d'Études de l'Emploi, Paris, 2002; Isik U. Zeytinoglu, Margaret Denton e Sharon Davies, "The Impact of Work Intensification on Workers' Health in Home Centers", Hamilton, McMaster University, 2002, trabalho não publicado; Francis Derriennic e Michel Vézina, "Intensification du travail et répercussions sur la santé mentale: arguments épidémiologiques apportés par l'enquête ESTEV", seminário sobre intensificação do trabalho do Centre d'Études de l'Emploi, Paris, 2002; Antoine Valeyre, "Formes d'intensification du travail, dynamiques de l'emploi et performances économiques dans les activités industrielles", Noisy-le-Grand, documento de trabalho n. 25 do Centre d'Études de l'Emploi, 2003; Anette Erlandson, "A Top-down Rationalization in Mail Delivery – Short Term Outcomes", seminário sobre intensificação do trabalho do Centre d'Études de l'Emploi, Paris, 2002; Thomas Périlleux, "Diffusion du contrôle et intensification du travail", seminário sobre intensificação do trabalho do Centre d'Études de l'Emploi, Paris, 2002; John Buchanan, Chris Briggs, Gillian Considine e Kathryn Heiler, "Unions and Work Intensification: Insights from the Australian Metal and Engineering, Mining and Nursing Sectors", seminário sobre intensificação do trabalho do Centre d'Études de l'Emploi, Paris, 2002; Clare Kelliher e Julie Gore, "Functional Flexibility and the Intensification of Work: Transformation within Service Industries", seminário sobre intensificação do trabalho do Centre d'Études de l'Emploi, Paris, 2002.

[78] Alain Fernex, "Intensité du travail, définition, mesure, évolutions", seminário sobre intensificação do trabalho do Centre d'Études de l'Emploi, Paris, 2000; Damien Cartron e Michel Gollac, "Fast Work and Maltravail", seminário sobre intensificação do trabalho do Centre d'Études de l'Emploi, Paris, 2001; Michel Gollac e Serge Volkoff, "Citius, altius, fortius.

tuais e teóricas[79]. A realização do seminário, seguido do colóquio internacional, indica como a questão da intensificação é relevante aos dias de hoje e prática universalizada.

6. No Brasil, muitos estudos versam sobre precarização recente do trabalho, entendida como intensificação do esforço, desregulamentação, redução salarial e perda da qualidade do trabalho, tendo duas obras como exemplos: O *Dicionário de trabalho e tecnologia*, organizado por Cattani e Holzmann[80] e a coletânea de estudos *Riqueza e miséria do trabalho no Brasil* coordenada por Ricardo Antunes[81]. A deterioração das condições de trabalho é analisada como parte do processo de reestruturação produtiva da economia desde os anos 1990[82]. O autor conclui que "em plena era da informatização [...] estamos presenciando a era da informalização do trabalho"[83]. Todavia, os estudos existentes não trabalham sistematicamente a condição de trabalho que denominamos de intensidade, razão suficiente para a existência deste livro.

Os estudos nacionais e internacionais também têm em comum um ponto da maior relevância: está em curso em nossa sociedade um processo de intensificação em todos os espaços de trabalho, tanto nas atividades tipicamente materiais, quanto naqueles ramos de trabalho imaterial. O reconhecimento desse processo constitui um avanço importantíssimo que contém um significado crítico social inestimável, ainda que os estudos não consigam traçar as características, as diferenças, os limites e os movimentos dessa ação como processo e suas implicações práticas e teóricas. Este livro apresenta elementos que contribuem para sanar algumas dessas lacunas.

L'intensification du travail", *Actes de la Recherche en Sciences Sociales*, Paris, Seuil, n. 114, 1996, p. 54-67.

[79] Patricia Vendramin, "Les TIC, complices de l'intensification du travail", seminário sobre intensificação do trabalho do Centre d'Études de l'Emploi, Paris, 2002; Antoine Valeyre, *Formes d'intensification du travail, dynamiques de l'emploi et performances économiques dans les activités industrielles*, cit.; David Fairris, "Towards a Theory of Work Intensity", cit.; Francis Green, *It's Been a Hard Day's Night: the Concentration and Intensification of Work in Late 20th Century Britain*, cit.

[80] Antonio David Cattani e Lorena Holzmann (orgs.), *Dicionário de trabalho e tecnologia* (Porto Alegre, Editora da UFRGS, 2006).

[81] Ricardo Antunes (org.), *Riqueza e miséria do trabalho no Brasil* (São Paulo, Boitempo, 2006).

[82] Ibidem, p. 18.

[83] Ibidem, p. 25.

PARTE II

A INTENSIDADE DO TRABALHO E OS TRABALHADORES

3

UM PROCESSO GRADUAL E IRREVERSÍVEL DE DIFUSÃO DA INTENSIDADE DO TRABALHO

3.1 As escolas de gestão

No capítulo anterior localizamos no tempo as distintas ondas de intensificação conhecidas na história do capitalismo ocidental. Algumas das principais escolas de gestão do trabalho foram objeto de análise detalhada com o fito de deduzir dos princípios constitutivos argumentos sobre como elas tratam a questão da intensidade e quais as diferentes formas implementadas. Esse estudo permite captar como evoluiu o tratamento da intensidade e procede pela análise do discurso e pela identificação dos pontos cruciais de cada escola a respeito da organização do trabalho. A análise crítica do discurso é o meio preferencial pelo qual se pode acessar em que constitui a intensidade e como ocorre a invenção e introdução das novas regras de trabalho.

As escolas são construções que têm história, origem, paternidade e maternidade, desenvolvimento e crise, localizam-se em determinados espaços econômicos, buscam alcançar objetivos específicos e lançam mão de instrumentos e meios de ação. O líder de cada uma delas procede sistematicamente mediante alguns passos que, após analisar o taylorismo e o toyotismo, podemos resumir como os seguintes.

O líder ou inventor é sempre alguém que rompe com uma situação vigente dada. Parte de uma crítica radical sobre as formas até então adotadas de gestão do trabalho. Esse é um momento fundamental do processo de construção de uma teoria de administração empresarial do trabalho. Frederick Winslow Taylor critica duramente as noções de "iniciativa e incentivo", ou "as regras práticas", que vigoravam até sua época para a gestão do trabalho, indicando suas ineficiências e suas falhas. Taiichi Ohno segue caminho idêntico. Desenvolve uma crítica sobre os "desperdícios" do modelo fordista, elaborando uma listagem exaustiva de oito perdas atribuídas ao sistema industrial de produção de massa.

A seguir, o líder propõe seus princípios básicos de ação. Ora, que significa a apresentação dos princípios de organização? Trata-se da reivindicação de justificação no plano das idéias para as propostas apresentadas. A justificação pelo argumento pretende angariar legitimidade social e política. É uma operação intelectual pela qual são afastadas outras possibilidades que poderiam ser competitivas e é garantida uma sustentação no campo das idéias para as propostas apresentadas. Essa é uma operação delicada que pode ter eco imediato no mundo dos negócios ou pode simplesmente não ser ouvida e ter significado somente quando condições estruturais possibilitem a adoção das idéias. Taylor enuncia em lugar da tradicional gestão da "iniciativa e incentivo" a noção de administração científica que se materializa por meio dos estudos científicos do trabalho e das análises dos tempos e movimentos necessários para a realização de uma tarefa. Que melhor maneira para angariar suporte social para uma proposta do que indicar seu inarredável caráter científico? Apela para o prestígio intelectual e a força simbólica do campo científico para retoricamente justificar a sua proposta de aumentar a intensidade do trabalho. Há outro elemento de justificação no discurso de Taylor que trazemos para o campo de análise devido à sua força argumentativa. Ele afirma que tem como objetivo atingir a máxima prosperidade para ambos os lados, seja para o empregador, seja para os trabalhadores. "O principal objetivo da administração deveria ser conseguir a máxima prosperidade para o empregador, conjuntamente com a máxima prosperidade para cada trabalhador"[1]. A frase alude ao bem comum como objetivo máximo da administração científica do trabalho. O apelo ao bem comum como elemento de justificação é uma prática empregada muito freqüentemente em todos os campos de ação, especialmente no campo da administração privada e pública e no campo da

---

[1] Frederick Winslow Taylor, *The Principles of Scientific Management* (Nova York, Norton and Company, 1967), p. 9.

política. Com o apelo ao bem comum e à prosperidade, Taylor quer se afastar da acusação de que está privilegiando os interesses da classe capitalista sobre a classe operária. Além disso, pretende implicitamente não despertar a resistência dos trabalhadores e, no limite, a luta de classes que pode acompanhar a alteração do grau de intensidade. Procedimento muito semelhante de justificação é apresentado por Ohno. Ele não argumenta em termos de ciência, uma idéia desgastada após Taylor para fins de justificação de princípios, mas de algo muito próximo à ciência, que é a racionalidade. O grande sistema de Ford é irracional, ineficiente e baseia-se sobre o princípio do desperdício. Em seu lugar deve-se construir, escreve Ohno, um sistema que tenha como base combater o desperdício, em suas oito formas identificadas, racionalizando o processo de produção e as fases que a antecedem e sucedem, sob a forma de subcontratação. Ele faz apelo à simbologia da racionalidade, que é um valor social extremamente alto no mundo das empresas, no mundo da intelectualidade e mesmo da ação política.

Os formuladores das políticas de gestão intensificadoras do trabalho costumam elaborar a apresentação sistemática de suas propostas sob a forma de livros e publicações, que é outra forma de atrair legitimidade social para uma proposta.

Mas o convencimento dos indivíduos e dos grupos não acontece apenas pela enunciação de princípios genéricos e pelo desenvolvimento de sistemas, elementos simbólicos extremamente importantes. Acontece, sobretudo pela prova da ação prática. Para a sociedade em geral e para empresários em particular, indivíduos a quem são dirigidas as propostas, a prova da prática constitui um argumento de elevadíssimo poder de convencimento que arrasta, se impõe por sua própria força intrínseca. Há ainda um terceiro elemento de convencimento com a prova da prática. A consistência lógica de um sistema pode aparecer como perfeita em sua formulação e nas relações que tece. Mas a lógica do sistema pode conter omissões, imprevisões e contradições, cuja identificação escapa aos olhos dos mais argutos analistas. A prova da prática testa as repercussões empíricas do esquema lógico e permite dessa maneira acessar o valor de sua lógica e de sua operação. Taylor utiliza mais de dois terços de seu livro para apresentar os resultados práticos da aplicação de seu método científico. Seis experimentos são minuciosamente relatados em suas aplicações e os resultados descritos sistematicamente, inclusive com a formulação de descoberta de "leis científicas" que regulam o assentamento de tijolos. Tais conclusões práticas são expressas em termos de aumento dos resultados obtidos com a transformação da organização do trabalho. Melhora a eficiência e a produtividade, eis as conclusões pelas quais Taylor procura convencer empresários, intelectuais e os próprios assalariados. Atinge-se assim o objetivo da prosperidade máxima. Ohno é mais discreto em suas apresentações das conclusões, isso porque os resultados práticos positivos podem ser vistos, analisados, sentidos, observados e criticados por meio do desempenho da empresa Toyota, da qual foi diretor. Ainda assim, as demonstrações de aumentos de produtividade, os casos concretos de introdução do sistema e seus resultados, são exploradas muito bem por Ohno, conforme apresentado anteriormente.

Uma parte importante do argumento de convencimento é representada pela maneira como são tratados os trabalhadores, aqueles que não necessariamente se beneficiarão dos resultados positivos, mas serão profundamente atingidos pelo impacto das medidas de reorganização do processo de trabalho. Há, pelo menos, duas operações nas propostas do sistema. Uma primeira consiste em apresentar o sistema como objetivando o bem geral de todos, numa tentativa muito freqüente no campo das ideologias de apresentar o particular como geral, como universal. O sistema taylorista busca a máxima prosperidade para todos. O toyotista procura reduzir a zero o desperdício. Nisso consiste a operação. Um elemento particular, a melhoria da produtividade da empresa, é apresentado como de interesse universal, máxima prosperidade ou nenhum desperdício. A reorganização visa o bem comum. O interesse da empresa, a sua vantagem, coincide com o de todos. Encontramos ainda uma segunda operação de convencimento dos trabalhadores. Tal operação tem um sentido de dissimulação. A reorganização do trabalho não é contrária aos interesses dos trabalhadores, nem como princípio geral, nem em sua prática concreta, podendo mesmo beneficiá-los com aumentos salariais, redução da jornada de trabalho ou outros possíveis ganhos, afirmam os manuais. E mais, tenta-se apresentar as mudanças como se não prejudicassem em nada os trabalhadores. Os dois argumentos de convencimento, tanto a operação de universalização dos objetivos quanto a de dissimulação da prática, podem atingir o objetivo desejado ou não. Nos dois casos concretos estudados, taylorismo e toyotismo, em várias situações tornou-se necessário apelar para outros instrumentos de convencimento dos trabalhadores, porque a via ideológica não deu conta de seu objetivo, isto é, os trabalhadores rejeitaram, em diversos casos, as mudanças. A resistência operária cria uma situação imprevista pelos formuladores do sistema e demanda uma solução imediata em termos tão radicais quanto possível, do contrário coloca em risco o conjunto da proposta de reorganizar o sistema.

Entre descartar o sistema em construção ou descartar os trabalhadores, descartem-se os trabalhadores. Taylor, na análise de um dos casos relatados em seu livro, afirma ter empregado o instrumento da redução de salários, da advertência, da transferência de seção e, em último caso, da demissão daqueles que não quiserem adaptar-se ao seu método científico. Ohno descreve da mesma maneira a resistência operária à desqualificação implicada na passagem da especialização para a polivalência, que foi enfrentada mediante discursos de advertência e com o apelo à memória da demissão de 20 a 30% dos empregados em 1950.

Gostaria de fazer uma observação em relação ao caráter dos fundadores dos principais sistemas de produção industrial. A conclusão da apresentação dos respectivos sistemas de gestão é sempre feita em tom retórico e com indisfarçável ênfase messiânica. Tanto Taylor como Ohno descrevem suas visões e certezas dos sistemas criados de forma messiânica e com uma visão universalista. As expressões escritas são sintomaticamente idênticas. Taylor coloca que, a despeito do pequeno sucesso em sua época, o sistema tem uma abrangência universal e deverá ser assumido pelas nações que buscam o crescimento econômico. O engenheiro Ohno descreve tão enfaticamente como o colega Taylor o fizera antes sua visão sobre o futuro do sistema. "Temos a convicção de que o sistema Toyota se estenderá, ganhará outros setores industriais e se instalará na história"[2].

3.2 A debilidade de tratamento teórico e empírico da questão no Brasil e na América Latina

Há um sentimento difuso de que a reestruturação contemporânea das empresas conduz à intensificação do trabalho assalariado. Autores brasileiros, entre os quais Ricardo Antunes[3] e Giovanni Alves[4], referem-se ao trabalho contemporâneo como de crescente intensidade. Nem sempre, entretanto, se baseiam em evidências, razão pela qual elementos do fato social ficam mal compreendidos; nem se consegue reconhecer os diferentes graus de intensificação nos mais distintos setores da economia.

---

[2] Taiichi Ohno e Setsuo Mito, *Présent et avenir du toyotisme* (Paris, Masson, 1993), p. 2.
[3] Ricardo Antunes, *Os sentidos do trabalho* (São Paulo, Boitempo, 1999).
[4] Giovanni Alves, *O novo (e precário) mundo do trabalho: reestruturação produtiva e crise do sindicalismo* (São Paulo, Boitempo, 2000).

A hipótese da intensificação não é completamente estranha aos estudos de sociologia do trabalho na América Latina, ainda que não tenha sido objeto de aprofundamento sistemático e específico. Devon Gerardo Peña[5], referindo-se às indústrias maquiladoras da região fronteiriça do México com os Estados Unidos, escreve que a maioria dos trabalhadores entrevistados indica ser comum a aceleração do trabalho para aumentar a produtividade. Sáinz-Peña[6] aponta o mesmo fenômeno junto a trabalhadores de indústrias maquiladoras da Bacia do Caribe.

Na América Latina, a presença da intensidade em meio aos estudos do trabalho não passa de simples menção, quando obtém tal espaço de legitimidade intelectual. Os estudos mencionam, *en passant*, a sua existência. Constata-se um imenso vácuo de pesquisas sistemáticas a respeito do esforço despendido no trabalho. Não deixa de ser indicativo desse vazio a completa ausência de tratamento da questão – aliás de qualquer assunto relativo ao tempo de trabalho – no volumoso *Tratado latinoamericano de sociología del trabajo*[7], o qual consumiu quase oitocentas páginas de texto. Em outras palavras, as questões do tempo e da intensidade do trabalho não foram assumidas pelo grupo que produziu esse livro como sendo intelectualmente relevantes para merecerem espaço de discussão. Para os autores desse tratado, o tema da intensidade sequer tem legitimidade para ser mencionado, que dirá, para ser analisado. É ainda um assunto marginal nas altas rodas da intelectualidade das ciências sociais, no campo das pesquisas e no mundo editorial. Não constitui, de fato, a intensidade um objeto socialmente relevante para trabalhadores, merecendo assim a dedicação de tempo de estudo dos intelectuais? Ou estariam os intelectuais discutindo sobre outro mundo, que não o real? Não é a intensidade uma característica relevante do processo de trabalho que mereça um tratamento per se como objeto de pesquisa? Então, por que o esquecimento? A última pergunta nos remete à sociologia do conhecimento e um simples recurso à sociologia da sociologia existente nos permitiria formular uma resposta crítica adequada.

---

[5] Devon Gerardo Peña, *The Terror of the Machine: Technology, Work, Gender, and Ecology on the U.S.-Mexico Border* (Austin, Center for Mexican-American Studies, 1997), p. 90.
[6] Juan Pablo Pérez Sáinz, "Nuevos escenarios laborales en América Latina", Nueva Sociedad, Caracas, n. 143, 1996, p. 26.
[7] Enrique de la Garza Toledo (org.), *Tratado latinoamericano de sociología del trabajo* (México, Fondo de Cultura Económica, 2000).

3.3 Debilidades em âmbito mundial

Diversamente do Brasil e da América Latina, a constatação de uma tendência de intensificação é comum à maioria dos países da União Européia. Levantamentos amostrais junto a trabalhadores conduziram a constatações tais como: "A intensidade do trabalho aumentou durante a última década, mais acentuadamente entre 1990 e 1995 do que entre 1995 e 2000"[8]. O estudo envolve uma singularidade importantíssima: refere-se a todos os setores de atividade e não apenas às atividades industriais, conferindo à intensificação uma universalidade que a maioria dos autores até há pouco restringia às atividades industriais, nas quais vigiam métodos fordistas ou toyotistas de organização do trabalho ou a gestão da qualidade total (TQM, na sigla em inglês). O levantamento da União Européia permite tratar a hipótese da intensificação com algum grau de informação empírica, ultrapassando o campo da mera especulação ou da discussão genérica.

Alain Fernex[9] e Volkoff e Gollack[10] dedicam bastante tempo às questões da metodologia da pesquisa, particularmente sobre um indicador concreto de carga de trabalho que permita medir a intensificação. Volkoff e Gollack terminam optando por dados secundários levantados por agências estatísticas. Este livro se estrutura sobre dados primários levantados diretamente junto a trabalhadores assalariados, que são os agentes do processo de trabalho sobre os quais recai o aumento da carga e suas conseqüências. Essa é uma vantagem metodológica da qual poucos estudos se valem.

3.4 Fontes de dados no Brasil

São bastante limitadas as possibilidades de estudo da intensidade com dados secundários no Brasil, o que conduz à conseqüência de que estudos empíricos devam ser conduzidos mediante o levantamento direto ou a observação *in loco*. Senão vejamos.

---

[8] Damien Merllié e Pascal Paoli, *Ten Years of Working Conditions in the European Union (Summary)* (Dublin, European Foundation for the Improvement of Living and Working Conditions, 2000), p. 4.
[9] Alain Fernex, "Intensité du travail, définition, mesure, évolutions", seminário sobre intensificação do trabalho do Centre d'Études de l'Emploi, Paris, 2000.
[10] Michel Gollac e Serge Volkoff, "Citius, altius, fortius. L'intensification du travail", *Actes de la Recherche en Sciences Sociales*, Paris, Seuil, n. 114, 1996, p. 54-67.

Tanto os censos como as pesquisas nacionais por amostras de domicílio limitam sua esfera de abrangência ao levantamento do número de horas trabalhadas por semana, isto é, da duração do expediente. Tais informações permitem avaliar a jornada normal de trabalho e a suplementar, por comparação com o padrão "legal" das horas de trabalho estabelecido na Constituição e na Consolidação das Leis do Trabalho.

As informações sobre a duração do trabalho podem oferecer uma pista inicial sobre a evolução da intensidade, mediante a formação de séries históricas ou outros procedimentos comparativos através do tempo. Mas a extensão da jornada é um indicador conceitualmente distinto da intensidade do trabalho. Se a primeira se refere à duração do trabalho, a segunda centra seu foco sobre o esforço despendido, a energia gasta, o empenho demonstrado, a velocidade, o ritmo, o passo do trabalho e o envolvimento intelectual e emocional. Ou seja, para detectar mudanças de intensidade é necessário assumir que a duração do trabalho seja, hipoteticamente, tida como invariável, mas que outros fatores, tais como os acima mencionados, sejam levados em consideração. Como tais preocupações não estão na esfera de interesse da agência brasileira de captação de informações, o resultado é que o estudo empírico da intensidade pouco se beneficia do emprego de fontes censitárias ou de pesquisas amostrais de domicílio levantadas pelo Instituto Brasileiro de Geografia e Estatística (IBGE).

As fontes oficiais de dados recolhidas junto ao Ministério do Trabalho e por ele processadas, a Relação Anual de Informações Sociais (Rais) e o Cadastro Geral de Empregados e Desempregados (Caged), também não oferecem subsídios para o estudo da intensidade. Seriam de melhor utilidade as informações levantadas pelo serviço de fiscalização do trabalho, a partir de relatos feitos por agentes de fiscalização. Mas como não existe lei a respeito da intensidade não há parâmetros sobre os quais os agentes possam lavrar infrações. Restaria utilizar relatos voluntários de fiscais que envolvessem questões de intensidade, algo difícil de ser encontrado.

Uma fonte potencialmente importante refere-se ao estudo de conseqüências da intensidade sobre o trabalhador. É o caso do estudo dos acidentes de trabalho de todo o tipo[11] – acidentes específicos e de trajeto, doenças do trabalho e óbitos –, uma vez que a intensificação conduz necessariamente ao

---

[11] Carlos Minayo Gomez, "Violência no trabalho", em *Impacto da violência na saúde dos brasileiros* (Brasília, Ministério da Saúde, Secretaria de Vigilância em Saúde, 2005), p. 241-77.

aumento do número de acidentes. Estes são registrados junto ao Ministério da Previdência Social e sua exploração com o intuito do estudo da intensificação do processo de trabalho é bastante complicada pela forma de captação das informações que dificultam estabelecer a relação entre o acidente e a intensidade[12].

As fontes de dados periódicos representados pela Pesquisa de Emprego e Desemprego (PED), conduzida pelo Departamento Intersindical de Estatística e Estudos Socioeconômicos (Dieese), pela Fundação Seade e outros organismos estaduais, também não coletam informações relativas à intensidade. Coleta, sim, dados sobre duração da jornada, o que permitiu estabelecer a tendência ao alongamento do trabalho suplementar nos últimos anos no Brasil[13].

Esse vôo sobre as fontes de dados estatais e de organizações sindicais conduz à implicação que o estudo da intensidade no Brasil precisa concentrar-se nos levantamentos de casos realizados por sociólogos, antropólogos, economistas, engenheiros de produção, psicólogos do trabalho ou outros profissionais que tenham se interessado pela questão. Ou, então, necessita realizar levantamentos amostrais junto a trabalhadores, como é a proposta da presente pesquisa.

3.5 Técnicas de pesquisa para estudar a intensidade do trabalho

Podemos classificar as técnicas de pesquisa empírica para estudar a intensidade em dois grupos. O primeiro compreende a observação de situações criadas em laboratório[14] ou de situações existenciais em processos concretos de trabalho. A observação permite acompanhar o processo de trabalho, separar suas partes componentes, avaliar o esforço exigido, a velocidade e o ritmo imposto, bem como avaliar o impacto sobre quem executa o serviço. A observação também se aplica a conseqüências da intensidade tais como os acidentes, doenças e óbitos e toda uma gama de reflexos sobre o corpo e a psique do trabalhador. A observação pode ser feita

---

[12] Sadi Dal Rosso, Maria Luiza Barbosa e Haroldo Pereira Fernandes Filho, "Intensidade do trabalho e acidentes", em José Fernando da Silva, Ricardo Barbosa de Lima e Sadi Dal Rosso (orgs.), *Trabalho e violência: a violência criminalizada (homicídios) e o mundo do trabalho no Brasil* (Brasília/Goiânia, MNDH/EDUnB/EDUFGO, 2000).

[13] Sadi Dal Rosso, *O debate sobre a redução da jornada de trabalho* (São Paulo, Abet, 1998).

[14] Alain Fernex, "Intensité du travail, définition, mesure, évolutions", cit.; Michel Gollac e Serge Volkoff, "Citius, altius, fortius. L'intensification du travail", cit.

por alguém externo ou mesmo pelos próprios trabalhadores. Esse grupo de técnicas pode, em princípio, mas não sem perdas, prescindir de respostas dos trabalhadores a questionários ou entrevistas.

O segundo grupo gira em torno de diálogos mantidos pelos pesquisadores diretamente com os trabalhadores, ou indiretamente com seus representantes sindicais ou empregadores. Se o primeiro grupo de técnicas se concentra na observação de fatos, o segundo assume o diálogo, o depoimento dos trabalhadores. As técnicas dialogais, do tipo entrevista ou questionário, permitem explorar situações objetivas que dependeriam menos da avaliação subjetiva dos trabalhadores, tais como duração, velocidade, ritmo, conseqüências individuais e coletivas etc. Nesse primeiro caso, questionários e entrevistas gozam da mesma validade que a observação objetiva, uma vez que não representam avaliações subjetivas e sim descrições de situações, fatos ou eventos. Em segundo lugar, o diálogo permite também explorar avaliações mais particulares aos trabalhadores, emissão de juízos de valor, tomadas de posicionamentos políticos ou avaliações e preferências subjetivas.

De longe, o segundo grupo, técnicas de tipo dialogal, captura a preferência dos pesquisadores. Mas a observação pode constituir um elemento complementar de grande valia, como vemos em trabalhos feitos por jornalistas, fotógrafos, cineastas e outros profissionais.

Francis Green sumarizou de outra forma o que chamou de "os métodos" de estudo da intensidade do trabalho. Eles são em número de cinco e assim sintetizados:

> acordos em diversos setores; estudos de caso de organizações particulares; percepções subjetivas entre respondentes de *survey* (em organizações ou ocupações selecionadas ou gerais); aumentos nos esforços subjetivos em sucessivos e comparativamente representativos *surveys*; e grandes aumentos no número de fatores percebidos pressionando os empregados a trabalhar duramente.[15]

Dessa lista, apenas o emprego de documentos de acordos acrescenta algo diferente da classificação por nós desenvolvida.

A estratégia de Green em seus artigos sobre a intensidade consiste não em sobrepor as virtudes de um método a outro, mas de usá-los complemen-

---

[15] Francis Green, *Why Has Work Effort Become More Intense? Conjectures and Evidence about Effort-Biased Technical Change and other Stories* (Kent, Department of Economics, University of Kent at Canterbury, 2000), p. 2.

tarmente. Todavia, a contribuição específica de Green dá-se mediante o emprego de estudos amostrais de organizações, ocupações, setores ou do conjunto da economia. Num desses levantamentos amostrais, no Workplace Industrial Relations Survey (Wirs) de 1990, as questões são dirigidas aos administradores (*managers*) e não aos trabalhadores. Esse parece um defeito grave em decorrência do caráter unilateral da técnica que procuramos evitar em nosso estudo.

A European Foundation for the Improvement of the Living and Working Conditions, segundo Damien Merllié e Pascal Paoli[16], empregou, em seus levantamentos amostrais, questionários junto a trabalhadores. Optou por uma técnica dialógica, mediante a qual é possível levantar desde informações sobre situações objetivas – identificáveis através de outras técnicas e procedimentos – até informações sobre posicionamentos subjetivos – dificilmente captáveis por meio de estudos observacionais.

Nossa proposta é proceder ao levantamento por meio de questionários aplicados a uma amostra de trabalhadores assalariados. Os questionários levantam informações por meio de diálogos. Estes são uma forma tão adequada de produção de dados sobre intensidade do trabalho quanto a observação. Um fato (intensificação) e suas conseqüências podem ser objetivamente estudados tanto observacionalmente como descritivamente (por diálogo).

O estudo de pontos de conflito, acumulação de contradições, enfrentamentos, nós sensíveis e situações que perturbam o funcionamento normal de uma ordem, de um processo ou de uma instituição constitui meio de inestimável valor para a descoberta de aspectos insuspeitos da realidade social e para captar onde se localizam as contradições e se dão os grandes embates, quem são os agentes, suas ideologias, a forma como constroem fatos e verbalizações. O processo de intensificação pode se expressar em meio a movimentos de massa, como pode permanecer oculto como brasa embaixo das cinzas, como se não existisse. Para que possa ser percebido e capturado, requer que seja buscado junto aos trabalhadores que vivem a realidade cotidiana das condições de trabalho. São os empregados aqueles que podem se expressar com mais propriedade sobre se o trabalho está mais exigente hoje do que anteriormente, quais as formas específicas de intensificação que se aplicam a cada ramo de atividade econômica, quais os efeitos da elevação da intensidade sobre seus corpos e suas mentes e qual sua avaliação sobre as

---

[16] Damien Merllié e Pascal Paoli, *Ten Years of Working Conditions in the European Union (Summary)*, cit.

condições do trabalho contemporâneo. Recorremos a entrevistas, registradas em questionários com perguntas fechadas e abertas para captar a realidade da intensidade vigente na atualidade.

Já que a intensidade compreende o gasto de energias do trabalhador, as medidas precisam levar em conta o conjunto de todas as capacidades humanas que sintetizamos nessas três dimensões: física, cognitiva e emotiva. Não encontramos um indicador que seja capaz de servir como critério para todas as dimensões, exceto a avaliação do próprio trabalhador sobre seu serviço. Sendo assim, os levantamentos de campo que utilizam perguntas diretas aos trabalhadores são mais adequados para medir a intensidade.

Além do mais, empregando levantamento amostral estamos também produzindo um acervo de informações inexistente em pesquisa no Brasil e que estará disponível para a sociedade.

3.6 Construção conceitual do problema e da hipótese

Claus Offe[17] oferece uma contribuição que merece ser recapitulada neste momento. Em geral, o contrato entre empregador e trabalhador não explicita o grau de intensidade mediante a qual o trabalho deva ser exercido. A intensidade permanece como uma indeterminação nos contratos. Essa não-definição prévia tem conseqüências tanto para empregados como para empregadores. Estes procuram retirar o maior proveito da força de trabalho comprada, intensificando até o limite possível. Por outro lado, a indeterminação nos contratos possibilita também aos trabalhadores tentar controlar a velocidade e o ritmo do próprio serviço. Abordar a intensidade como parte da disputa entre empregadores e empregados não deixa de ser uma forma interessante de analisar o problema.

Se, originalmente, as preocupações com a intensidade não faziam parte dos contratos de trabalho, hoje em dia, os sindicatos procuram introduzir cláusulas, nos acordos coletivos, que resguardem os trabalhadores, especialmente de acidentes, doenças e estresses, que são conseqüências, entre outras coisas, do grau de intensidade.

Vejamos mais proximamente o sentido de intensidade. O substantivo intensidade deriva do verbo latino *intendere*, que por sua vez é composto da preposição *in* mais o verbo *tendere*, significando estender, tornar teso, entesar

---

[17] Claus Offe, "A economia política do mercado de trabalho", em *Capitalismo desorganizado* (São Paulo, Brasiliense, 1989).

e, na linguagem militar, fazer esforço, combater, lutar, esforçar-se por. Intensidade do trabalho pode ser pensada em termos quantitativos como carga de trabalho, por exemplo, e correspondente dispêndio de energia humana. Em outras palavras, a magnitude da força ou da energia aplicada por unidade de medida. No caso em tela, intensidade refere-se ao grau de esforço físico, intelectual e emocional despendido no trabalho. A unidade de medida do tempo de trabalho pode ser a jornada horária, ao dia, ao mês, ao ano ou a adequada à pesquisa. Mas é importante ressaltar que intensidade não significa apenas uma medida de esforço físico. Há que incluir todas as capacidades do trabalhador, sejam elas físicas, cognitivas ou emotivas. De outra forma teríamos dificuldades de pesquisar a noção de intensidade em ocupações ligadas à esfera do conhecimento e das emoções.

Aparentemente, essa definição simples de intensidade resolve os problemas para o estudo. Mas, pelo contrário, muito os esconde. Assim, por exemplo, como conceber o grau socialmente aceitável de intensidade? Não terá sido ele sempre o mesmo através da história? Não. O grau é variável segundo as pessoas, os tempos e as circunstâncias. É variável por depender da resistência oferecida pelos trabalhadores. Uma forma de encontrar uma saída para esses problemas seria pensar na existência de padrões sociais de intensidade, que seriam não-universais ou aplicáveis a todos os casos, mas variáveis de acordo com as formas de organizar a produção e os serviços. Isso nos levaria a imaginar padrões mais e menos intensos de trabalho, sendo intensidade resultante das relações entre empregadores e empregados. Por exemplo, as grandes organizações de trabalho e as empresas que competem nacional e internacionalmente procuram avançar o máximo possível na organização da mão-de-obra com o objetivo de obter os melhores resultados do trabalho. Podem, portanto, ter um padrão mais intensificado do que pequenos negócios, cujo maior problema é conseguir demanda para se manterem em operação e não fecharem as portas.

Se, portanto, nos interessamos mais em padrões de intensidade, do que no grau individual, podemos, a partir dessa idéia, pesquisar a variação da intensidade através do tempo, suas causas e conseqüências, conforme a variação desses padrões ou de outras circunstâncias mais específicas. É, nesse sentido, que recapitulamos anteriormente os diversos modelos de gestão da força (taylorismo, fordismo, toyotismo) no capitalismo e o seu impacto sobre a intensidade.

Aqueles padrões de organização do trabalho que conseguem obter maiores resultados com a elevação do grau de intensidade espalham-se entre as empresas concorrentes que buscam alcançar em suas organizações os mesmos resultados obtidos pelas companhias que os adotaram mais cedo. Sendo assim, a difusão da organização e conseqüentemente da intensidade do trabalho vai-se espalhando pelo mundo das organizações. Aqueles que obtêm sucesso em termos de adoção de empresas tornam-se hegemônicos no mundo do trabalho. É dessa forma que podemos falar de uma onda mundial de intensificação nos dias de hoje. Mas essa tendência enraíza-se nas particularidades dos diversos contextos sociais. Partimos da hipótese de que existe uma grande diversidade de graus de intensidade, em função das distintas formas de organização do trabalho. Em conseqüência, seria de se esperar, agora, que o trabalho se revelasse mais intenso naquelas empresas que adotam os sistemas hegemônicos de organização do trabalho e que fosse menos intenso naquelas empresas e organizações que ainda não modificaram seus processos de organização do trabalho. A introdução de padrões mais intensificados depende também da resistência que os trabalhadores oferecerem ao processo, questão que não pode ser ignorada na análise.

A despeito da hipótese ser simples, a questão da intensificação do trabalho é muito complexa, não apenas no campo empírico como especialmente no campo conceitual. As maneiras pelas quais o trabalho se torna mais intenso são idênticas em todos os setores de atividade? A princípio, parece que não, dependendo de qual componente da intensidade (físico, intelectual ou emocional) cada atividade requer mais.

A seguir impõe-se colocar a questão a respeito da explicação da intensificação do trabalho contemporâneo, supondo-se, como esperamos, que, de fato, um processo de intensificação possa ser detectado na pesquisa. Como conceber a intensificação do trabalho num mundo em que a jornada vai sendo reduzida a longo prazo, em que o desemprego é enorme e em que dá-se uma grande reconversão tecnológica da produção e dos serviços? Karl Marx trabalhou com esses elementos da redução da jornada, desemprego e avanços tecnológicos ao pensar a questão da intensificação. Mas, nos dias de hoje, mantém-se válida a explicação? Por exemplo, Green propõe uma hipótese baseada na "mudança tecnológica enviesada pelo esforço" (*effort-biased technological change* ou EFBT)[18]. Mas essa hipótese deixa a organização do trabalho de lado e fixa-se na componente tecnológica. A pesquisa de um fator único não parece decisão aceitável, quando se sabe que organização do trabalho pode operar separadamente de tecnologia.

---

[18] Francis Green, *Why Has Work Effort Become More Intense? Conjectures and Evidence about Effort-Biased Technical Change and other Stories*, cit.

Esse conjunto de questões indica que outro objetivo da pesquisa consiste em trabalhar conceitualmente, seja a partir das manifestações históricas, seja a partir dos estudos contemporâneos, a construção do conceito de intensidade do trabalho, a variedade de suas manifestações e uma explicação convincente para o fenômeno.

3.7 O trabalho de campo

A hipótese enunciada parágrafos antes leva a considerar a seguinte estratégia de estudo de campo: realizar um levantamento de informações junto a assalariados utilizando como meio de coleta um questionário padronizado. No Brasil, boa parte da pesquisa sobre trabalho é levada a efeito mediante estudos de caso e entrevistas com empregados. Essa forma não permite, entretanto, uma visão geral do que está acontecendo na sociedade. Nossa proposta contempla a idéia de um levantamento geral, de forma que possamos também proceder a uma análise adequada da hipótese, a saber, que o processo de intensificação ocorre de forma diferente partindo das empresas que adotam sistemas hegemônicos de organização do trabalho e difundindo-se para outras empresas ou instituições, num passo que simplesmente desconhecemos. Para podermos comparar a avaliação dos funcionários sobre o processo diferencial de intensificação, dividimos a economia do Distrito Federal em três agrupamentos de ramos de atividade: o capitalista moderno, o tradicional e o governamental-estatal. No agrupamento capitalista moderno, incluímos ramos como o bancário, a telefonia, a comunicação, os shopping centers, a construção civil, as escolas privadas, os serviços de saúde privados, os serviços especializados e a indústria. E no agrupamento tradicional reunimos os ramos de oficinas mecânicas e reparação, os serviços pessoais, os serviços de restauração e bares, a indústria gráfica, o emprego doméstico, o transporte coletivo, limpeza e vigilância. Tal divisão permite avaliar a hipótese de uma difusão diferenciada de práticas de intensificação, a começar pelo agrupamento capitalista moderno.

O emprego do levantamento em grande escala por meio de amostragem e o de questionários como instrumentos de coleta significam uma contribuição ao estudo da intensidade com técnicas de pesquisa que se adaptam a grandes massas. Nesse sentido, a pesquisa poderá contribuir para que as grandes instituições de levantamento de dados – tais como o IBGE, o Dieese e a Fundação Seade –, que ainda não realizam estudos sistemáticos sobre a intensidade, passem a adotar esse objetivo entre suas linhas de pesquisa, bem como possam avaliar o emprego das técnicas amostrais adequadas para grandes massas.

A técnica do levantamento amostral por questionário recolhe declarações dos trabalhadores entrevistados. São, portanto, os sujeitos diretamente envolvidos com a intensidade que respondem perguntas e procedem a avaliações. Para que seja possível avaliar um processo de intensificação, como supomos estar ocorrendo e como estudos internacionais sugerem, entrevistamos trabalhadores que contam com pelo menos dois anos de serviço e podem avaliar, por experiência própria, o que está acontecendo com o seu trabalho no dia-a-dia.

Realizamos um número de entrevistas adequado a contemplar o sentido de representatividade amostral. Para isso, numa amostra para números muito grandes – os trabalhadores assalariados dos setores privado e público do Distrito Federal, em abril de 2000 (incluindo os empregados domésticos que perfazem 84.400 pessoas), representam 601.600 pessoas, sobre um total da força de trabalho de 760.700 pessoas ocupadas[f] – adotamos um erro amostral de 3,5% e um intervalo de confiança 95% e chegamos a uma amostra de 825 casos[g], distribuídos por ramos de atividade conforme a Tabela 3.1.

A amostra de 825 casos busca manter coerência com a representatividade setorial de distribuição dos trabalhadores assalariados, em função da necessidade de avaliar a hipótese de uma expansão diferenciada das formas de intensificação. Supondo que o trabalho seria intensificado a partir de setores capitalistas mais modernos e com penetração no mercado nacional e também mundial em direção aos setores mais tradicionais e ao funcionamento do aparato do Estado, os três agrupamentos de ramos de atividade ficaram assim compostos: o capitalista moderno com 34,4% da amostra, o tradicional com 27,8% e o governamental com 37,8%.

Em função de certos pressupostos do estudo, alguns conjuntos de trabalhadores não puderam ser incluídos na pesquisa de campo. Foram excluídos da amostra os desempregados pelo fato de não estarem trabalhando e dessa forma não preencherem o critério de comparação das condições de trabalho atual com anterior e também os não-assalariados, a exemplo dos autônomos, trabalhadores por contra própria, trabalhadores familiares, pela razão de que o estudo limita-se à análise do trabalho assalariado, seja estatal, seja privado. Também não incluímos na análise os trabalhadores aposentados por já estarem fora do mercado de trabalho.

Foram excluídos da pesquisa os assalariados com menos de dois anos de experiência em qualquer campo de atividade, dado o pressuposto de que, para o estudo da intensificação do processo de trabalho, é necessário que o

TABELA 3.1

TRABALHADORES ASSALARIADOS ENTREVISTADOS NO DISTRITO FEDERAL POR RAMOS DE ATIVIDADE, 2000-2002

Ramo de atividade	Freqüência Absoluta	Freqüência Relativa
Supermercados	50	6,1
Bancos	40	4,8
Telefonia	49	5,9
Administração pública federal	116	14,1
Administração pública do DF	100	12,1
Alimentação	30	3,6
Oficinas mecânicas	50	6,1
Transporte	20	2,4
Construção civil	50	6,1
Emprego doméstico	78	9,5
Ensino público	66	8,0
Ensino privado	15	1,8
Saúde pública	30	3,6
Saúde privada	21	2,5
Limpeza e vigilância	29	3,5
Indústria de bebidas	13	1,6
Serviços pessoais	16	1,9
Shoppings	41	5,0
Serviços especializados	5	0,6
Indústria gráfica	6	0,7
TOTAL	825	100,0

Fonte: Amostra, Intensidade, Distrito Federal, 2000-2002.

TABELA 3.2

TRABALHADORES ENTREVISTADOS SEGUNDO ANOS DE TRABALHO NO EMPREGO ATUAL

Anos de trabalho	Freqüência Absoluta	Freqüência Relativa
2 a 5	178	21,6
6 a 10	215	26,0
11 a 20	259	31,4
21 e mais	173	21,0
TOTAL	825	100,0

Fonte: Amostra, Intensidade, Distrito Federal, 2000-2002.

empregado tenha um tempo mínimo de experimentação para poder comparar o antes com o agora. Tal condição nos deixou em mãos com uma amostra mais madura dos assalariados, como se pode ver na Tabela 3.2, em que 53,4% dos trabalhadores têm onze ou mais anos de atividade. Tal condição nos deixa com uma amostra de funcionários que podem refletir sobre sua experiência anterior de serviço de, pelo menos, dois anos de atividade e, conseqüentemente, afirmar ou não que processos de intensificação do trabalho ocorreram durante sua trajetória de vida.

4
A INTENSIFICAÇÃO DO TRABALHO E OS TRABALHADORES

4.1 O processo como um todo

A análise empírica da intensificação do trabalho começa pelo impacto que ela produz no conjunto da economia e não nas modalidades particulares a cada ramo de atividade, a cada empreendimento em si ou a unidades de trabalho dentro de empresas. Focalizando o conjunto das atividades econômicas obtém-se uma visão geral, uma média dos setores, que permite avaliar em que medida o processo de intensificação é relevante no conjunto do trabalho local e nacional. Possibilita ainda julgar o grau de transformação do trabalho por meio da incorporação de mais encargos e mais atividades às rotinas diárias dos empregados, reduzindo os momentos de não-trabalho durante a jornada. Fornece também uma medida de comparação internacional da transformação em curso das condições do trabalho em distintas sociedades, o que autoriza pensar a intensificação como fenômeno global próprio do capitalismo contemporâneo e não apenas como algo local ou regional devido a particularidades da formação histórica.

Para o perfeito entendimento das tabelas e dos números apresentados doravante ressaltamos ao leitor que eles correspondem às respostas dadas pelos trabalhadores assalariados entrevistados que fizeram parte da amostra de 825 casos selecionados. O diálogo direto com os trabalhadores é a forma mais adequada de avaliar a presença ou não de um processo de intensificação, dado que eles vivem o impacto das alterações das condições de trabalho. Nesse sentido, constituem sujeitos preferenciais de pesquisa mais do que os gestores, dado que, se os administradores têm a consciência reflexa das atribuições das cargas de trabalho, não detêm controle nenhum sobre regras e normas informais pelas quais acontece boa parte da resistência dos trabalhadores ao processo de intensificação.

Comparar através do tempo o grau de intensidade constitui uma das maneiras de averiguar a presença ou não de um processo de ampliação das cargas de trabalho sobre os ombros dos indivíduos. Pois bem, a Tabela 4.1 traz os resultados gerais das respostas para a questão se o trabalho hoje é mais intenso ou menos intenso do que anteriormente ou se não há diferença. Uma minoria dentre os trabalhadores, aproximadamente 15%, vê que a comparação temporal resulta em um trabalho de menor grau de intensidade nos dias de hoje. Ainda que o trabalho atualmente não seja percebido como menos intenso do que antes, em alguns ramos de atividades, os trabalhadores perceberam mudanças significativas no sentido do abrandamento das condições de trabalho. Os casos mais relevantes são servidores públicos do Governo do Distrito Federal (22%), servidores públicos federais (19,8%), trabalhadores no setor médico-hospitalar público (23,3%), trabalhadores da educação pública (15,1%) e trabalhadores em shoppings (17,1%), que entenderam que o trabalho ficou menos intenso, na avaliação de sua experiência de vida[h]. O principal contingente de assalariados que consideram o trabalho menos intenso é formado de servidores do Estado. Para tais trabalhadores, houve significativos ganhos, seja em termos salariais, seja em termos de controle das condições de trabalho, seja em termos de democratização do trabalho entre o período do regime militar, que é o parâmetro mais distante de comparação, e o trabalho contemporâneo. Em todo o caso, aqueles assalariados que avaliam que o trabalho de hoje é menos intenso constituem minoria dentro da amostra.

TABELA 4.1
AVALIAÇÃO DOS TRABALHADORES A RESPEITO DA INTENSIDADE DO TRABALHO ATUAL

Intensidade do trabalho	Freqüência	
	Absoluta	Relativa
Mais intenso	356	43,2
Menos intenso	118	14,3
Não vê diferença	351	42,5
TOTAL	825	100,0

Fonte: Amostra, Intensidade, Distrito Federal, 2000-2002.

O restante dos entrevistados concentrou as respostas em dois grupos: o daqueles que avaliam que está em curso um processo de intensificação do trabalho é ligeiramente maior (43,2%) do que o que não viu mudança significativa alguma (42,5%). O primeiro elemento fundamental a destacar é que mais de 40% da amostra dá conta de que está em curso um processo de elevação da intensidade. É uma proporção elevada e se distribui indiscriminadamente por todos os ramos de atividade (Tabela 4.2). Em outros termos, segundo as respostas, está em curso um processo de intensificação na economia do Distrito Federal e, por extensão, da economia brasileira e o fato abarca mais de 40% dos trabalhadores. Não se trata de um fenômeno marginal, mas generalizado, que lança raízes nos ambientes de trabalho de todos os ramos pesquisados, sem exceção. Por outro lado, não é um fenômeno total e único que afeta todos os ambientes de trabalho, pois igualmente mais de 40% responderam que não percebem tal processo em andamento. Os dados conduzem à interpretação de que o fenômeno não está nem em um estágio inicial e nem é generalizado por todos os locais de trabalho. É um fenômeno já seguramente estabelecido – 43,2% –, mas com muito espaço para expansão.

Se os dados oferecem base de sustentação empírica para a constatação de que está em curso uma intensificação do trabalho em nosso país, a literatura internacional já se referia a esse processo em andamento em países ricos da Europa e nos Estados Unidos desde 1980[1]. Quanto ao Brasil, entretanto, pela primeira vez demonstramos com dados estatísticos que o grau da intensidade está crescendo.

Além da observação global no conjunto da economia de um país, o fenômeno da intensificação pode ser discriminado pelos ramos de atividade econômica em que as pessoas trabalham, fornecendo assim uma visão setorizada imprescindível para analisar um processo diferenciado. Pois bem,

---

[1] Damien Merllié e Pascal Paoli, *Ten Years of Working Conditions in the European Union (Summary)* (Dublin, European Foundation for the Improvement of Living and Working Conditions, 2000); Francis Green, *Why Has Work Effort Become More Intense? Conjectures and Evidence about Effort-Biased Technical Change and other Stories* (Kent, Department of Economics, University of Kent at Canterbury, 2000); David Fairris, "Towards a Theory of Work Intensity", seminário sobre intensificação do trabalho do Centre d'Études de l'Emploi, Paris, 2002; Michel Gollac e Serge Volkoff, "Citius, altius, fortius. L'intensification du travail", *Actes de la Recherche en Sciences Sociales*, Paris, Seuil, n. 114, 1996; Jean-Pierre Durand e Sylvain Girard, "Attribution, perception et négociation de la charge de travail", *Les Cahiers d'Évry*, Évry, Université d'Évry Val d'Essonne, maio 2002.

em nenhum ramo de atividade da amostra pesquisada, os trabalhadores majoritariamente responderam que o trabalho é menos intenso hoje do que fora anteriormente (Tabela 4.2). É um argumento de pura proporcionalidade, mas que indica a difusão, ainda que em graus reduzidos, de intensificação por todos os ramos de atividade. Há quem diria que esse resultado se deva a um viés metodológico do desenho da pesquisa. Em outras palavras, o levantamento foi feito diretamente aos assalariados que invariavelmente responderam de forma favorável a si próprios. Esse contra-argumento deve ser refutado veementemente pelo fato de que são os trabalhadores os sujeitos diretos do trabalho e como tal as pessoas em posição mais avantajada para avaliar a variação de suas condições. Se as mesmas perguntas fossem feitas a empregadores e gestores governamentais, a tendência do viés em vez de ganhar objetividade seria ao inverso, pois os administradores não conseguem controlar todas as condições do processo de trabalho e se expõem aos mecanismos de redução e controle da intensidade empregados pelos assalariados. Além do mais, os trabalhadores assalariados foram perguntados sobre diversos indicadores, o que permite verificar em que medida a resposta é tendenciosa ou não. Basta tomar conta de que as respostas não contemplam univocamente apenas aumentos de intensidade como também redução ou simplesmente a avaliação de que nenhum fenômeno está em curso para perceber que não existe um viés de autoresposta favorável por parte dos trabalhadores entrevistados.

Outra maneira de analisar a difusão da intensidade pelos ramos de atividade econômica consiste em considerar que um ramo já adota formas de trabalho intensificado quando pelo menos 50% dos respondentes indicam que o trabalho hoje é mais intenso do que na época em que começaram a trabalhar. Dos vinte ramos considerados no levantamento, oito contemplam esse critério: atividade bancária e financeira (72,5%), telefonia e comunicação (67,3%), indústria gráfica (66,7%), educação privada (60%), serviços especializados (60%), saúde privada (57,1%), transporte rodoviário (50%) e serviço público federal (50%). Nesses oito ramos de atividade, o processo de intensificação está firmemente implantado. Nos demais, a presença é mais tênue e só pode ser identificada quando se parte para estudos no interior de empresas.

Em suma, os dados de pesquisa respaldam a conclusão de que um processo de intensificação das condições de trabalho está em andamento, é diferenciado e tem modalidades próprias de difusão. Esse processo é geral, se assemelha a processos que tomam lugar em outros países do mundo, particularmente aqueles mais ricos, e pode ter com eles uma vinculação além de circunstancial.

TABELA 4.2

INTENSIDADE DO TRABALHO POR RAMOS DA ATIVIDADE ECONÔMICA

Ramo de atividade	Comparação entre trabalho anterior e trabalho atual						TOTAL	
	Mais intenso		Menos intenso		Não vê diferença			
	Abs.	Rel.	Abs.	Rel.	Abs.	Rel.	Abs.	Rel.
Supermercados	23	46,0	3	6,0	24	48,0	50	100,0
Bancos	29	72,5	6	15,0	5	12,5	40	100,0
Telefonia	33	67,3	0	0,0	16	32,7	49	100,0
Administração pública federal	58	50,0	23	19,8	35	30,2	116	100,0
Administração pública do DF	44	44,0	22	22,0	34	34,0	100	100,0
Alimentação	8	26,7	5	16,7	17	56,7	30	100,0
Oficinas mecânicas	24	48,0	3	6,0	23	46,0	50	100,0
Transporte	10	50,0	2	10,0	8	40,0	20	100,0
Construção civil	12	24,0	8	16,0	30	60,0	50	100,0
Emprego doméstico	28	35,9	9	11,5	41	52,6	78	100,0
Ensino público	18	27,3	10	15,2	38	57,6	66	100,0
Ensino privado	9	60,0	1	6,7	5	33,3	15	100,0
Saúde pública	12	40,0	7	23,3	11	36,7	30	100,0
Saúde privada	12	57,1	3	14,3	6	28,6	21	100,0
Limpeza e vigilância	11	37,9	3	10,3	15	51,7	29	100,0
Indústria de bebidas	6	46,2	3	23,1	4	30,8	13	100,0
Serviços pessoais	4	25,0	2	12,5	10	62,5	16	100,0
Shoppings	8	19,5	7	17,1	26	63,4	41	100,0
Serviços especializados	3	60,0	1	20,0	1	20,0	5	100,0
Indústria gráfica	4	66,7	0	0,0	2	33,3	6	100,0
TOTAL	356	43,2	118	14,3	351	42,5	825	100,0

Fonte: Amostra, Intensidade, Distrito Federal, 2000-2002.

O argumento da intensificação das condições de trabalho fundamenta-se no tipo de respostas que os trabalhadores deram como avaliação de suas experiências laborais. Há argumentos muito fortes que corroboram tal avaliação. Os setores de atividade capitalista moderna são aqueles em que os trabalhadores percebem mais fortemente o processo de intensificação ocorrendo. Entre trabalhadores do ramo bancário, 72,5% percebe o trabalho mais intenso hoje do que antes. Entre os trabalhadores do ramo de telefonia, 67,3%

percebem idêntico fenômeno. Outros setores em que tal percepção é agudamente sentida são a indústria gráfica, 66,6%; o ensino privado, 60%; os serviços especializados, 60%; e os serviços de saúde privados, 57,1%.

4.2 Instrumentos de intensificação

Lado a lado a essa primeira descoberta de que o trabalho está se tornando mais intenso em nosso país, a análise estatística sugere uma segunda constatação importante e complementar, a diversidade do processo. Este não é homogêneo nem predominante em todos os ramos da atividade econômica. Os setores em que o trabalho é predominantemente mais intenso são o bancário, o de telefonia e comunicação, o de transporte rodoviário, os serviços de saúde privados, os serviços de ensino privados, os serviços especializados e a indústria gráfica. Conforme escrito anteriormente, a intensificação é predominante quando as percentagens de respostas atingem 50% ou mais. Por outro lado, os ramos de atividade em que os trabalhadores não avaliam que seu trabalho seja predominantemente mais intenso hoje são os serviços de restauração, a construção civil, o emprego doméstico, o ensino público, os serviços de limpeza e de vigilância, os serviços pessoais em geral e o comércio. A diversidade do processo de intensificação resulta dessa primeira qualificação setorial. Ele é majoritário nas respostas dos assalariados e é predominante em um bom número de ramos de atividade econômica, mas não em todos.

O problema que se coloca nesse momento é como interpretar um processo de intensificação em curso, não único, nem homogêneo e sim diferenciado por ramos de atividade. A intensidade pode ser elevada em qualquer setor da economia, dependendo de condições, ou pode manter-se igual ou até diminuir. O processo instaura-se diferenciadamente a partir de alguns pontos ou nós. Quais são os ramos que dão início ao processo? Os setores capitalistas privados mais modernos (bancos, telefonia, comunicação, transportes, serviços privados de saúde, ensino e serviços especializados e indústrias) são os primeiros, seguidos pelas atividades de Estado. As categorias capitalistas mais tradicionais (serviços de restauração, serviços pessoais, emprego doméstico, serviços de reparação e até certo ponto indústria da construção civil e comércio) só lentamente começam a sentir mudanças no processo de intensificação. A Tabela 4.3 foi gerada a partir de agrupamentos de ramos de atividade em três blocos: o capitalista moderno, o tradicional e o estatal, conforme critérios já apresentados anteriormente. O grupo dos ramos capitalistas mais modernos operando no Distrito Federal apresenta também o maior número de respostas

TABELA 4.3

AGRUPAMENTOS DOS RAMOS DE ATIVIDADE E INTENSIDADE DO TRABALHO

Comparação entre a época em que o trabalhador começou a trabalhar e o trabalho atual

Agrupamentos dos ramos de atividade	Mais intenso Abs.	Mais intenso Rel.	Menos intenso Abs.	Menos intenso Rel.	Não vê diferença Abs.	Não vê diferença Rel.	TOTAL Abs.	TOTAL Rel.
Tradicional	89	38,9	24	10,5	116	50,7	229	100,0
Moderno	135	47,5	32	11,3	117	41,2	284	100,0
Governamental	132	42,3	62	19,9	118	37,8	312	100,0
TOTAL	356	43,2	118	14,3	351	42,5	825	100,0

Fonte: Amostra, Intensidade, Distrito Federal, 2000-2002.

que indicam a crescente intensidade do trabalho, 47%. No agrupamento tradicional, 50% das respostas não reconhecem diferença entre as condições de trabalho hoje e anteriormente, o que significa que nesse grupo a transformação do trabalho ainda não é muito intensa. Não quer dizer que esses ramos são imunes. Indica apenas que o processo tomará um lapso de tempo para instaurar-se. Finalmente nas atividades do Estado é onde se reconhece uma transformação no sentido de menor intensidade do trabalho, 20%.

Tais informações conduzem a uma teoria sobre o processo de intensificação. São as grandes empresas capitalizadas, os negócios que conseguem introduzir processos de intensificação e distanciam-se das demais atividades. Tais companhias compram a peso de ouro, dentro do país ou no exterior, tecnologias de gestão do trabalho que produzem mais resultados por exigir mais do trabalhador. Intensificando o trabalho, esse grupo de empresas obtém ganhos de produtividade e supera a concorrência. A diversidade de intensidade aparece como diversidade entre distintos ramos de atividade, por tais setores reunirem empresas com maior densidade de capital. Com o passar do tempo, outras empresas também se apropriam das técnicas dos processos organizativos e introduzem formas de trabalho mais intenso em seus negócios. As vantagens diferenciais para as empresas que lideravam o processo esvaem-se e começa então uma busca desesperada para ganhos de produtividade, ou via intensificação do trabalho ou via introdução de avanços tecnológicos.

Essa interpretação teórica pode ser entendida de outra forma. As empresas, na busca de ganhos diferenciais perante seus concorrentes, desenvolvem sistemas de intensificação que são impostos aos trabalhadores, especialmente em momentos de reestruturação produtiva muito intensa. É o caso do ramo bancário brasileiro que demitiu milhares de servidores[2], continuando com seu rol de atividades anterior, só que agora realizado por um número menor de empregados ou então transferido para atividades terceirizadas. Isso é o processo de intensificação do trabalho em ação. Como ele ocorreu no meio de um processo de demissão de quadros, os trabalhadores que restaram não conseguiram criar formas de resistência instantânea e imediata. Aos poucos, as formas de resistência vão aparecendo e as vantagens diferenciais da intensificação vão sendo minadas. Até um momento em que a reestruturação número 1 do trabalho não mais opera os milagres que dela se esperavam. Logo, é necessário introduzir uma reestruturação número 2, que por sua vez levará a formas de resistência e enfrentamentos, numa dialética indefinida.

Na literatura internacional, essa hipótese da intensificação com formas diferenciadas não está bem estabelecida. Grande parte dos estudos opera com o conceito de um processo homogêneo, o que é duplamente ineficaz. Primeiro por perder a perspectiva de que distintas formas de elevar a carga de trabalho podem funcionar em um ambiente, mas não em outro. E, em segundo lugar, o atrelamento das pesquisas a ramos em que prevalece o trabalho material, como são as indústrias de transformação, empobrece a análise de outras formas de aumentar o grau de intensidade que podem operar em ramos de atividade imaterial.

Essa primeira análise estatística nos conduziu à conclusão de que está em curso um processo de intensificação que tem características globais, mas que se enraíza diferenciadamente. A partir desse ponto, a pesquisa se desdobra sobre os seguintes meios, mecanismos ou formas pelos quais o trabalho é tornado mais intenso: alongamento das jornadas; acúmulo de atividades; polivalência, versatilidade e flexibilidade; ritmo e velocidade; e gestão por resultados. A diferenciação por meios e instrumentos de intensificação acrescenta um elemento a mais para além daquilo que o agrupamento por ramos e setores oferece. Se a separação por ramos e setores auxilia a capturar a difusão do processo da divisão social por atividades econômicas, a diferença por mecanismos e ou meios tem por objeto os instrumentos ou meios em si e sua aplicação.

---

[2] Nise Jinkings, "A reestruturação do trabalho nos bancos", em Ricardo Antunes (org.), *Riqueza e miséria do trabalho no Brasil* (São Paulo, Boitempo, 2006), p. 191.

4.2.1 Alongamento das jornadas

Uma das maneiras de intensificar o trabalho consiste em alongar a jornada. Quando os trabalhadores são conduzidos a trabalhar por mais tempo, acumulam-se tarefas sobre os seus ombros, exigindo mais esforço. Acúmulo de tarefas e outros mecanismos, tais como o domínio de tecnologias recentes que aumentam os ritmos ou exigem atividades suplementares, implicam em intensificação do trabalho[3].

Na amostra, tal forma elementar de acumular tarefas, que é o alongamento da jornada, é vivida por um terço (32,6%) dos trabalhadores entrevistados, que declaram labutar mais horas hoje do que quando iniciaram a vida profissional (Tabela 4.4). Nos últimos anos, não aconteceu no Brasil mudança de legislação que dê cobertura a essa vigência de jornadas mais longas. A última modificação significativa ocorreu nos anos 1986-1988 com a promulgação da Constituição que estabeleceu a redução da jornada de 48 para 44 horas no setor privado da economia. Não tomando lugar por alteração legal, o alongamento a que se referem os trabalhadores só pode ter acontecido pela via das horas extras pagas, mecanismo que a lei prevê com imensa generosidade, pois possibilita duas horas diárias além da jornada normal, ou pela via do mecanismo das horas extras não-pagas, prática freqüentemente encontrada no mundo do trabalho e que repousa sobre bases nitidamente coercitivas. O mecanismo do alongamento da jornada não constitui uma

TABELA 4.4

COMPARAÇÃO DA DURAÇÃO DA JORNADA ATUAL COM A ÉPOCA EM QUE OS TRABALHADORES COMEÇARAM SUA VIDA PROFISSIONAL

Comparação das horas trabalhadas atualmente com relação ao primeiro trabalho	Freqüência Absoluta	Freqüência Relativa
Hoje trabalho mais horas	269	32,6
Hoje trabalho o mesmo número de horas	410	49,7
Hoje trabalho menos horas	146	17,7
TOTAL	825	100,0

Fonte: Amostra, Intensidade, Distrito Federal, 2000-2002.

---

[3] Carlos Eduardo Soares de Freitas, *Trabalho estranhado em professores do ensino particular em Salvador em um contexto neoliberal*, tese de doutorado não publicada, Departamento de Sociologia da Universidade de Brasília, 2005, p. 114-6.

experiência de trabalho comum a todos os entrevistados. Metade respondeu que o trabalho não experimentou mudança de duração durante sua vida laboral, havendo ainda 17,7% que vivenciaram redução de horas a partir do início de sua trajetória profissional. Mas é bom esclarecer que, mesmo sob redução de horas, o trabalho realizado pode ter-se tornado mais intenso, como muito bem demonstram análises internacionais sobre alterações das condições de trabalho após processos de redução da jornada[4].

Descendo para a divisão por ramos de atividade obtém-se um aprofundamento e uma visão mais realista dos campos em que mais horas são exigidas dos trabalhadores. O alongamento é vivenciado em dois ramos de atividade, particularmente: bancos e finanças (62,5%) e ensino privado (53,3%) – (Tabela 4.5). Em ambos, mais da metade dos assalariados indicou que trabalha mais horas hoje do que antes. No ramo bancário e financeiro, o sentimento do alongamento das jornadas é muito difundido (62,5%). Os trabalhadores desse setor mantém há meio século jornada de seis horas diárias, trinta semanais, conquista obtida pelos idos de 1933. Tal jornada mais reduzida diante das 44 horas semanais do conjunto dos trabalhadores brasileiros do setor privado é objeto de contínua e ferrenha disputa entre empregadores e empregados. As indicações concretas dos trabalhadores são de que labutam mais horas, o que significa que as empresas estão conseguindo reverter de alguma maneira a jornada reduzida que os bancários conquistaram, a despeito da oposição sindical. A reestruturação do trabalho bancário nos anos recentes no Brasil, com o conseqüente afastamento de milhares de pessoas de seus empregos e com a terceirização de atividades, levou a um aumento da exploração sem precedentes.

O segundo ramo em que o alongamento da jornada é mais percebido pelos trabalhadores é o do ensino privado, na proporção de 53,3%. No Distrito Federal, essa categoria acompanhou o boom de crescimento dos negócios com ensino que se fez presente nos anos 1990 em todas as grandes metrópoles do Brasil. Incentivados pelo respaldo internacional das grandes agências financeiras e de desenvolvimento que apregoam a restrição da presença do Estado nos setores sociais, bem como das políticas estatais efetivas que abrem espaços para o crescimento do setor privado em educação, os empresários responderam com a criação de dezenas, senão centenas ou milhares, de escolas, faculdades e cursos. As condições de trabalho no setor de educação envolvem

---

[4] Jean-Pierre Durand e Sylvain Girard, "Attribution, perception et négociation de la charge de travail", cit.

muitas e longas horas. Relatos da vida dos docentes dão conta de práticas de jornadas desmesuradamente longas e de normas de conduta extremamente rígidas[i]. O alongamento das jornadas é um instrumento típico do ensino privado, especialmente entre os professores. Remunerados como horistas, eles

TABELA 4.5

DURAÇÃO DA JORNADA ATUAL EM COMPARAÇÃO COM A ÉPOCA EM QUE OS TRABALHADORES COMEÇARAM A TRABALHAR, POR RAMOS DE ATIVIDADE

Ramos de atividade	mais horas Abs.	mais horas Rel.	mesmo número de horas Abs.	mesmo número de horas Rel.	menos horas Abs.	menos horas Rel.	TOTAL Abs.	TOTAL Rel.
Supermercados	14	28,0	27	54,0	9	18,0	50	100,0
Bancos	25	62,5	9	22,5	6	15,0	40	100,0
Telefonia	19	38,8	27	55,1	3	6,1	49	100,0
Administração pública federal	37	31,9	65	56,0	14	12,1	116	100,0
Administração pública DF	34	34,0	46	46,0	20	20,0	100	100,0
Alimentação	6	20,0	19	63,3	5	16,7	30	100,0
Oficinas mecânicas	17	34,0	29	58,0	4	8,0	50	100,0
Transporte	7	35,0	6	30,0	7	35,0	20	100,0
Construção civil	17	34,0	20	40,0	13	26,0	50	100,0
Emprego doméstico	30	38,5	28	35,9	20	25,6	78	100,0
Ensino público	23	34,8	39	59,1	4	6,1	66	100,0
Ensino privado	8	53,3	3	20,0	4	26,7	15	100,0
Saúde pública	7	23,3	15	50,0	8	26,7	30	100,0
Saúde privada	5	23,8	12	57,1	4	19,0	21	100,0
Limpeza e vigilância	2	6,9	19	65,5	8	27,6	29	100,0
Indústria de bebidas	1	7,7	7	53,8	5	38,5	13	100,0
Serviços pessoais	2	12,5	12	75,0	2	12,5	16	100,0
Shoppings	14	34,1	18	43,9	9	22,0	41	100,0
Serviços especializados	1	20,0	4	80,0	0	0,0	5	100,0
Indústria gráfica	0	0,0	5	83,3	1	16,7	6	100,0
TOTAL	269	32,6	410	49,7	146	17,7	825	100,0

Fonte: Amostra, Intensidade, Distrito Federal, 2000-2002.

não têm perspectivas de continuidade e de estabilidade em seus empregos. A instabilidade pela não-garantia de permanência nos empregos e a incerteza quanto à carga horária à disposição nos futuros semestres conduzem a que os docentes submetam-se à maior carga possível no presente. O ramo do ensino privado paga os professores por horas de magistério. Com isso, todo o trabalho fora da sala de aula, tais como as atividades de preparação de aulas, provas e testes, de correção de exercícios e provas e de lançamento das avaliações, é realizado pelos docentes, em geral, sem remuneração. A educação privada vem sendo objeto de maior concorrência entre as empresas, nos últimos anos. Em decorrência, exigem-se mais horas dos trabalhadores.

O alongamento da jornada constitui uma questão sensível e uma prática generalizada de exploração nesses dois ramos de atividade. Nos demais, neste momento, aumentar as horas de serviço não é o mecanismo mais empregado para obter mais resultados. Setores de atividade em que as respostas dos trabalhadores encontram-se acima da média (32,6%) são, pela ordem decrescente: trabalhadores no ramo de telefonia e comunicação (38,8%), emprego doméstico (38,5%), rodoviários (35%), ensino público (34,8%), shopping (34,1%), serviço público local (34%), oficinas mecânicas (34%) e construção civil (34%). A maior parte deles são ramos de atividades capitalistas modernas. Mas a percepção do trabalho longo transborda do setor moderno e apresenta indicações significativas (em torno de um terço de respostas afirmativas) em algumas atividades estatais e em ramos tipicamente tradicionais, como empregados domésticos, trabalhadores em oficinas mecânicas e de reparação, servidores da construção civil e funcionários do transporte rodoviário. Esses quatro são reconhecidamente ramos que exigem longas jornadas de trabalho no Brasil e alguns são mundialmente reconhecidos como trabalhos de longas jornadas, como é o caso do serviço em transportes e comunicações. Existem regulamentações internacionais do trabalho específicas para alguns desses setores, tais como o transporte de carga e o de passageiros. A implementação de tais regulamentações é dificílima, por questões de organização sindical, como no transporte de cargas onde prevalece muito a prestação de serviços. São freqüentes as burlas das regulamentações e das cláusulas.

A noção de transbordamento que explica a difusão dos princípios de trabalho longo e intenso dos setores mais capitalizados para outras categorias de atividade não se aplica a alguns dos ramos mais tradicionais, como o emprego doméstico e em oficinas mecânicas e serviços de reparação. Para esses ramos, os fatores explicativos passam por outras vias. No trabalho doméstico, a interpretação do percentual de respostas de 38,5%, que indicam as exigências de mais horas de trabalho hoje dispensa qualquer argumentação pelo isolamento em que operam os funcionários, pelo vácuo de regulamentação e pela tradição escravista que pesa sobre eles. O trabalho doméstico, na maioria dos países capitalistas desenvolvidos, foi dissolvido pela elevação do custo da mão-de-obra e pela luta pelos direitos laborais. Os trabalhadores de serviços de oficinas mecânicas e de reparação em geral participam de algumas condições semelhantes ao trabalho doméstico: isolamento dos empregados e fraco índice de organização da categoria, fatores que facilitam o alongamento das jornadas. Chegamos assim a dois fatores explicativos do aumento das horas de serviço: um que chamamos de transbordamento e representa o efeito de expansão de novos princípios de organização do trabalho assalariado; o outro é o efeito da ausência de organização dos trabalhadores e falta de regulamentação.

Não se pode diminuir o peso do contexto internacional das políticas econômicas e seu impacto sobre o trabalho. O neoliberalismo que se impõe internacionalmente[5] tem reduzido o espaço para a intervenção do Estado por meio de políticas regulatórias. Nessa mesma direção, a contratação coletiva e a negociação das condições de trabalho também se tornaram mais duras. Perdendo filiação em alguns países avançados, acuados ideologicamente após a derrocada do projeto do socialismo real, com o crescimento econômico das nações em taxas extremamente baixas e confrontados com índices gigantescos de desemprego, o sindicato e os trabalhadores vivem uma luta desigual e não conseguem sequer manter conquistas anteriores envolvendo redução de jornada.

4.2.2 Ritmo e velocidade

Os estudos de tempo e movimento, em que estão incluídas as características de ritmo e velocidade, constituem elementos chaves do taylorismo[6]. O levantamento procurou avaliar em que medida ritmo e velocidade representam mecanismos contemporâneos de elevação da intensidade.

---

[5] Fréderic Vandenberghe, "Trabalhando Marx: O marxismo e o fim da sociedade do trabalho", em Paulo Henrique Martins e Brasilmar Ferreira Nunes (orgs.), *A nova ordem social: perspectivas da solidariedade contemporânea* (Brasília, Paralelo 15, 2004).

[6] Frederick Winslow Taylor, *The Principles of Scientific Management* (Nova York, Norton and Company, 1967).

TABELA 4.6

RITMO E VELOCIDADE DO TRABALHO ATUAL COMPARADO COM ANTERIORMENTE

Maior ritmo e velocidade do trabalho atual	Freqüência Absoluta	Relativa
Sim	472	57,2
Não	316	38,3
Não sabe	37	4,5
TOTAL	825	100,0

Fonte: Amostra, Intensidade, Distrito Federal, 2000-2002.

Os entrevistados respondem à pergunta sobre se o ritmo e a velocidade do trabalho atual são maiores do que anteriormente. Em 57,2% dos casos, a resposta é positiva, em 38,3% é negativa e 4,5% declararam não saber qual a tendência (Tabela 4.6). Uma observação merece ser feita em relação ao número de respostas negativas, 38,3%. Ela não implica diretamente que o ritmo e a velocidade do trabalho seja menor. Implica apenas que ritmo e velocidade hoje não são maiores do que antigamente, se comparados através do tempo. As respostas negativas incluem duas outras possíveis respostas, a saber, 1) que ritmo e velocidade podem ser iguais hoje comparativamente a antes e 2) que eles podem ser menores hoje do que anteriormente.

Ritmo e velocidade são características tradicionalmente acentuadas nos estudos sobre intensificação[7] e resultam de nosso levantamento de campo como mecanismos indiscriminadamente empregados por administradores de negócios modernos, dirigentes de estatais e empregadores tradicionais. Por isso, a distinção dos três grandes agrupamentos de ramos de atividade que fazem parte de nossa amostra não é tão nítida, o grupo que compreende as empresas capitalistas modernas apresenta um índice de resposta de 61,6%; o governamental de 57,7% e o de empresas tradicionais 51,1% (Tabela 4.7). Estatisticamente, para além do erro de 3,5% tolerado na amostra, a diferença é significativa apenas na distinção entre moderno e tradicional. Concluímos que as exigências de velocidade e ritmo estão generalizadas pelo mundo do trabalho, tão seculares são os esforços de administradores e de pesquisadores das ciências de administração de introduzi-los como parte inseparável do trabalho cotidiano.

---

[7] Michel Gollac e Serge Volkoff, "Citius, altius, fortius. L'intensification du travail", *Actes de la Recherche en Sciences Sociales*, Paris, Seuil, n. 114, 1996.

TABELA 4.7

RITMO E VELOCIDADE DO TRABALHO ATUAL EM COMPARAÇÃO COM MOMENTOS ANTERIORES POR AGRUPAMENTOS DE RAMOS DE ATIVIDADE

Agrupamentos dos ramos de atividade	Maior ritmo e velocidade do trabalho atual						TOTAL	
	Sim		Não		Não sabe			
	Abs.	Rel.	Abs.	Rel.	Abs.	Rel.	Abs.	Rel.
Tradicional	117	51,1	104	45,4	8	3,5	229	100,0
Moderno	175	61,6	101	35,6	8	2,8	284	100,0
Governamental	180	57,7	111	35,6	21	6,7	312	100,0
TOTAL	472	57,2	316	38,3	37	4,5	825	100,0

Fonte: Amostra, Intensidade, Distrito Federal, 2000-2002.

A amostra de campo indica que elevar ritmo e velocidade são práticas tanto antigas quanto modernas. Ilude-se aquele que pensar que os meios tradicionais de exploração do trabalho foram eliminados dos negócios contemporâneos. Ao contrário, os mecanismos seculares do fordismo e da revolução industrial acumulam-se e somam-se aos instrumentos mais modernos. Em onze categorias de atividade, as respostas que reconhecem que o ritmo e a velocidade hoje são maiores do que antes atingiram pelo menos 50% dos entrevistados. A proporção mais elevada foi encontrada no ramo de telefonia e comunicações, 93,9%. Em bancos e finanças, 85%, na indústria gráfica, 83,3%, na saúde privada, 76,2%, nos grandes supermercados, 68%, nas oficinas mecânicas, 68%, na saúde pública, 63,3%, entre os servidores públicos do governo do Distrito Federal, 61%, entre os servidores públicos federais, 59,5%, e no transporte rodoviário, 50%.

A análise setorial da Tabela 4.8 inicia com a constatação de que essa foi a pergunta em que pela primeira vez os trabalhadores do ramo bancário e financeiro não aparecem na liderança. Antes deles, estão os trabalhadores de empresas de telefonia e de comunicação com 93,9% de respostas positivas. Esse setor foi privatizado recentemente no Brasil e tal processo acompanhado da intensificação do trabalho[8] mediante a introdução de sistemas de medição

---

[8] Ricardo Antunes, "A era da informatização e a época da informalização: riqueza e miséria do trabalho no Brasil", em *Riqueza e miséria do trabalho no Brasil*, cit., p. 24.

de tarefas executadas e da cobrança de resultados efetivos. A intensificação entre os telefônicos, medida pelo número de registros de atendimentos, não é conseqüência unicamente da privatização, trata-se de um fenômeno presente em outros países do mundo[9]. Aconteceu um processo de centralização dos capitais em escala mundial e os trabalhadores são acuados até os limites do suportável para dar conta das demandas dos clientes e das exigências dos empregadores.

Na ordem decrescente de respostas positivas, aparecem em segundo lugar os trabalhadores do ramo bancário com 85%. Proporções semelhantes a essa estão presentes ainda entre trabalhadores das indústrias gráficas (83,3%) e do ramo médico-hospitalar privado (76,2%). O setor bancário e financeiro apresenta um alto índice de respostas em proporções bastante semelhantes a outros setores de atividades. Em outros termos, as exigências de ritmo e velocidade estão bem mais espalhadas pelo mundo do trabalho do que poderíamos supor. Dentre as formas de intensificação é aquela que apresenta um grau de universalização maior, se assim nos podemos expressar. Arrochar o ritmo e a velocidade do trabalho já conta com longa tradição nas administrações dos locais de trabalho.

Com esse objetivo examinamos os servidores. De todas as questões feitas a eles, essa, que tem a ver com ritmo e velocidade, recebe as maiores proporções de respostas positivas comparativamente aos outros quesitos, mais horas de trabalho, polivalência, flexibilidade e acumulação de atividades sobre os mesmos indivíduos. Dentre os trabalhadores dos serviços médico-hospitalares públicos, 63,3% responderam positivamente, dentre os servidores da administração local do Distrito Federal, 61%, os da administração pública federal, 59,5%, e os do ensino público, 47%. Esses resultados são indicadores de que tal forma de intensificação tem, possivelmente, o maior grau de difusão dentre as estudadas. Recorremos novamente ao argumento do histórico emprego por mais de um século dos meios de aumento da velocidade ou das cadências do trabalho. Há uma prática histórica de imprimir mais velocidade ao trabalho ou cadenciar mais o seu ritmo. Também argumentamos no sentido de que algumas características pesquisadas como polivalência e

---

[9] Juan José Castillo, "Em busca do trabalho perdido", em Ilona Kovacs e Juan José Castillo (orgs.), *Novos modelos de produção: trabalho e pessoas* (Oeiras, Celta, 1998), p. 131-52; Jean-Pierre Durand e Sylvain Girard, "Attribution, perception et négociation de la charge de travail", cit.; Patricia Vendramin, "Les TIC, complices de l'intensification du travail", seminário sobre intensificação do trabalho do Centre d'Études de l'Emploi, Paris, 2002.

acúmulo de funções sofrem restrições ao seu emprego em decorrência de regulações legais, consensuais ou habituais do trabalho, a exemplo do argumento de que assumir várias funções sem aumento de remuneração é vedado por lei ou torna-se objeto de fácil reclamação dos sindicatos aos tribunais. Argumentos semelhantes podem ser feitos em relação aos desvios de funções, quando se trata de polivalência ou flexibilização.

O argumento regulatório decorre em boa medida de uma armadilha maquinada pelo próprio taylorismo. Este reforçou tremendamente a parcelização das tarefas e, conseqüentemente, criou inúmeras novas profissões. Tais serviços tornaram-se base de sustentação de sistemas hierárquicos salariais complexos, o que pendia para uma ainda maior fragmentação em novas distinções ocupacionais e criava marcos regulatórios, pela habitualidade, regularidade e exercício repetitivo, que, freqüentemente, transpareciam nos acordos trabalhistas, quando não eram regulados por medidas legais ou decisões de tribunais. Ora, ao procurar polivalência, flexibilidade e reagrupamento de tarefas, as empresas tiveram de enfrentar o entulho que elas mesmas haviam construído, as vantagens e conquistas negociais que os trabalhadores conseguiram introduzir para aliviar as cargas de trabalho e os ritmos frenéticos. Existem inúmeros outros aspectos que podem ser mencionados como valores para os trabalhadores, como a construção das identidades profissionais, o *status* de determinadas profissões, e que estavam envolvidos com esses aspectos da organização das profissões. Pois bem, a exigência de polivalência, de flexibilidade e de reagrupamento de funções coloca em xeque toda essa estrutura historicamente construída em que as empresas também participaram, urdindo armadilhas para todos.

Examinamos em último lugar as respostas dos trabalhadores do ramo de ensino privado (53,3%) e público (47%). O setor do trabalho em educação apresenta algumas dificuldades notórias à introdução de medidas de aumento de ritmo e velocidade. Primeiramente, em decorrência do próprio conceito do que seja ensino. Mas também porque uma aula, um exercício, um seminário ou uma reunião de grupo de estudo são atividades que oferecem impedimentos sérios à sua subordinação a ritmos e velocidades aleatoriamente planejados. Eles têm uma dinâmica própria, que é a dinâmica da pesquisa e da transmissão dos conhecimentos. Já atividades periféricas ao ato educativo, preparatórias a ele ou dele conseqüentes podem sofrer injunções que envolvam velocidade e ritmo.

TABELA 4.8

RITMO E VELOCIDADE DO TRABALHO EM COMPARAÇÃO
COM TRABALHOS ANTERIORES, POR RAMOS DE ATIVIDADE

Ramo de atividade	Sim Abs.	Sim Rel.	Não Abs.	Não Rel.	Não sabe Abs.	Não sabe Rel.	TOTAL Abs.	TOTAL Rel.
Supermercados	34	68,0	12	24,0	4	8,0	50	100,0
Bancos	34	85,0	6	15,0	0	0,0	40	100,0
Telefonia	46	93,9	3	6,1	0	0,0	49	100,0
Administração pública federal	69	59,5	41	35,3	6	5,2	116	100,0
Administração pública do DF	61	61,0	28	28,0	11	11,0	100	100,0
Alimentação	14	46,7	16	53,3	0	0,0	30	100,0
Oficinas mecânicas	34	68,0	16	32,0	0	0,0	50	100,0
Transporte	10	50,0	10	50,0	0	0,0	20	100,0
Serviço público federal	69	59,5	41	35,3	6	5,2	116	100,0
Construção civil	20	40,0	30	60,0	0	0,0	50	100,0
Emprego doméstico	37	47,4	35	44,9	6	7,7	78	100,0
Ensino público	31	47,0	33	50,0	2	3,0	66	100,0
Ensino privado	8	53,3	6	40,0	1	6,7	15	100,0
Saúde pública	19	63,3	9	30,0	2	6,7	30	100,0
Saúde privada	16	76,2	5	23,8	0	0,0	21	100,0
Limpeza e vigilância	11	37,9	18	62,1	0	0,0	29	100,0
Indústria de bebidas	3	23,1	10	76,9	0	0,0	13	100,0
Serviços pessoais	6	37,5	8	50,0	2	12,5	16	100,0
Shoppings	14	34,1	24	58,5	3	7,3	41	100,0
Serviços especializados	0	0,0	5	100,0	0	0,0	5	100,0
Indústria gráfica	5	83,3	1	16,7	0	0,0	6	100,0
TOTAL	472	57,2	316	38,3	37	4,5	825	100,0

Fonte: Amostra, Intensidade, Distrito Federal, 2000-2002.

4.2.3 Acúmulo de atividades

Outro indicador que passamos a empregar para levantar o processo de intensificação do trabalho é representado pelo acúmulo em uma mesma pessoa de atividades que antes eram exercidas por mais pessoas. O processo interno de redistribuição de tarefas e cargas de trabalho realizados anteriormente por mais pessoas recaindo sobre os ombros de uma mesma pessoa é um indicador inequívoco de intensificação das condições de serviço, por requerer que o trabalhador desempenhe mais tarefas nos mesmos horários de trabalho. Tal mecanismo pode ser implementado em diversas circunstâncias, seja quando o montante global das tarefas aumenta sem o aumento do número de empregados, seja quando o número de empregados foi reduzido por políticas de contenção de gastos, o que aconteceu no ramo bancário e financeiro e no da telefonia e comunicação, seja ainda quando ocorre a saída de pessoal ou por morte ou por aposentadoria e não ocorre sua reposição, como acontece freqüentemente no setor público.

Em nossa amostra (Tabela 4.9), deparamos com um terço de respostas positivas (34,1%) que reconhecem estar havendo um processo de intensificação por meio da concentração de mais atividades sobre os ombros dos mesmos indivíduos. O número é muito próximo do percentual anteriormente indicado para a exigência de mais horas de trabalho, mas isso não indica necessariamente superposição das medidas em uma mesma dimensão. Ao contrário, podem indicar duas formas de intensificação operando no mesmo setor de atividade. Por exemplo, no ramo bancário há alongamento de jornada, mas também ocorre concentração de atividades sobre os ombros dos mesmos trabalhadores. Da mesma forma, no setor de transporte de passageiros, é comum encontrarmos que o motorista exerce também a função de cobrador. Nesses casos, mais horas de trabalho podem estar sendo exigidas do motorista, que agora é também cobrador. Tais argumentos reforçam o sentido de que está em andamento um processo irretorquível de intensificação do trabalho, que se expressa em diferentes formas.

TABELA 4.9

TRABALHADORES SEGUNDO O ACÚMULO DE ATIVIDADES
ANTES EXERCIDAS POR MAIS DE UMA PESSOA

Acúmulo de atividades	Freqüência	
	Absoluta	Relativa
Sim	472	57,2
Não	316	38,3
As mesmas atividades de antes	37	4,5
TOTAL	825	100,0

Fonte: Amostra, Intensidade, Distrito Federal, 2000-2002.

O ramo bancário e financeiro (75% de respostas positivas), a indústria gráfica (66,7%), o serviço público local (52%) e o serviço público federal (50,9%) são os casos que contemplam o critério de pelo menos 50% de respostas positivas (Tabela 4.10). O primeiro apresenta a maior proporção de respostas positivas quanto ao acúmulo de cargas de trabalho entre todos os setores estudados. De cada quatro trabalhadores, três respondem que está em curso um processo de redistribuição das cargas de trabalho, pesando sobre os ombros daqueles que permaneceram nos empregos ou sobre os contratados recentemente sob as novas regras de trabalho. A interpretação não oferece qualquer mistério. Como o ramo bancário demitiu muita gente, apesar de ter introduzido grandes mudanças tecnológicas, tais como os terminais de auto-atendimento – em que os próprios usuários passam a desempenhar gratuitamente funções que antes eram desempenhadas por trabalhadores bancários –, ainda assim permaneceu um grande volume de atividades que eram exercidas anteriormente às demissões. Nitidamente, aconteceu um processo de aumento da carga de trabalho. Uma redistribuição com concentração. É a intensificação por acumulação de tarefas.

O Distrito Federal é uma unidade da federação brasileira que tem um setor industrial bastante restrito. Mesmo assim, os três ramos fabris incluídos na amostra expressam que o acúmulo de tarefas começa a se fazer sentir também no Distrito Federal. Os trabalhadores do ramo da indústria gráfica com 66,7% de respostas afirmativas, da indústria de bebidas com 38,5% e da construção civil com 24% indicam a proporção em que está sendo sentido o processo de intensificação. Não são os valores mais altos da amostra, mas também não são irrelevantes.

Os estudos de sociologia do trabalho e neles as pesquisas sobre uso do tempo sempre se referenciam ao setor industrial como protótipo do processo de intensificação. Na amostra, o ramo bancário é de longe o mais intensificado. É a ponta do processo. É sua vanguarda. O ramo financeiro e bancário é hegemônico na economia mundial. É significativo estudar a intensificação nesses ramos não-industriais. Eles podem indicar que os estudos tradicionais de sociologia do trabalho estão deixando de analisar coisas importantes que acontecem fora do terreno industrial. No ramo bancário, o serviço é essencialmente trabalho de conhecimento, menos materializável. Daí oferecer dificuldades sérias para seu estudo. Nossa pesquisa revela a grande profundidade do processo de intensificação por acúmulo de tarefas no ramo bancário e financeiro. Talvez seja chegada a hora de a sociologia dirigir seu foco de atenção também para o trabalho nos setores de serviços.

Os servidores públicos, tanto do Governo do Distrito Federal (52%), quanto do serviço público federal (50,9%), respondem que a intensificação por acumulação de tarefas adentrou as portas das organizações do Estado. Para interpretar esses números elevados – de cada dois funcionários, pelo menos, um diz ter sentido um aumento de concentração de trabalho – é importante levar

TABELA 4.10
ACUMULAÇÃO DE ATIVIDADES SOBRE A MESMA PESSOA
NO TRABALHO ATUAL, SEGUNDO RAMOS DE ATIVIDADE

Ramo de atividade	Sim Abs.	Sim Rel.	Não Abs.	Não Rel.	As mesmas atividades de antes Abs.	As mesmas atividades de antes Rel.	TOTAL Abs.	TOTAL Rel.
Supermercados	22	44,0	22	44,0	6	12,0	50	100,0
Bancos	30	75,0	6	15,0	4	10,0	40	100,0
Telefonia	17	34,7	25	51,0	7	14,3	49	100,0
Administração pública federal	59	50,9	43	37,1	14	12,1	116	100,0
Administração pública do DF	52	52,0	34	34,0	14	14,0	100	100,0
Alimentação	0	0,0	30	100,0	0	0,0	30	100,0
Oficinas mecânicas	11	22,0	36	72,0	3	6,0	50	100,0
Transporte	1	5,0	19	95,0	0	0,0	20	100,0
Construção civil	12	24,0	24	48,0	14	28,0	50	100,0
Emprego doméstico	17	21,8	48	61,5	13	16,7	78	100,0
Ensino público	11	16,7	51	77,3	4	6,1	66	100,0
Ensino privado	4	26,7	10	66,7	1	6,7	15	100,0
Saúde pública	7	23,3	21	70,0	2	6,7	30	100,0
Saúde privada	5	23,8	13	61,9	3	14,3	21	100,0
Serviços de limpeza e vigilância	3	10,3	23	79,3	3	10,3	29	100,0
Indústria de bebidas	5	38,5	3	23,1	5	38,5	13	100,0
Serviços pessoais	4	25,0	5	31,3	7	43,8	16	100,0
Shoppings	15	36,6	23	56,1	3	7,3	41	100,0
Serviços especializados	2	40,0	1	20,0	2	40,0	5	100,0
Indústria gráfica	4	66,7	2	33,3	0	0,0	6	100,0
TOTAL	281	34,1	439	53,2	105	12,7	825	100,0

Fonte: Amostra, Intensidade, Distrito Federal, 2000-2002.

em conta que, durante os anos 1990, aconteceu uma tentativa de ampla reforma do aparato do Estado. Procurava-se construir o Estado Gerencial, aumentando a eficiência e reduzindo os gastos, especialmente com pessoal[10]. O núcleo estratégico seria constituído pelas atividades típicas do Estado. Um outro círculo seria formado pelas atividades em que o Estado também participaria, mas não exclusivamente, e em que o cidadão seria cliente. E as atividades típicas de mercado que deveriam ser privatizadas. Tal proposta de reforma implicou várias conseqüências, das quais importa destacar a não-reposição de quadros quando de processos de aposentadoria e o não-aumento de contratações quando da expansão de serviços. Tal movimento de controle da expansão dos quadros do Estado impôs na sobrecarga de trabalho sobre os ombros daqueles servidores públicos que permaneceram em seus postos. Em outras palavras, gerou um processo de intensificação.

Outros setores de atividade moderna em que o processo de intensificação do trabalho por acumulação de tarefas sobre os ombros dos mesmos indivíduos trabalhadores são representados pelos funcionários das redes de abastecimento urbano (44%), de serviços especializados (40%), empregados de comércio em shoppings (36,6%), trabalhadores em empresas de telefonia (34,7%) e funcionários de setores de ensino privado (26,7%). São atividades capitalistas reconhecidas como modernas, das quais se esperavam manifestações de intensificação. E são também de serviço. Tais atividades representam o ponto mais importante de nossa amostra. Um dos achados mais relevantes que estamos relatando refere-se à identificação de um nítido processo de intensificação nas atividades de serviço.

4.2.4 Polivalência, versatilidade e flexibilidade

Em franca oposição ao taylorismo e ao fordismo, que se firmavam sobre a marca da rigidez da especialização no sentido de elevar ao limite máximo a capacidade humana de executar um tipo de atividade apenas, o que podemos chamar de monoatividade, a gestão do trabalho representada pelo toyotismo introduziu a prática da polivalência na fábrica, onde ela se enraizou e donde se espalhou por todos os ramos de atividade econômica. Na concepção original fabril, polivalência significa que um operário toma conta de diversas

---

[10] Luiz Carlos Bresser-Pereira, *Reforma do Estado para a cidadania* (São Paulo, Editora 34, 1998); Hélio Eduardo da Silva, *A reforma do Estado no governo Fernando Henrique Cardoso (1995-2002)*, tese de doutorado não publicada, Universidade de Brasília, 2003.

máquinas. Mais tarde, o trabalhador passa a cuidar de várias máquinas cada uma das quais executando distintas operações[11]. O envolvimento do operário com o trabalho passa a ser polivalente no sentido de atuar em diversas frentes ao mesmo tempo. Em segundo lugar, há uma ocupação superior da jornada, já que o trabalhador é levado a operar em diversas frentes ao mesmo tempo, o que conduz a uma certeza de plena ocupação em trabalho produtivo. Polivalência, portanto, não significa apenas aquilo que na aparência insinua como capacidade de realizar diversos trabalhos. Acima disso, polivalência é a capacidade de realizar diversos serviços ao mesmo tempo, o que significa essencialmente realizar mais trabalho dentro da mesma duração da jornada. É, pois, produzir mais trabalho e mais valor no mesmo período de tempo. É intensificação do trabalho.

A gênese da polivalência aconteceu no mundo da fábrica. Desta, migrou para as atividades de serviços e daí passou a transformar, como uma onda, todo o mundo do trabalho. Decidimos, então, avaliar em nosso levantamento de campo junto a assalariados dos diversos ramos de atividade como a polivalência se manifestava em seus locais de trabalho. Para isso, enfrentamos um problema delicado representado pelo fato de que o termo polivalência e seus adjetivos serem sofisticados e não ocuparem o dia-a-dia do vocabulário dos assalariados, particularmente daqueles que exerciam tarefas mais simples. Optamos por adicionar ao termo polivalência um conjunto de termos ou expressões que, embora não fossem exatamente sinônimos, pudessem indicar com maior clareza ao entrevistado a dimensão do trabalho que queríamos captar. Acrescentamos ao vocábulo polivalência, os termos versatilidade, flexibilidade e a expressão "ser um faz-de-tudo" de amplo entendimento no mundo dos trabalhadores.

As respostas são muito significativas. De cada dois trabalhadores entrevistados, um respondeu que as empresas ou os dirigentes do Estado exigem deles polivalência, versatilidade e flexibilidade (50,5%) de forma sistemática (Tabela 4.11). Um número de trabalhadores identifica tais exigências esporadicamente, o que permite somar ao número anterior mais 18,8%, perfazendo um total de respostas positivas de 69,3%. Em nenhuma questão as respostas positivas foram tão elevadas para o conjunto da amostra quanto nessa. Essa pergunta é muito relevante por inquirir sobre novas formas de organização do trabalho, sobre novos atributos que são requeridos dos

---

[11] Taiichi Ohno e Setsuo Mito, *Présent et avenir du toyotisme* (Paris, Masson, 1993); Taiichi Ohno, *L'esprit Toyota* (Paris, Masson, 1989).

TABELA 4.11

EXIGÊNCIA DE POLIVALÊNCIA, VERSATILIDADDE E FLEXIBILIDADE

Exigência por parte das empresas	Freqüência Absoluta	Freqüência Relativa
Sim	417	50,5
Não	253	30,7
Às vezes	155	18,8
TOTAL	825	100,0

Fonte: Amostra, Intensidade, Distrito Federal, 2000-2002.

trabalhadores. Conseqüentemente, a proporção das respostas é significativa por apontar que tais exigências são percebidas por uma maioria inconteste de trabalhadores e servidores públicos.

De forma sistemática, o conjunto de ramos de atividades compreendidos como capitalistas modernos (Tabela 4.12) exige os atributos da polivalência, versatilidade e flexibilidade em 60,2%. Em uma proporção um pouco menor, 47,1%, as atividades de Estado também demandam aquelas qualidades de forma sistemática, o que é um fato significativo, porque indica que contrariamente ao que é sentido popularmente, os trabalhadores do Estado sentem uma pressão grande para a apresentação desses atributos. A cobrança do Estado sobre os seus trabalhadores não é pequena, nem menor do que no conjunto dos setores capitalistas modernos. Somando-se as duas colunas, a forma sistemática (47,1%), mais a forma assistemática (28,5%), os trabalhadores do Estado expressam agudamente o fato de que devem exibir polivalência, versatilidade

TABELA 4.12

EXIGÊNCIA DE POLIVALÊNCIA, VERSATILIDADE, FLEXIBILIDADE DOS TRABALHADORES, SEGUNDO AGRUPAMENTOS DOS RAMOS DE ATIVIDADE

Ramo de atividade	Sim Abs.	Sim Rel.	Não Abs.	Não Rel.	Às vezes Abs.	Às vezes Rel.	TOTAL Abs.	TOTAL Rel.
Tradicional	99	43,2	88	38,4	42	18,3	229	100,0
Moderno	171	60,2	89	31,3	24	8,5	284	100,0
Governamental	147	47,1	76	24,4	89	28,5	312	100,0
TOTAL	417	50,5	253	30,7	155	18,8	825	100,0

Fonte: Amostra, Intensidade, Distrito Federal, 2000-2002.

e flexibilidade em 75,6% das respostas. E como seria de esperar o grupo de setores de atividade em que aparecem menos tais exigências é representado pelos trabalhadores assalariados que operam em atividades tradicionais, 43,2% das respostas.

A adoção de polivalência, versatilidade e flexibilidade começa a fornecer a verdadeira feição do processo de intensificação do trabalho no Distrito Federal, hoje. Em primeiro lugar, a exigência está bastante difundida. Em nove ramos de atividade sobre vinte, há sinais indiscutíveis dessas modalidades. No setor bancário e financeiro, praticamente a totalidade dos assalariados (97,5% das respostas) indicaram que as empresas exigem tais competências dos trabalhadores (Tabela 4.13). No ramo de grandes supermercados são 86%; na indústria gráfica, 83,3%; na indústria de bebidas, 76,9%; na educação privada, 66,7%; nos shopping centers, 65,9%; na saúde pública, 60%; e entre os funcionários públicos do governo do Distrito Federal, 50%. Até no emprego doméstico, que salvo exceções não se trata de serviço em empresas capitalistas, faz-se sentir o efeito das exigências de polivalência, versatilidade e flexibilidade (59%). Em segundo lugar, as proporções dos assalariados que se defrontam com tais exigências são muito elevadas. Em quatro ramos de atividade, bancos, grandes supermercados, indústria gráfica e indústria de bebidas, de cada quatro trabalhadores entrevistados, três disseram que são cobrados por essas características. É muito difícil que tais proporções possam ser explicadas por outras razões que pelas exigências patronais.

Ninguém poderia esperar uma unanimidade maior de respostas do que a apreciação feita pelos trabalhadores do ramo bancário. 97,5% deles dão conta de que a empresa exige sistematicamente polivalência, versatilidade e flexibilidade no trabalho e mais 2,5% dizem que tais exigências acontecem esporadicamente ("às vezes"). A soma das duas parcelas atinge a 100% dos casos[j]. Não se poderia esperar unanimidade maior.

A prática do ramo bancário e financeiro é uma prática total. Por isso, ele é o protótipo da intensificação do trabalho no Brasil e, talvez possamos assim avaliar, no mundo. Como hegemônico, esse setor obteve pelo seu poder um grau de autonomia de circulação no mercado mundial superior a qualquer outra mercadoria. Tal força possibilitou à categoria de bancos e finanças sobrepor-se aos poderes dos Estados[12], a tal ponto que os controles nacionais são ineficientes para afastar crises engendradas pela moeda e pelo capital

---

[12] François Chesnais, *A mundialização financeira: gênese, custos e riscos* (São Paulo, Xamã, 1998); Paul Singer, *A globalização financeira* (São Paulo, Contexto, 2002).

flutuante. Não seria de admirar, pois, que um setor assim tão poderoso também produzisse as mudanças mais drásticas no plano da intensidade, a despeito do enorme poder de organização sindical de seus trabalhadores. Funcionários de supermercados respondem em grande maioria (86%) que as exigências de polivalência, versatilidade e flexibilidade são parte da vida cotidiana do setor. O ramo de abastecimento urbano cresceu de forma expo-

TABELA 4.13

EXIGÊNCIA DE POLIVALÊNCIA, VERSATILIDADE, FLEXIBILIDADE DOS TRABALHADORES, SEGUNDO RAMOS DE ATIVIDADE

Ramo de atividade	Sim Abs.	Sim Rel.	Não Abs.	Não Rel.	Às vezes Abs.	Às vezes Rel.	TOTAL Abs.	TOTAL Rel.
Supermercados	43	86,0	6	12,0	1	2,0	50	100,0
Bancos	39	97,5	0	0,0	1	2,5	40	100,0
Telefonia	23	46,9	18	36,7	8	16,3	49	100,0
Administração pública do DF	50	50,0	14	14,0	36	36,0	100	100,0
Administração pública federal	56	48,3	22	19,0	38	32,8	116	100,0
Alimentação	16	53,3	10	33,3	4	13,3	30	100,0
Oficinas mecânicas	14	28,0	27	54,0	9	18,0	50	100,0
Transporte	4	20,0	15	75,0	1	5,0	20	100,0
Construção civil	11	22,0	38	76,0	1	2,0	50	100,0
Emprego doméstico	46	59,0	13	16,7	19	24,4	78	100,0
Ensino público	23	34,8	33	50,0	10	15,2	66	100,0
Ensino privado	10	66,7	3	20,0	2	13,4	15	100,0
Saúde pública	18	60,0	7	23,3	5	16,7	30	100,0
Saúde privada	6	28,6	10	47,6	5	23,8	21	100,0
Limpeza e vigilância	6	20,7	19	65,5	4	13,8	29	100,0
Indústria de bebidas	10	76,9	0	0,0	3	23,1	13	100,0
Serviços pessoais	8	50,0	3	18,8	5	31,3	16	100,0
Shoppings	27	65,9	14	34,1	0	0,0	41	100,0
Serviços especializados	2	40,0	0	0,0	3	60,0	5	100,0
Indústria gráfica	5	83,3	1	16,7	0	0,0	6	100,0
TOTAL	417	50,5	253	30,7	155	18,8	825	100,0

Fonte: Amostra, Intensidade, Distrito Federal, 2000-2002.

nencial nos últimos trinta anos do século XX, no Brasil. O Estado também foi responsável pela estruturação do setor com a criação de redes de abastecimento, a exemplo da Companhia Brasileira de Alimentos, que operava supermercados em todas as cidades médias e grandes do país. A partir dos anos 1990, as empresas estatais foram privatizadas e o abastecimento urbano organizado completamente sob a forma de mercado de empresas capitalistas que competem entre si. O setor agigantou-se e ainda ao final dos anos 1990 começou um processo de concentração de capitais em um número muito menor de grandes redes que operam em espaço regional, nacional e até internacional. Esses conglomerados compraram também os pequenos mercados de abastecimento de vizinhança, reduzindo drasticamente o número de competidores. Essa tendência para a concentração vertical do capital deverá continuar, ao que tudo indica, nos próximos anos, a despeito de o número de unidades competidoras já estar bastante reduzido.

Frente a tão vertiginoso crescimento do setor, a organização sindical dos trabalhadores jamais conseguiu ser tão vigorosa como nos ramos metal-mecânico ou bancário. Historicamente, um baixo grau de organização sindical é compreensível na categoria de abastecimento urbano pelo isolamento dos trabalhadores em um grande número de distintas unidades de serviços, pertencentes a inúmeros e distintos proprietários, implicando fragmentação da força de trabalho. Mas a fragmentação continua a despeito de as unidades e os proprietários distintos terem sido eliminados, em grande medida, pela verticalização do capital no setor. Estruturalmente, hoje, o ramo de abastecimento urbano está mais favorável ao desenvolvimento de um movimento sindical forte, pelo fato de que as redes diminuíram de número e os estabelecimentos cresceram de tamanho. Operou-se, em decorrência, uma concentração da força de trabalho que, se devidamente trabalhada e reconhecida, pode dar margem ao surgimento de um movimento sindical forte. Por essa razão é que os grandes supermercados e redes de distribuição tomam medidas extremamente enérgicas para prevenir a sindicalização e a eclosão de qualquer movimento reivindicatório ou paredista. Os mecanismos de controle envolvem medidas abusivas, tais como a não-contratação de trabalhadores que sejam filiados a sindicatos ou a demissão, se o trabalhador se sindicalizar.

Seja porque verticalizou-se dramaticamente, seja porque a organização sindical interna é relativamente frágil, o ramo de abastecimento urbano passou por um processo de reestruturação empresarial importantíssimo que cultivou especialmente a polivalência como instrumento de elevação da produtividade. O conceito de polivalência foi empregado de tal modo que se sobrepôs ao conceito pelo qual era chamado o profissional específico de um campo de trabalho no grande comércio de abastecimento. Em um bom número de supermercados, a contratação de trabalhadores deixou de ser feita mediante os termos usuais de caixa, padeiro, açougueiro ou auxiliar de reposição que designavam os profissionais de determinado campo de trabalho para se transformar na contratação de "operador de supermercado". Essa é uma designação genérica, com amplíssimo leque de aplicação no mundo do trabalho. Na verdade, ocorrem simultaneamente dois efeitos. O primeiro é a criação de uma nova categoria profissional que, pelo seu conteúdo, tem a capacidade de dissolver várias outras. Não existem mais caixas, repositores de estoques, marcadores de preços etc., mas sim operadores de supermercados que, exercem, de forma polivalente, todas essas funções, conforme necessário. O segundo efeito se manifesta no salário, na carreira e nas hierarquias profissionais. A introdução do operador de supermercado acaba com categorias salariais diferenciadas e conduz à implementação de outros critérios de diferenciação salarial.

As respostas do ramo de abastecimento urbano no tocante ao emprego da polivalência, da versatilidade e da flexibilidade como métodos de intensificação nos permitem um argumento teórico adicional. As formas de intensificação não são uniformes em todos os setores do trabalho. Algumas são adotadas por um, outras por outro. As razões de tais diferenças não são simples. É preciso considerar o grau de resistência oferecido pelos trabalhadores, por exemplo. Assim como é necessário levar em conta o poder do capital nos setores relativamente à organização da força de trabalho. O único ramo nos quais os trabalhadores refletem a adoção de todas as medidas até agora pesquisadas é o ramo bancário, por razões que parece desnecessário frisar.

Em nosso estudo, o setor industrial aparece em uma condição díspar. De uma parte, os trabalhadores das indústrias gráficas (83,3%) e de bebidas (76,9%) respondem de forma inequívoca à pergunta sobre as exigências de polivalência, versatilidade e flexibilidade no trabalho; de outra, os trabalhadores da indústria da construção civil (22%) e os funcionários de oficinas mecânicas e de reparação (28%) não percebem uma forma sistemática de introdução dessas características modernas do trabalho.

A interpretação desses dados, a qual mostra uma absorção diferencial das formas de intensificação no setor industrial, não passa necessariamente só pela organização dos trabalhadores, pois os empregados das indústrias gráficas exibem desde longe uma forte organização sindical em Brasília e ainda assim expressam a avaliação de que as exigências de polivalência, versatilidade e flexibilidade são uma componente do seu trabalho. Em outras palavras, a intensificação chegou também a esse setor, a despeito da resistência sindical.

A indústria de bebida é um ramo em que o capital é tão altamente concentrado verticalmente que exclui a competição. Uma das formas de aumentar ainda mais a eficiência do trabalho consiste em arvorar o discurso e a prática da polivalência, versatilidade e flexibilidade.

A indústria da construção civil exibe um valor muito pequeno desses indicadores de intensificação (22%), podendo indicar que algumas condições estruturais inviabilizam sua adoção circunstancialmente ou até indefinidamente. Um estudo realizado em uma das empresas pioneiras no ramo da construção habitacional e que estava em pleno processo de reorganização do trabalho, em Brasília, mostrou que toda estratégia da companhia estava voltada para a identificação do trabalhador com a firma, para a adoção de medidas de redução de gastos e de perdas, para a redução de acidentes do trabalho e desgastes à saúde do trabalhador, para o desenvolvimento de uma solidariedade entre os trabalhadores e para a obtenção dos rudimentos de educação básica ou continuidade educacional, todos esses elementos vinculados ao projeto conhecido como qualidade total no trabalho[13]. Esse exemplo está a indicar que as funções de polivalência, versatilidade e flexibilidade são mais difíceis de ser aplicadas, no atual estágio, na indústria da construção civil no Distrito Federal do que em outros setores. Não deixa de ser importante assinalar que a indústria da construção civil sofreu um processo longo de estagnação tecnológica durante os anos 1980 e 1990, no Brasil.

O ramo das oficinas mecânicas consiste de uma grande fragmentação de pequenos negócios com muitos e diferentes proprietários de capital e outros negócios que são simplesmente atividades realizadas pelas famílias dos proprietários com um ou poucos trabalhadores. Conseqüentemente, é um ramo que não dispõe de densidade tecnológica nem de capital para introduzir as exigências de polivalência, versatilidade e flexibilidade. Daí o baixo índice de respostas positivas à pergunta (28%). Distintamente, são as grandes oficinas mecânicas das concessionárias de automotores, onde possivelmente tais práticas já começam a ser implantadas. Mas a presença dessas empresas em nossa amostra é irrelevante.

---

[13] Urânia da Cruz Filha, *Mudanças técnicas e organizacionais em uma empresa de grande porte da indústria da construção civil do Distrito Federal: impactos no emprego, na cidadania e na educação do trabalhador*, dissertação de mestrado não publicada, Faculdade de Educação da Universidade de Brasília, 2003.

As atividades de Estado foram reformadas sob o governo Fernando Henrique Cardoso (1995-2002) e continua a campanha pela aplicação da estratégia de gestão gerencial aos serviços públicos. O Estado mantém em curso diversas ações entre as quais estão aquelas voltadas para o campo ideológico de adoção da terminologia e, quiçá junto com ela, das práticas gerenciais nas estruturas públicas. Os resultados estão presentes na avaliação dos servidores federais na proporção de 48,3%, percentagem que, somada à coluna da adoção assistemática dos valores da polivalência, versatilidade e flexibilidade, eleva a proporção para 81,1%. Entre servidores públicos do Governo do Distrito Federal, estes são: adoção sistemática, 50%, que, acrescida da adoção assistemática, chega a 86% das respostas. Valores muito próximos a esses são encontrados quando analisamos a categoria dos trabalhadores no ramo médico-hospitalar público, 76,7%. E valores mais baixos são encontrados nas respostas dos funcionários de educação, a saber, 50%, somando-se as colunas da exigência sistemática e esporádica dos princípios de polivalência, versatilidade e flexibilidade. Tais valores das respostas permitem concluir que as campanhas governamentais ou institucionais de adoção dos princípios da polivalência, versatilidade e flexibilidade estão fazendo terreno no setor público, com algum grau de dificuldade, mas é de reconhecimento geral que o Estado se propõe a essas metas. Para o leitor que não é de Brasília, acrescentamos que o setor de trabalho público no Distrito Federal conta com uma das organizações mais bem estruturadas do movimento sindical nacional e mais bem alavancadas economicamente pela prática da contribuição voluntária mensal dos sócios.

A proporção das respostas dos trabalhadores domésticos aparentemente assusta: 59% de exigência sistemática e 83,4% quando somadas as obrigações sistemáticas e eventuais. Teriam os valores do moderno capitalismo adentrado os lares do trabalho doméstico? Vemos de forma diferente. O serviço doméstico sempre incorporou as exigências de polivalência, versatilidade e flexibilidade no corpo da mais humilde das empregadas. Não se trata, portanto, de um reflexo da adoção dos valores das grandes empresas capitalistas, mas da tradicional exigência de que o funcionário doméstico exerça todas as funções requeridas pelo empregador. A empregada doméstica dorme no serviço, faz limpeza pela manhã, lava roupas antes do almoço, prepara a comida, serve, lava os pratos, cuida das crianças pequenas, passa roupa até o final da tarde e, ainda pela noite e nos fins de semana, atende quaisquer necessidades emergenciais e extraordinárias que aparecerem. O mundo do trabalho doméstico já era polivalente, versátil e flexível antes que a grande empresa tivesse descoberto tais virtudes de intensificação.

As respostas dos trabalhadores comerciários que atuam em alimentação e em shoppings apresentam valores intermediários nas respostas. As empresas desses setores estão fragmentadas em pequenos capitais e em pequenas unidades de comércio, nas quais as práticas de racionalização do trabalho não necessariamente penetraram. A exceção é feita pelas grandes cadeias nacionais e internacionais que os adotam com toda a devoção, a exemplo dos trabalhadores do McDonald's, Bob's e outras. A concentração vertical de capital nos ramos, entretanto, não se equipara à verticalização do ramo de abastecimento urbano, cujos valores são extremamente elevados. Em último lugar, acrescentamos que a organização dos trabalhadores nesses ramos de negócios não é das mais expressivas no contexto local e nacional.

4.2.5 Gestão por resultados

Cobrar resultados é expressão corrente na administração das empresas e dos serviços públicos. Mais resultados é uma expressão geral que indica tanto produtos físicos, quanto outros tipos de retornos imateriais. Por exemplo, resultados no campo emocional não são captáveis se aplicássemos o conceito de produtos. Um exemplo esclarecedor pode ser depreendido do campo educacional. A satisfação dos estudantes não é um produto, mas resultado de um processo educativo que se preocupa com o desenvolvimento pessoal e coletivo dos alunos. Outro exemplo do campo da pesquisa. Estas podem conduzir a resultados que terminam se caracterizando em expressões materiais e físicas, mas também resultados no campo propriamente teórico. Na análise deste estudo empregamos a expressão cobrança de resultados, que é mais abrangente, em lugar de cobrança de produtos, cujas raízes vinculam-se mais propriamente ao campo dos produtos materiais e tangíveis. Justifica-se tal decisão por outro motivo. Nossa amostra é constituída, em sua grande maioria, de trabalhadores que operam em esferas de serviços governamentais e privados, que são as atividades econômicas dominantes no Distrito Federal. Serviços expressam-se em resultados e não em produtos. Exemplos retirados do trabalho educacional ou da saúde são expressivos por si só. Produtos cabem mais para os setores primário e secundário da economia. Resultados, para o setor terciário.

A cobrança de resultados pode ser entendida como forma de intensificação num sentido mais subjetivo. Cobrar resultados impõe uma pressão interior ou exterior sobre o trabalhador. Aparece assim igualmente como meio ou forma de intensificação e não apenas como fim ou objetivo almejado.

O conjunto dos trabalhadores entrevistados expressa uma avaliação predominante de que há cobrança de resultados generalizadamente (56,8%) no trabalho no Distrito Federal (Tabela 4.14). A resposta não destoa de perguntas anteriores. Confirma a tendência em curso de um processo de intensificação.

TABELA 4.14
COBRANÇA DE RESULTADOS DOS TRABALHADORES POR PARTE DAS EMPRESAS COMPARANDO TRABALHO ATUAL COM TRABALHOS ANTERIORES

Cobrança de resultados	Freqüência Absoluta	Freqüência Relativa
Sim	469	56,8
Não	355	43,1
Às vezes	1	0,1
TOTAL	825	100,0

Fonte: Amostra, Intensidade, Distrito Federal, 2000-2002.

A agregação dos ramos de atividade em grandes grupos – capitalista moderno, governamental e capitalista tradicional – mantém os achados já descritos em outros quesitos mantendo a idéia de que o processo de intensificação é introduzido pelos agentes capitalistas mais modernos (70,1%), vinculados aos mercados de âmbito nacional e internacional, daí espalhando-se pelas atividades governamentais (54,5%) e pelas atividades capitalistas dos ramos mais tradicionais (43,7%) (Tabela 4.15), formando um processo em efetivo curso, mas com ritmos, velocidades e especificidades setoriais com relação a formas e fins que não podem ser desconsiderados.

TABELA 4.15
COBRANÇA DE RESULTADOS POR PARTE DAS EMPRESAS AO COMPARAR O TRABALHO ATUAL COM TRABALHOS ANTERIORES, SEGUNDO AGRUPAMENTOS DE RAMOS DE ATIVIDADE

Ramos de atividade	Sim Abs.	Sim Rel.	Não Abs.	Não Rel.	Às vezes Abs.	Às vezes Rel.	TOTAL Abs.	TOTAL Rel.
Tradicional	100	43,7	129	56,3	0	0,0	229	100,0
Moderno	199	70,1	85	29,9	0	0,0	284	100,0
Governamental	170	54,5	141	45,2	1	0,3	312	100,0
TOTAL	469	56,8	355	43,0	1	0,1	825	100,0

Fonte: Amostra, Intensidade, Distrito Federal, 2000-2002.

A análise setorial das respostas dos trabalhadores em si não apresenta resultados totalmente inesperados ou completamente distintos daqueles descritos em parágrafos anteriores a respeito das formas de intensificação. No quesito cobrança de resultados, os trabalhadores do ramo bancário e os de telefonia apresentam as proporções de respostas positivas mais elevadas, 97,5% e 93,9%, respectivamente (Tabela 4.16). Praticamente para a totalidade dos empregados não resta dúvida de que a cobrança de resultados hoje é maior do que antes. Na cabeça dos trabalhadores, o grau de exigência de resultados impõe-se como uma espada de Dâmocles. Bancos, finanças e telefonia são categorias de atividades incorporadas ao mercado mundial, donde procedem as forças que pressionam por mais resultados. A cobrança desses setores sobre os trabalhadores é tão grande que nem sua imponente estrutura e organização sindical conseguem deter o processo de intensificação em curso. O ramo bancário passou, a partir dos anos 1990, por uma reestruturação com demissão massiva de funcionários. Quem consegue enfrentar demissões? O ramo de telefonia passou na segunda parte dos mesmos anos 1990 de controle estatal para controle privado, em mãos de grupos majoritariamente internacionais. São dois fatores circunstanciais importantíssimos para a interpretação dos resultados encontrados.

Outros ramos de trabalho, que fazem parte do conjunto por nós denominados de atividades capitalistas modernas, apresentam proporções de respostas positivas variando entre 50 e 70%, caracterizando um processo de intensificação em larga difusão. As respostas afirmativas dos trabalhadores das redes de supermercados, por exemplo, é de 78%; dos funcionários do ramo médico-hospitalar privado, 71,4%; dos empregados em serviços especializados, como é o caso de televisões, rádios e outros serviços que lhes dão apoio, 60%; e servidores do ensino privado respondem afirmativamente em 53,3% dos casos.

Serviços pessoais são um ramo de trabalho que não aparecia em nenhum dos quesitos anteriores com qualquer grau de destaque considerando-se as respostas às perguntas formuladas sobre formas de intensificação. Mas, quando a pergunta se refere a resultados, a proporção das respostas afirmativas nessa categoria sobe para 62,5%, ou seja, bem mais do que metade dos trabalhadores desses setores sente o aguilhão das cobranças de resultados. É uma atividade tradicional, nem assim consegue escapar ao processo de intensificação. Esse exemplo serve para demonstrar como as especificidades setoriais devem ser levadas em consideração na análise da intensificação. Se as respostas dos empregados quanto às formas da intensificação eram baixas,

134 *Mais trabalho!*

TABELA 4.16

COBRANÇA DE RESULTADOS POR PARTE DAS EMPRESAS AO COMPARAR O TRABALHO ATUAL COM TRABALHOS ANTERIORES, SEGUNDO RAMOS DE ATIVIDADE

Ramo de atividade	Sim Abs.	Sim Rel.	Não Abs.	Não Rel.	Às vezes Abs.	Às vezes Rel.	TOTAL Abs.	TOTAL Rel.
Supermercados	39	78,0	11	22,0	0	0,0	50	100,0
Bancos	39	97,5	1	2,5	0	0,0	40	100,0
Telefonia	46	93,9	3	6,1	0	0,0	49	100,0
Administração pública do DF	64	64,0	35	35,0	1	1,0	100	100,0
Administração pública federal	72	62,1	44	37,9	0	0,0	116	100,0
Alimentação	10	33,3	20	66,7	0	0,0	30	100,0
Oficinas mecânicas	21	42,0	29	58,0	0	0,0	50	100,0
Transporte	12	60,0	8	40,0	0	0,0	20	100,0
Construção civil	22	44,0	28	56,0	0	0,0	50	100,0
Emprego doméstico	30	38,5	48	61,5	0	0,0	78	100,0
Ensino público	27	40,9	39	59,1	0	0,0	66	100,0
Ensino privado	8	53,3	7	46,7	0	0,0	15	100,0
Médico público	7	23,3	23	76,7	0	0,0	30	100,0
Médico privado	15	71,4	6	28,6	0	0,0	21	100,0
Limpeza e vigilância	12	41,4	17	58,6	0	0,0	29	100,0
Indústria de bebidas	11	84,6	2	15,4	0	0,0	13	100,0
Serviços pessoais	10	62,5	6	37,5	0	0,0	16	100,0
Shoppings	16	39,0	25	61,0	0	0,0	41	100,0
Serviços especializados	3	60,0	2	40,0	0	0,0	5	100,0
Indústria gráfica	5	83,3	1	16,7	0	0,0	6	100,0
TOTAL	469	56,8	355	43,0	1	0,1	825	100,0

Fonte: Amostra, Intensidade, Distrito Federal, 2000-2002.

quanto à cobrança de resultados como meio de intensificar o trabalho revelaram-se bem acima da média.

A cobrança de resultados invade o setor industrial, conforme resultados tradicionalmente encontrados pelos estudos de sociologia do trabalho. Indústria gráfica com 83,3% de respostas afirmativas e indústria de bebidas com 84,6%. Encontramos um grau de respostas positivas extremamente elevado na primeira. Indústrias de bebidas situam-se no grupo das atividades capitalistas modernas e as respostas positivas coincidem com o esperado. Já o ramo da indústria da construção civil, no Distrito Federal, apresenta percentagens de respostas afirmativas baixas, 44%, o que indica uma avaliação dos trabalhadores de que a cobrança de resultados não seja uma forma muito empregada no momento da pesquisa nesse ramo de atividades.

Ao analisarmos as respostas dos ramos governamentais, encontramos uma disparidade bastante acentuada. Servidores públicos da administração local do Distrito Federal (64%) e servidores públicos federais (62,1%) diferem em suas respostas positivas profundamente de ensino público (40,9%) e particularmente dos trabalhadores no ramo médico-hospitalar público (23,3%). Não é uniforme o processo de intensificação dentro do setor público, como se poderia esperar de antemão. Ele se faz significativamente presente na administração pública direta, mas de forma bem mais atenuada nas autarquias e fundações. A administração pública direta foi alvo da reforma administrativa durante os dois períodos do governo Fernando Henrique Cardoso. O baixo percentual de respostas afirmativas sobre cobrança de resultados por parte dos trabalhadores de educação e saúde indica que esse aspecto específico do processo apenas estaria iniciando nesses setores.

4.3 Intensificação do trabalho e saúde

Os impactos do trabalho sobre a saúde e as relações entre ambos sempre foram temas privilegiados da pesquisa científica na medicina, na psicologia, na ergonomia, na sociologia e em outros tantos campos do conhecimento que, de uma forma ou de outra, lidam com esses problemas. Para esclarecer o real alvo desta pesquisa é necessário primeiro excluir o que não é a intenção realizar. Não é objetivo traçar um novo quadro teórico da relação trabalho-saúde. Nem adentrar no campo da epidemiologia. Nem menos no da psicopatologia. Apenas levantar indícios, perseguir pegadas, decifrar sinais de um padrão distinto de manifestação da relação trabalho-saúde que começa a se manifestar ou está efetivamente em pleno desenvolvimento em decorrência das conseqüências das condições de trabalho sobre a saúde dos trabalhadores. Nosso objetivo consiste em questionar se as condições do trabalho contemporâneo não estão produzindo um determinado perfil de problemas de saúde distinto de momentos anteriores.

Conduz a essa suspeita o entendimento de que a civilização industrial produziu e continua a causar determinados tipos de acidentes, doenças e problemas nos corpos e nas mentes daqueles que realizam o trabalho. Por prevalecer na sociedade industrial o trabalho material, as condições de saúde, de adoecimento e de outros problemas sociais carregam as marcas próprias das determinações que as geram, isto é, da materialidade do fazer. Duas condições contemporâneas alteram esse padrão industrial da relação trabalho-saúde: a primeira é o deslocamento da maioria da força de trabalho empregada das condições de inserção em atividades industriais para atividades subsidiárias à indústria ou para fazeres inteiramente de serviços ou imateriais. Essa transformação setorial atinge tanto os países capitalistas industriais de primeira geração, como os europeus, os Estados Unidos e o Japão, quanto nações capitalistas que nunca foram totalmente industriais, no sentido específico de terem o maior contingente de sua força de trabalho operando em indústrias, como as da América Latina, entre as quais o Brasil. A transição entre indústria e serviço é uma transformação profunda, ampla e de implicações mundiais. A segunda condição é objeto específico de análise desta pesquisa: a onda de intensificação do labor, em quaisquer condições que ele se realize, sejam atividades agropecuárias ou de exploração mineral, sejam atividades industriais ou de serviços. Quaisquer que sejam as condições de sua realização, o trabalho está sendo transformado pela exigência de mais resultados materiais ou imateriais, o que implica que o agente deva empenhar mais suas energias físicas, mentais ou sociais na obtenção de mais resultados, de mais elevados objetivos, em suma de mais trabalho. Não acontece necessariamente um alongamento da jornada. O trabalho em si começa a ficar mais denso, mais intenso, mais produtivo, aumenta a geração de mais trabalho e de valores. Tais condições distintas e desconhecidas, porquanto a transformação dos locais de trabalho nesse sentido começa a operar-se após os anos 1980, devem produzir impactos consideráveis sobre a saúde da classe trabalhadora[14]. Se acarreta e quais as conseqüências são alvos perseguidos nesta análise do trabalho de campo.

A elevação da carga de trabalho que é observada nos dias de hoje e que se expande como uma onda com características diferenciadas por ramos de atividade produz efeitos sobre os corpos dos trabalhadores. Seja por meio da explosão tecnológica da informática, seja por meio da reorganização social, o trabalho é transformado, redesenhado, precarizado, intensificado. Das especificidades próprias do trabalho contemporâneo parece resultar um conjunto de problemas de saúde de natureza diversa. Em decorrência das

---

[14] Ricardo Antunes (org.), *Riqueza e miséria do trabalho no Brasil*, cit.; Nise Jinkings, "A reestruturação do trabalho nos bancos", cit.

crescentes exigências emocionais e mentais do trabalho supomos que seria possível encontrar sinais de um volume maior de problemas dessa ordem sobre a saúde dos empregados, a despeito do fato de o trabalho material continuar produzindo seus efeitos sobre os corpos em termos de acidentes, lesões físicas e doenças permanentes, pois a sociedade industrial não está abolida em hipótese alguma. Supõe-se que, lado a lado ao perfil de problemas típicos da sociedade industrial, esteja se conformando um outro padrão de problemas saúde-trabalho.

Essa hipótese da alteração dos tipos de problemas de saúde, decorrente das exigências do trabalho contemporâneo, requer a análise das diferenças setoriais. Foram empregados três indicadores freqüentes na literatura do campo. As indicações representam maneiras de captar efeitos e conseqüências do processo de trabalho sobre o trabalhador, expressos por meio de atestados médicos, acidentes e doenças. Esses materiais fornecem indicadores, proporções, taxas. O levantamento de campo permite ainda outra abordagem de extremo valor indicativo. Consiste em analisar os problemas de saúde mencionados pelos trabalhadores nos diversos ramos de atividade e compará-los entre si, na busca de alguma indicação, pista ou caminho.

Antes de adentrar na análise empírica, é oportuno apresentar como é vista a relação entre intensidade e saúde no contexto internacional. Um economista que tem trabalhado sucessivamente os efeitos da reorganização do trabalho sobre a saúde da classe trabalhadora é David Farris. No artigo "Workplace Transformation and the Rise in Cumulative Trauma Disorders: Is there a Connection?"[15], ele estabelece a ligação entre transformação do local de ofício e o aumento de acidentes de trabalho e outras desordens físicas traumáticas. Cumulative Trauma Disorders (CTDs) resultam quando repetida pressão é exercida sobre os tendões, músculos ou nervos causando inflamações ou prejuízos. Correspondem às nossas conhecidas Lesões por Esforços Repetitivos (LER) ou aos Distúrbios Osteomusculares Relacionados ao Trabalho (Dort)[16]. Estabelecida a conexão causal, Fairris[17] vai mais adiante e defende a proposta de que as empresas e o governo dos Estados Unidos ganhariam em termos

---

[15] David Fairris e Mark Brenner, "Workplace Transformation and the Rise in Cumulative Trauma Disorders: Is there a Connection?", *Journal of Labour Research*, v. 22, 2001.

[16] Antonio David Cattani e Lorena Holzmann (orgs.), *Dicionário de trabalho e tecnologia* (Porto Alegre, Editora da UFRGS, 2006).

[17] David Fairris, "Towards a Theory of Work Intensity", seminário sobre intensificação do trabalho do Centre d'Études de l'Emploi, Paris, 2002.

econômicos se tomassem medidas para reduzir a enorme quantidade de acidentes, doenças e problemas provocados pela recente reorganização do trabalho.

A dimensão dos problemas decorrentes do trabalho pode ser avaliada a partir dos custos estimados. Referindo-se aos Estados Unidos, Philippe Askenazy descreve que

> nos últimos quinze anos, muitas empresas americanas experimentaram uma profunda reorganização de suas estruturas corporativas e de produção. [...] Ao mesmo tempo, a saúde do trabalho sofreu. Exceto na área de construção, a taxa de acidentes de trabalho e de doenças aumentou fortemente no período entre 1982 e 1994. O custo total em 1995 dos 6 milhões de acidentes do trabalho foi superior a 100 bilhões de dólares.[18]

Mais adiante, seguindo o caminho aberto por Fairris[19], Askenazy[20] defende a posição que "esse aumento é em parte conseqüência das novas organizações. Elas elevam o passo do trabalho e não são compatíveis com regras de saúde. Um número de estudos de casos americanos e europeus confirmam esse ponto".

Na Europa, o impacto da intensificação sobre a saúde aparece nos levantamentos feitos a cada cinco anos pela Comissão Européia para a Melhoria das Condições de Trabalho e de Vida nos países membros. Baseados em dados referentes ao período, Damien Merllié e Pascal Paoli assim se expressam:

> A intensidade do trabalho aumentou na década passada, mais fortemente entre 1990 e 1995 que entre 1995 e 2000. A intensidade do trabalho está fortemente correlacionada com problemas de saúde relacionados ao trabalho e acidentes no trabalho. [...] As desordens musculoesqueletais (dor nas costas e nos músculos, particularmente no pescoço e ombros) estão em crescimento, assim como burn-out. O estresse permanece no mesmo nível (28%). Há fortes correlações entre estresse e desordens musculoesqueletais e maneiras de organizar o trabalho tal como trabalho repetitivo e velocidade do trabalho.[21]

---

[18] Philippe Askenazy, "'Lean Production' and Workplace Health", seminário sobre intensificação do trabalho do Centre d'Études de l'Emploi, segunda reunião, Noisy-le-Grand, 1999, p. 3.
[19] David Fairris, "Towards a Theory of Work Intensity", cit.
[20] Philippe Askenazy, "'Lean Production' and Workplace Health", cit., p. 18.
[21] Damien Merllié e Pascal Paoli, *Ten Years of Working Conditions in the European Union (Summary)*, cit., p.1-4.

Os efeitos sobre a saúde da classe trabalhadora vão para além da questão física e se manifestam também sobre a saúde mental. Francis Derriennic e Michel Vezina após analisarem dados oficiais franceses assim concluem:

> Os resultados permitem apoiar o caráter patogênico no plano psíquico de uma demanda de trabalho elevada e de uma latitude decisional fraca. [...] Tais conclusões são particularmente importantes num contexto de administração e redução do tempo de trabalho que arrisca de estar acompanhado duma densificação (redução das pausas e dos tempos de trocas informais) e duma intensificação do trabalho (fazer a mesma coisa em menos tempo) principalmente nas pequenas e médias empresas.[22]

Para o caso brasileiro, após sumarizar as principais contribuições de estudos sobre a inter-relação trabalho e saúde psíquica, Lívia de Oliveira Borges, Ana Magnólia Mendes e Mário César Ferreira indicam como pontos importantes para futuras pesquisas a

> atenção ao contexto atual do trabalho que na contemporaneidade recebe influências das formas sofisticadas da acumulação flexível do capital, imprimindo uma ideologia que justifica como naturais e inerentes às situações certas transformações na realidade de trabalho que são de fato, na maioria das vezes, perversas e potencializadoras dos riscos à saúde do trabalhador.[23]

Com esse quadro derivado dos países ricos em mente e que demonstra que a saúde dos empregados foi afetada profundamente pela reorganização do trabalho nos anos posteriores a 1980[24], analisamos a seguir dados de campo. Um primeiro indicador é obtido mediante a soma do total das pessoas que já retiraram atestado médico, com as que já sofreram algum acidente de trabalho e com as que declaram algum tipo de doença, excluídas as repetições. Esse é o indicador geral da saúde no trabalho, derivado da amostra de entrevistados. O indicador é equivalente a 26,4% da amostra. Mais de um quarto dos trabalhadores pesquisados declara já ter tido algum tipo de problema de saúde decorrente do trabalho[l].

---

[22] Francis Derriennic e Michel Vezina, "Intensification du travail et répercussions sur la santé mentale: arguments épidémiologiques apportés par l'enquête ESTEV", seminário sobre intensificação do trabalho do Centre d'Études de l'Emploi, Paris, 2002, p. 4.
[23] Ana Magnólia Mendes, Lívia de Oliveira Borges e Mário César Ferreira (orgs.), *Trabalho em transição, saúde em risco* (Brasília, Editora Universidade de Brasília, 2002), p. 233.
[24] Ricardo Antunes (org.), *Riqueza e miséria do trabalho no Brasil*, cit.

A análise das condições de saúde e de doença no trabalho pode ser detalhada segundo os três indicadores apresentados, que por sua vez podem ser cruzados com o setor de atividade permitindo identificar os acidentes e doenças específicos de ramos de serviços.

A percentagem de trabalhadores que afirmou já ter tirado atestado médico em decorrência da sobrecarga de trabalho corresponde a 18,9% (Tabela 4.17). A distribuição da retirada de atestados médicos[m] pelos setores econômicos em que os trabalhadores atuam revela algumas características inesperadas. Por exemplo, que categorias de atividade apresentariam o maior número de atestados médicos: o trabalho em atividades capitalistas modernas, em serviços governamentais ou em ofícios capitalistas tradicionais? Se formos seguir a ideologia predominante ou mesmo o senso comum, a maior percentagem de atestados médicos seria proveniente do trabalho nas atividades governamentais, pois os funcionários públicos utilizariam esse mecanismo para dele se beneficiar com mais folgas. Certo? Não, errado! O trabalho nas agências do governo (13,1%) apresenta praticamente a mesma percentagem de atestados médicos do que o trabalho no grupo das atividades capitalistas tradicionais (12,2%). O grupo de atividades econômicas que se diferencia estatisticamente dos demais é compreendido pelas atividades capitalistas modernas (30,6%). Estas introduziram condições de trabalho de tal gênero que levaram a quase um terço dos trabalhadores declarar ter tirado pelo menos um atestado médico nos últimos cinco anos em decorrência de sobrecarga de trabalho. A cláusula "em decorrência de sobrecarga de trabalho" foi parte explícita da pergunta dirigida ao entrevistado, porque atestados médicos retirados por outras razões não foram incluídos no levantamento.

A diferença entre o grupo das atividades capitalistas modernas e as demais permite suscitar a pergunta sobre as causas de tal percentagem de atestados médicos ser prevalente nesse agrupamento. A discussão sobre os motivos na literatura é extremamente confusa. As causas tecnológicas são freqüentemente indigitadas. Nós lançamos mais o olhar sobre a forma de organizar o trabalho. É a organização do labor no grupo capitalista moderno que conduz a ataques mais freqüentes à saúde do empregado. As mudanças tecnológicas em princípio deveriam conduzir à redução da intensidade do trabalho. Desde muito tempo, essa idéia é descartada como ingênua. Todavia, as mudanças tecnológicas são parte de decisões sobre a organização do processo de trabalho. Enquanto tal, elas subordinam-se às decisões de estruturação estratégica dos negócios. É sobre o campo das decisões que se deve focalizar a atenção.

TABELA 4.17

QUADRO SÍNTESE DOS PROBLEMAS DE SAÚDE RELATADOS PELOS TRABALHADORES EM DECORRÊNCIA DA SOBRECARGA DE TRABALHO NOS ÚLTIMOS CINCO ANOS

Problemas	Freqüência Absoluta	Freqüência Relativa
Atestado médico - Sim	156	18,9
- Não	669	81,1
Acidentes de trabalho - Sim	87	10,5
- Não	736	89,3
- Sem resposta	2	0,2
Doenças do trabalho - Sim	123	14,9
- Não	701	85,0
- Sem resposta	1	0,1
TOTAL	825	100,0

Fonte: Amostra, Intensidade, Distrito Federal, 2000-2002.

No grupo das atividades capitalistas mais modernas, o ramo de telefonia aponta a maior percentagem de trabalhadores que fizeram uso de atestados médicos nos últimos cinco anos (73,5%). As empresas de comunicação e telefonia foram recentemente privatizadas e sobre elas implantou-se um regime de quase terror, elevando-se a intensidade a níveis inauditos[25]. Pelas declarações dos funcionários podemos captar o novo cenário de organização do trabalho. Nenhuma resposta declara que a causa tenha sido a introdução de sistemas mais modernos de informática. A explicação dada pelos telefônicos passa por enxugamento de quadros ("a demanda por serviços telefônicos aumentou e são os funcionários que ficam com a parte mais pesada. Na parte onde eu trabalho, já foi demitido quase 50% do pessoal que tinha no começo" – entenda-se aqui, antes da privatização da empresa.), pelo aumento dos clientes sem correspondente aumento de trabalhadores ("triplicou o número de assinantes e serviços da empresa", explica uma telefonista), pela introdução de vários sistemas de controle por meio de pessoal ("tem um funcionário pago só para fiscalizar", disse um entrevistado; "o funcionário é mais controlado",

---

[25] Ruy Gomes Braga Neto, "Trabalho e fluxo informacional: por uma sociologia da condição proletária contemporânea" (Caxambu, anais do 30º Encontro Anual da Anpocs, 2006); Ricardo Antunes (org.), *Riqueza e miséria do trabalho no Brasil*, cit., p. 24.

afirmou outra trabalhadora) e pelos sistemas de controles automáticos ("tem um controle para saber quantos clientes foram atendidos").

O ramo bancário é igualmente exemplo de trabalho que conduz a muitos atestados médicos (30%). Pessoas que trabalham no setor médico-hospitalar também apresentam altos índices de atestados médicos (33,3%), do mesmo modo que aqueles que trabalham em serviços especializados (20%).

Há certos ramos das atividades capitalistas tradicionais em que a percentagem de atestados médicos é elevada. É o caso da construção civil (36%) e dos serviços pessoais (25%)[n].

A declaração de doenças do trabalho atingiu o percentual de 14,9% da amostra, ou seja, 123 pessoas entre os 825 entrevistados.

Buscamos compreender a distribuição setorial dessas doenças. O agrupamento capitalista moderno (15,5%), capitalista tradicional (10,9%) e governamental (17,3%) não apresentou diferença estatística significativa. As diferenças só podem ser captadas quando o detalhamento dos setores de atividade é levado a um nível maior.

O trabalho no ramo da telefonia está à frente de todos os demais com 42,9% dos trabalhadores dizendo que sofrem de doenças provocadas pelo trabalho. É mais uma indicação de que esse setor está afetando dramaticamente a saúde dos seus funcionários de uma forma mais intensa do que os demais.

Vale ressaltar ainda a declaração de doenças do trabalho em três outros ramos de atividades capitalistas modernas. O serviço no setor financeiro e bancário (17,5%), o ofício em serviços especializados (20%) e o trabalho no ramo médico-hospitalar privado (19%).

Entre os trabalhadores do ensino público, as doenças do trabalho atingem (25,8%) dos entrevistados. O trabalho educacional apresenta condições de trabalho bastante ruins para seus trabalhadores.

Submetendo os dados descritos acima ao crivo da hipótese levantada ao início deste subcapítulo sobre saúde e trabalho, deparamos com sinais e indicações de dois perfis diferenciados de problemas e que podem ser tipificados com os problemas de saúde mencionados pelos assalariados entrevistados. Dois grupos de respostas dadas pelos trabalhadores servem de modelo, formando distintos padrões de trabalho-doença (Tabela 4.18). Os problemas listados pelos trabalhadores da construção civil fornecem o modelo da relação trabalho-saúde da sociedade industrial; os problemas mencionados pelos trabalhadores do ramo de telefonia e comunicação representam o perfil de saúde-trabalho das atividades imateriais e de serviços:

TABELA 4.18

PROBLEMAS DE SAÚDE MENCIONADOS PELOS TRABALHADORES DAS EMPRESAS DE TELEFONIA E COMUNICAÇÃO E DAS EMPRESAS DE CONSTRUÇÃO CIVIL DO DISTRITO FEDERAL, 2000-2002

Trabalhadores de telefonia e comunicação	Trabalhadores da construção civil
Lesões por esforços repetitivos (LER)	Quedas
Estresse	Lesões nos pés
Audição	Lesões nas pernas
Depressão	Lesões nos joelhos
Hipertensão	Lesões nos dedos
Gastrite	Lesões nas mãos
Visão	Lesões nos braços
	Lesões na cabeça
	Lesões nos dentes

Fonte: Amostra, Intensidade, Distrito Federal, 2000-2002.

– *o padrão da relação trabalho-saúde no mundo industrial.* Na construção civil, os trabalhadores apontaram os seguintes problemas de saúde: quedas, lesões nos pés, nas pernas, nos joelhos, nos dedos, nas mãos, nos braços, nos dentes e nas cabeças. É um quadro indicativo da preponderância do trabalho manual, em que o trabalhador está continuamente exposto ao perigo de acidentes de trabalho e a outras lesões com características físicas, corporais;

– *o padrão da relação trabalho-saúde em atividades imateriais.* Na telefonia e comunicação, esse padrão inclui os seguintes problemas apontados pelos trabalhadores do ramo: LER, estresse, depressão, hipertensão e gastrite. As indicações dos problemas de saúde são de outra ordem. Referem-se especialmente à saúde psíquica e a problemas decorrentes de um tipo de trabalho que é eminentemente intelectual e relacional.

Herval Pina Ribeiro[26] estuda o trabalho no ramo da atividade bancária, bastante semelhante ao serviço em telefonia e comunicação pelo recurso à capacidade mental e relacional. Nessa pesquisa, ele detém-se sobre

> as lesões das partes moles e superiores do aparelho locomotor atribuídas ao trabalho (LER). Trata-se de um modo de adoecimento coletivo de tendência crescente, cuja causalidade do trabalho, apesar de menos direta e menos

---

[26] Herval Pina Ribeiro, *A violência oculta do trabalho: as lesões por esforços repetitivos* (Rio de Janeiro, Fiocruz, 1999).

aparente e dramática, tem sido reconhecida em todo o mundo, a partir do final da década de 1950. Afirma-se ser a LER uma doença emblemática do novo ciclo de desenvolvimento e crise do capitalismo, iniciado nos países centrais nos anos subseqüentes à Segunda Grande Guerra e acelerado nos anos 1970, cuja característica mais visível e comentada é a tecnologia da automação eletroeletrônica.[27]

Ao se referir à aceleração da década de 1970 em diante, o autor parece estar se referindo ao mesmo fenômeno por nós analisado sob a égide da intensificação do trabalho. Ainda assim, Ribeiro, em função da análise de apenas um setor de atividade, não consegue indigitar padrões ou perfis diferenciados.

Os demais estudos internacionais mencionados[28] são explícitos ao mencionar a elevação da quantidade de problemas de saúde com a reorganização dos locais de trabalho. Nossa contribuição procura passar para além da perspectiva do agravamento de problemas de saúde, estabelecendo também a idéia de perfis distintos de impactos de saúde. Se o trabalho intensificado eleva exponencialmente os problemas, sugerimos adicionalmente que as atividades típicas do setor terciário, em que prevalece a imaterialidade da ação, estariam conduzindo ao aparecimento de danos à saúde distintos daqueles vivenciados pela sociedade industrial e pelos operários industriais.

O trabalho imaterial produz impactos distintos do material sobre o empregado, devido não apenas ao tipo de serviço realizado, como especialmente às determinações a que sujeita o trabalhador. O labor imaterial intensificado apresenta um quadro específico de problemas relativos à saúde do trabalhador, o qual é descrito a partir das manifestações dos entrevistados pertencentes ao ramo da telefonia. Primeiro, é apresentado o indicador de quantidade. 22 dos 33 entrevistados que operam no ramo de telefonia apontaram algum problema de saúde decorrente do seu trabalho. Dois sobre cada três trabalhadores (66,6%) indicaram que sentiam impactos sobre a saúde como conseqüência do tipo de trabalho realizado. Esses números

---

[27] Ibidem, p. 17.
[28] David Fairris e Mark Brenner, "Workplace Transformation and the Rise in Cumulative Trauma Disorders: Is there a Connection?", cit.; David Fairris, "Towards a Theory of Work Intensity", cit.; Philippe Askenazy, "'Lean Production' and Workplace Health", cit.; Francis Derriennic e Michel Vezina, "Intensification du travail et répercussions sur la santé mentale: arguments épidémiologiques aportés par l'enquête ESTEV", cit.; Damien Merllié e Pascal Paoli, *Ten Years of Working Conditions in the European Union (Summary)*, cit.

constituem um argumento inicial poderoso no sentido de que o trabalho imaterial pode ser tão pernicioso à saúde do trabalhador quanto o trabalho material.

Em segundo lugar, importa examinar com detalhes o tipo de problemas que acompanham o trabalho imaterial. Patricia Vendramin relata como o "estresse se expande: estresse ligado à pressão crescente sobre o trabalho, aos fluxos de atividade, estresse de avaliação"[29] nas atividades submetidas às tecnologias de informação e comunicação.

Tratados juntos os diversos tipos de lesões por esforços repetitivos mais estresse, depressão, hipertensão e gastrite começa-se a obter um perfil dos problemas de saúde decorrentes da intensificação do trabalho imaterial. De alguma maneira, esse conjunto de condições negativas da saúde do trabalhador decorre de qualidades próprias do trabalho imaterial denso: tarefas que se repetem ininterruptamente por períodos prolongados, pressão sobre os trabalhadores sob a forma de cobranças de resultados por chefes e administradores, pressão através das formas de controle sobre a quantidade e a qualidade do trabalho realizado, pressão por parte das exigências da clientela que impõem um esforço mental e um controle emocional sobre-humanos e efeitos sobre o lado psíquico e relacional do trabalhador, que deixam marcas sobre o corpo nas formas de tendinites, gastrites, hipertensões e que extrapolam o ambiente de trabalho com reflexo sobre a vida familiar e societária dos indivíduos.

Nessa incursão feita a duas regiões do mundo do trabalho imaterial, bancos e finanças e telefonia, somos levados a concluir que nelas a intensidade é elevada a seus graus máximos, que aí se desenvolvem formas particulares de controle sobre a quantidade e a qualidade do trabalho somente possíveis de ser acionadas eficazmente com a presença das tecnologias de informação e de comunicação, que por vezes tais formas de controle extrapolam a relação vertical e passam a operar horizontalmente como um autocontrole entre os próprios companheiros de trabalho, na forma de controle sobre o sujeito, e que essas qualidades do trabalho imaterial geram determinados tipos de quadros de problemas para a saúde do trabalhador que têm a ver com o trabalho repetitivo em alta velocidade, com uma demanda imensa sobre o equilíbrio psíquico e a capacidade mental dos trabalhadores, com as exigências e as cobranças por resultados e as exigências de qualidade total.

---

[29] Patricia Vendramin, "Les TIC, complices de l'intensification du travail", cit., p. 6.

Referindo-se aos Estados Unidos, escreve Askenazy:

> A taxa de adoecimento explodiu desde 1983, aumentando 400%. Esse aumento é integralmente explicado pelo crescimento dramático dos casos de trauma repetidos: cresceram doze vezes entre 1983 e 1994, isto é, durante os anos-chave da reorganização. O fenômeno que mais chama a atenção é o crescimento de casos de traumas no setor terciário: companhias de telefone, redes de abastecimento ou hospitais são agora setores com alto índice de traumas repetidos.[30]

Por que no Brasil seria diferente se a reorganização capitalista do trabalho também tomou lugar nesta terra ao sul do Equador?

O trabalho docente envolve elementos típicos do desgaste físico, como também de decorrência da pressão por mais resultados. Um bom número das conseqüências das condições do trabalho docente sobre os professores não apresenta um quadro diferente dos tradicionais problemas sentidos pelos trabalhadores do ramo. Entre esses podemos citar os problemas de alergia a giz, de garganta, rouquidão da voz e nódulos nas cordas vocais.

Outro conjunto de sintomas declarados, no entanto, revela o efeito do trabalho intelectual prolongado, típico do perfil das doenças decorrentes do trabalho submetido a forte pressão por resultados, com atribuições de responsabilidades, com altos graus de flexibilidade e versatilidade: entre eles estão o estresse, as gastrites crônicas e as lesões por esforços repetitivos.

Esse quadro de dois grupos de problemas distintos decorrentes do trabalho corresponde ao fato de que na rede privada do Distrito Federal ainda não se verifica uma gestão de pessoal inequívoca: tendências arcaizantes de vigilância e repressão andam de mãos dadas com elementos de administração contemporânea por mais resultados e da atribuição de flexibilidade.

Após pesquisar docentes da escola privada na Bahia, Carlos Eduardo Soares de Freitas conclui:

> A peculiaridade de nossos dias é a intensificação do trabalho. Com isso, o palco das salas de aulas tem professores mais tensos, hipertensos, com movimentação limitada nos membros doloridos, roucos; eventualmente aposentados em atividade e desrespeitados por aluno e pelo patronato, mas resistentes e mobilizados, mesmo que não de forma coletiva, em torno da idealização da educação que é dialogada entre eles [...]. As doenças dos professores, que se

---

[30] Philippe Askenazy, "'Lean Production' and Workplace Health", cit., p. 16.

tornam mais comuns nos últimos anos, são sintomas da intensificação do trabalho, da maior exploração, das excessivas atividades extraclasses, da monetarização do ensino.[31]

Em nossa análise, o ramo da construção civil representa os problemas típicos da sociedade industrial. Se a construção civil no Distrito Federal se caracteriza por traços do industrialismo, a despeito de ser um ramo econômico grande, poderoso e empregador de grande contingente de mão-de-obra, o perfil dos problemas de saúde que apareceram no levantamento sobre intensidade do trabalho corresponde aos problemas clássicos e tradicionais do setor, os acidentes de trabalho, e aos problemas representativos da sociedade industrial. Os acidentes mencionados envolvem em maiores números as quedas, seguidas de problemas nos pés, pernas, joelhos, dedo, mão, braço, dente e cabeça. Os problemas de maior gravidade decorrentes de acidentes na construção civil, tais como as lesões físicas que requerem longos ou médios tratamentos e aqueles acidentes que conduzem afastamento permanente do trabalhador de sua ocupação e aqueles que levam à morte, não são captados em nosso levantamento que se aplicava a trabalhadores em operação. Outras fontes de informação, em particular os dados do Ministério da Previdência Social permitem acessar tais informações e formar um quadro espantoso de sua incidência em nosso país.

A análise da relação saúde-trabalho conforme encontrada no trabalho de campo realizado sugere que os problemas de saúde aumentam de forma gigantesca com a intensificação. Aponta, além disso, que, ao lado dos problemas típicos da sociedade industrial, pode estar aparecendo todo um perfil distinto de problemas de saúde, decorrentes da inserção da população em formas de trabalho imaterial e da crescente exigência por maiores resultados no trabalho.

---

[31] Carlos Eduardo Soares de Freitas, *Trabalho estranhado em professores do ensino particular em Salvador em um contexto neoliberal*, tese de doutorado não publicada, Departamento de Sociologia da Universidade de Brasília, 2005, p. 204-5.

5
A DIVERSIDADE DA INTENSIFICAÇÃO DO TRABALHO

Dois pressupostos compõem o ponto de partida da presente pesquisa: está em curso um processo de intensificação do trabalho, particularmente nos ramos de atividade mais fortemente disputados pela competição capitalista internacional; mas tal processo não é homogêneo em todos os campos em que se manifesta, existindo uma diversidade de formas de fazê-lo empregada por tipos de atividade. Talvez a seguinte imagem possa auxiliar a compreensão. A estratégia central – já completamente desenvolvida naqueles negócios que concentram grandes volumes de capital – é única, fazer com que o trabalho renda mais resultados no mesmo período de tempo considerado. Mas as táticas, o como fazer e as formas de intensificar o trabalho variam muito segundo os ramos de atividade econômica.

O objetivo do presente capítulo é demonstrar a diversidade da operação de elevação das cargas do trabalho contemporâneo. Para isso, a pesquisa se vale do fato de que o levantamento de campo foi realizado junto a trabalhadores pertencentes aos diversos ramos de atividade econômica, o que permite explorar e esboçar o perfil de intensificação próprio de cada um e com isso adentrar o mundo da diversidade das formas. O instrumento de coleta de informações em campo, por sua vez, recolheu dados de tipo quantitativo, que indicam o grau de intensidade presente em cada ramo, e informações qualitativas por meio das quais os trabalhadores contam suas experiências, narram exemplos concretos de situações e expressam avaliações que apresentam as formas concretas em vigor, sua diversidade e os impactos sobre quem trabalha.

5.1 Bancos e finanças

O capital financeiro é hegemônico na economia mundial[1] e é aquele que com mais propriedade exemplifica a mundialização capitalista por ter-se sobreposto às fronteiras dos Estados nacionais e enfrentado sua força. Nesse sentido, ele representa como nenhum outro ramo a capacidade de acumulação em torno de si dos resultados do trabalho posto em ação no conjunto da economia mundial. Se a capacidade de ganhos é imensa, não é menor a atração exercida sobre os capitais dos demais setores para convergirem e disputarem partes desse imenso acúmulo de riquezas. Conseqüentemente, a cobrança exercida sobre a força de trabalho que labuta no ramo de bancos e finanças é também enorme. Como a pressão por resultados cada vez maiores se generaliza no mundo das finanças, a carga de trabalho aumenta sobre os ombros dos empregados. Por essas razões, esperava-se que as distintas formas de intensificar o trabalho examinadas pelo levantamento de campo apresentassem um grau de respostas positivas muito elevado, situando o ramo bancário e financeiro sempre na linha de frente do labor intenso. As perguntas feitas aos funcionários a respeito das condições de trabalho compreendiam uma avaliação geral sobre o grau de intensidade e as condições de alongamento da jornada, a acumulação de tarefas, a flexibilidade, a versatilidade e a polivalência, o ritmo e a velocidade e a cobrança de resultados. A principal constatação é que, nos bancos e nas organizações financeiras, todas essas formas de intensificação encontram-se presentes em graus elevadíssimos. De cada dez entrevistados pelo menos sete responderam que o trabalho é mais intenso hoje do que anteriormente. Entre todos os ramos de atividade pesquisados, bancos e finanças aparecem em primeiro lugar com relação à intensificação do trabalho. A especificidade desse setor reside basicamente em que todas as formas de intensificar o labor são aí empregadas sem exceção[2]. O serviço bancário e de finanças resulta como o protótipo, o modelo, o exemplo de como a intensidade pode atingir todas as frentes possíveis, a despeito da oposição do movimento sindical bancário que no Brasil é muito forte.

---

[1] François Chesnais, *A mundialização financeira: gênese, custos e riscos* (São Paulo, Xamã, 1998).
[2] Ricardo Antunes (org.), *Riqueza e miséria do trabalho no Brasil* (São Paulo, Boitempo, 2006), p. 21.

O ramo bancário e de finanças não pode ser visto como um negócio qualquer em relação às condições de trabalho exigido. Avaliado por seus empregados, o setor recebe o percentual mais elevado de respostas sobre os demais negócios em que o trabalho se tem intensificado nos últimos anos. O serviço bancário é mantido sob tensão constante e cada vez mais acentuada, demonstrando que as práticas de trabalho intenso[3] não apenas chegaram a esse ramo, como nele encontram uma organização que as desenvolve até os níveis mais elevados. Reconhecidamente, bancos e instituições financeiras destacam-se entre as empresas que estão o tempo todo à procura das mais modernas técnicas de elevação da produtividade do trabalho dos seus funcionários. Cursos de capacitação nas mais diversas técnicas, efetivas ou utópicas, são utilizados. Os mais conceituados formuladores e difusores de idéias e práticas de intensificar o trabalho são contratados no país e no exterior, a preços que somente instituições que operam em setores oligopólicos têm capacidade de sustentar. Infelizmente, o papel das consultorias de reestruturação empresarial e de intensificação dos métodos de trabalho ainda não está suficientemente estudado. Uma pesquisa como essa certamente indicaria que o ramo bancário e de finanças está entre os melhores clientes, aqueles que estimulam a produção de novas práticas de trabalho intensificado.

Deveríamos perguntar se a avaliação de que o trabalho bancário e em instituições financeiras é extremamente intenso corresponde a uma especificidade brasileira, isto é, devido a mudanças que tenham ocorrido recentemente no país, ou, se é mais amplo, mundial. Não há como negar o caráter local. No Brasil, esse ramo passou por um processo de reestruturação de alto a baixo: o Estado promoveu e financiou a reestruturação econômica, houve uma intensa privatização de bancos e entidades financeiras estatais, o quadro de funcionários foi reduzido drasticamente[4], a terceirização foi agenciada para várias atividades, os bancos promoveram uma forte mudança tecnológica e foram introduzidas mudanças na organização do trabalho, seguindo os padrões internacionais da administração por qualidade total. Algumas dessas características são específicas de um momento no Brasil: reestruturação bancária e financeira, privatização e, em alguma medida, redução de quadros. Outras mudanças do setor nada têm de especificidade brasileira. São

---

[3] Nise Jinkings, "A reestruturação do trabalho nos bancos", em Ricardo Antunes (org.), *Riqueza e miséria do trabalho no Brasil*, cit., p. 198.
[4] Ibidem, p. 191.

transformações gerais que acontecem no mundo todo[5]. Assim, diversas tendências ao aumento de intensidade do trabalho bancário são de caráter universal, tendo como característica nacional elementos como a forma de difusão, o grau de resistência encontrado, os conflitos, as decisões tomadas e os novos problemas criados.

TABELA 5.1

QUADRO SÍNTESE SOBRE INTENSIFICAÇÃO DO TRABALHO NAS ATIVIDADES BANCÁRIAS E DE FINANÇAS, AVALIAÇÃO DOS ASSALARIADOS

Pergunta	Respostas positivas
Comparando com a época em que começou a trabalhar, você avalia que o seu trabalho hoje é mais intenso, menos intenso, igual	Mais = 72,5%
Hoje você trabalha mais horas ou menos horas do que quando começou a trabalhar	Mais = 62,5%
O seu trabalho reúne atividades que antes eram exercidas por mais de uma pessoa	Sim = 75,5%
A empresa exige de você polivalência, versatilidade e flexibilidade	Sim = 97,5%
O ritmo e a velocidade do seu trabalho hoje são maiores do que anteriormente	Sim = 85,0%
A administração da empresa cobra mais resultados do trabalho hoje do que anteriormente	Sim = 97,5%

Fonte: Amostra, Intensidade, Distrito Federal, 2000-2002.

Passemos agora às formas de intensificação do trabalho vigentes nas atividades bancárias e financeiras. Duas modalidades se destacam e conseguem obter praticamente o consenso, já que o percentual de respostas positivas atinge 97,5% da categoria entrevistada. São elas a exigência de polivalência, versatilidade e flexibilidade e a cobrança de resultados.

5.1.1 Polivalência, versatilidade e flexibilidade

A primeira forma refere-se às novas competências requeridas dos trabalhadores. Os bancos exigem dos funcionários polivalência, versatilidade e flexibilidade como novas qualificações do indivíduo que labuta nesse meio.

---

[5] François Chesnais, *A mundialização financeira*, cit.

Tais qualificações vinculam-se genericamente às reivindicações de autonomia que, segundo Luc Boltanski e Ève Chiapello[6], faziam parte da crítica artística dos anos 1960, feita por lideranças sindicais, movimento libertário dos trabalhadores, intelectuais e estudantes. A crítica foi expressa não apenas de forma escrita como também por meio de movimentos de greve e tomadas de locais de trabalho. Colocava-se em xeque a estrutura do trabalho taylorizado e fordista de tipo repetitivo, monótono, estipulado pelos departamentos de métodos e técnicas, que prescindia da participação, exceto nas operações de produção e administração, e do uso das faculdades e do raciocínio do trabalhador. A reivindicação dos movimentos sociais operários e estudantis dos anos 1960 demandava um tipo de trabalho com sentido e em que as capacidades de autonomia e de decisão do trabalhador fossem envolvidas. A resposta do patronato começaria a aparecer nos anos 1980, ainda segundo Boltanski e Chiapello[7], passando a integrar na sua pauta de ação as noções de autonomia, polivalência, flexibilidade, versatilidade, responsabilidade, engajamento nas decisões da empresa etc. À medida que o patronato[8] passa a incorporar a linguagem e a estabelecer uma prática das empresas em relação à autonomia, polivalência e flexibilidade, emerge o problema da linguagem e do conceitual, pois o movimento operário e os estudantes também haviam construído uma pauta sobre esses temas. A disputa de idéias envolvia o sentido e a construção de cada um desses conceitos. Que é, enfim, autonomia, flexibilidade e participação dos trabalhadores? Qual a definição que delas faz o patronato? E o movimento dos trabalhadores? Qual o papel que assumem os intelectuais nesse embate? Se as condições de disputa fossem iguais, estaríamos diante de um enfrentamento em relação à construção lingüística e aos fatos que a linguagem representa. Além disso, entrava em cena a questão da criação de práticas de trabalho envolvendo as definições concretas daqueles termos abstratos.

Na década de 1980, o contexto dos países desenvolvidos já assinalava uma distinta relação de forças que nos anos 1960. No Brasil, a situação é diferente. No início da década de 1980, o movimento dos trabalhadores está em plena ascensão, em 1985 toma lugar a grande greve dos metalúrgicos, e até 1988 ainda se faz sentir a força do movimento popular que imprime na Constituição alguns elementos de aprofundamento da ordem democrática e instru-

---

[6] Luc Boltanski e Ève Chiapello, *Le nouvel esprit du capitalisme* (Paris, Gallimard, 1999).
[7] Idem.
[8] Idem.

mentos de salvaguarda para os indivíduos e para o coletivo. Entretanto, ao final dos anos 1980, nos países desenvolvidos, o empresariado está em plena recomposição, apoiado em atos de governantes como Ronald Reagan e Margaret Thatcher, que dão forma ao neoliberalismo, apoiados na desintegração do projeto do socialismo real que priva de farol toda a esquerda mundial. A ofensiva está nas mãos do empresariado, ficando o movimento popular e sindical restrito à sua capacidade de resistência. Não pode ser negligenciado o impacto do solapamento do projeto socialista sobre os intelectuais e as lideranças estudantis. Boltanski e Chiapello[9] avaliam que as lideranças estudantis foram fundamentais para a implantação dos novos elementos da crítica artística ao trabalho rígido.

Essa descrição nos permite concluir que as práticas concretas de autonomia, participação, polivalência, flexibilidade e outras demandas feitas por trabalhadores e estudantes implementadas pelo patronato representam a introdução das orientações empresariais e não propriamente da definição conceitual da reivindicação estudantil e de trabalhadores. A empresa responde aos movimentos com práticas que, por um lado, atendem suas reivindicações, mas, por outro, também e especialmente, levam em conta seus interesses em elevar a produtividade e os ganhos dos negócios. Dentro desse embate conceitual e lingüístico no terreno das práticas de trabalho, entendemos como os elementos componentes da crítica artística podem se transformar em formas de intensificação do trabalho e não necessariamente em objetos de maior desenvolvimento pessoal e coletivo.

Armelle Gorgeu, René Mathieu e Michel Pialoux[10] oferecem um exemplo bastante ilustrativo de como a polivalência e policompetência na indústria automobilística francesa se convertem em formas de intensificação do trabalho:

> A polivalência e a policompetência não implicam necessariamente uma intensificação do trabalho; a primeira pode romper com a monotonia do trabalho, a segunda se traduzir em um enriquecimento de tarefas contribuindo ao crescimento da qualificação. É o quadro no qual tais práticas são colocadas que as transforma em instrumento a serviço da redução de custos. A

---

[9] Idem.
[10] Armelle Gorgeu, René Mathieu e Michel Pialoux, "Polyvalence, polycompétence ouvrières et intensification du travail: l'exemple de l'industrie automobile", seminário sobre intensificação do trabalho do Centre d'Études de l'Emploi, Paris, 2002.

polivalência e a policompetência implicam exigências contraditórias, como precisa este responsável pelo emprego em uma usina de montagem: "para ocupar um posto hoje, não basta mais conhecer o modo operatório, pois o operador deve fazer seu controle e seus retoques, participar do fornecimento das peças e da manutenção, emitir sugestões para melhorar os custos, e se quisermos desenvolver a policompetência não podemos pedir aos operadores que ocupem um grande número de postos". A acumulação da polivalência e da policompetência intensifica o trabalho, e o alargamento das tarefas em produção é ele mesmo fator de intensificação por que acompanha a redução de postos. Os desempenhos pesquisados significam ao mesmo tempo produtividade no sentido taylorista do termo e aumento da parte dos serviços no trabalho industrial. Tais práticas se aproximam do que escreveu Marc Bartoli: "Não há a substituição de uma categoria de desempenho por outra. É antes uma adição, uma nova combinação de desempenhos [...]. É um conjunto onde se deve ter ao mesmo tempo produtividade, qualidade e ser flexível. É isso que é importante na explicação da intensificação do trabalho. O desenvolvimento da polivalência e da policompetência na indústria automotiva também está recolocando, no quadro de um uso cada vez maior do trabalho temporário e de reorganização do tempo de trabalho com as 35 horas, uma pressão cada vez mais forte dos construtores sobre seus fornecedores em matéria de redução de custos, e esse contexto é fonte de intensificação do trabalho".

A análise sobre a polivalência pode ser estendida a outros pontos compreendidos pela crítica artística. Em 97,5% dos casos (Tabela 5.1), os assalariados do ramo bancário e financeiro entrevistados em nosso levantamento responderam que percebem maiores exigências da empresa por polivalência, versatilidade e flexibilidade. Se nem todas as formas de polivalência, versatilidade e flexibilidade representam aumento de intensidade do trabalho, sua superposição sobre as mesmas pessoas, bem como a introdução de práticas polivalentes que representam acúmulo de tarefas, seja sob o ponto de vista quantitativo, seja sob o ponto de vista qualitativo, e de práticas versáteis e flexíveis que impliquem maior adensamento do trabalho real, sim, representam formas de intensificação. São tais circunstâncias e condições que tornam o trabalho diário mais intenso que nosso levantamento parece ter captado junto aos trabalhadores bancários.

5.1.2 Gestão por resultados

O segundo item do levantamento que obtém praticamente o consenso na amostra de bancários entrevistados refere-se à cobrança de resultados por parte das administrações das empresas, que exigem cada vez mais dos seus trabalhadores. Os assalariados afirmam peremptoriamente (97,5% das respostas, na Tabela 5.1) que hoje são muito mais demandados por resultados do que anteriormente. Não se trata apenas de uma figura de retórica. Se os entrevistados avaliam que hoje são cobrados muito mais do que antes, isso quer dizer que, na prática cotidiana atual, precisam apresentar muito mais resultados do que no passado. É bem verdade que nesse caso a infra-estrutura tecnológica exerce um papel relevante. Mas não é isso que querem dizer os entrevistados. Eles afirmam que a cobrança de resultados significa que tiveram de assumir práticas de trabalho mais duras para responder às exigências da administração das empresas.

A exploração das explicações verbais fornecidas pelos bancários sobre a famigerada gestão por resultados é muito reveladora. Em primeiro lugar, são encontrados discursos genéricos sobre a existência de uma cobrança difusa por maiores retornos. Um funcionário expressou secamente que a "pressão é maior". Um segundo, ainda sem identificar o agente, fala que "a pressão para o aumento de produtividade de cada funcionário aumentou".

Outros discursos revelam que as empresas ou algum setor de sua extensão burocrática são entendidos como os agentes dessa política de cobrança de resultados. Por vezes, o agente da pressão é identificado genericamente como "a empresa". Um entrevistado fala da necessidade de atender "o cumprimento de metas pela empresa", outro afirma que "há o dever de cumprir algumas metas estabelecidas pela empresa", um terceiro analisa dessa forma, "hoje o banco é mais voltado para resultados (metas) do que para o social" e, finalmente, um quarto fala de um "comprometimento com a empresa".

Em outras entrevistas, a designação do agente abandona a forma genérica "a empresa" ou "o banco" e indigita algum setor do qual emana a pressão por resultados. É o caso das superintendências ou administrações regionais. Um bancário entrevistado afirma que "os desafios da superintendência e suas metas acabam estourando nas mãos dos mais fracos". E outra bancária cita como exemplo da cobrança de resultados "o cumprimento de metas estabelecidas pela superintendência do Distrito Federal".

Noutros discursos, o responsável pela cobrança dos resultados são os gerentes e diretores imediatos: "pedidos e pressão dos gerentes aumentaram".

E outro respondente afirma: "também aumentou a pressão da gerência para aumentar a produtividade".

Além do papel das administrações, outro mecanismo empregado para cobrar resultados são as reuniões de trabalho ou de organização. Como analisa uma entrevistada: "nas reuniões, sempre enfatizam isto: mais resultados".

Em segundo lugar, vejamos como o discurso dos entrevistados avalia o conteúdo da gestão por resultados. Indubitavelmente, a idéia mais ressaltada é a de "metas a cumprir". O estabelecimento de objetivos é o conteúdo mais importante da gestão por resultados. As metas a cumprir são de diversas ordens. Desde "venda de produtos" até o "aumento da produtividade", de "cumprimento de metas de receita e custos" indo a "resultados" em todas as frentes.

Os assalariados bancários captam nesse objetivo de atingir metas e obter resultados uma forma de intensificar o trabalho. Afirmam freqüentemente que "a pressão aumentou", que "o cumprimento de metas recai sobre nós", que a pressão pela "produtividade é maior". A gestão por resultados introduz elementos que antes não se encontravam nas condições de trabalho. Nesse sentido, eleva sua intensidade e é uma fonte nova de desgaste para os trabalhadores.

Essa forma de entender a gestão por resultados como intensificação começa a aparecer na literatura de pesquisa internacional. Marc Bartoli e Michel Rocca pretendem identificar na gestão por objetivos novas fontes de intensificação:

> A incursão massiva do desempenho na gestão da produção e do trabalho não se resume a uma mudança na maneira de designar os objetivos a atingir. A evolução implica a maneira de prescrever, de administrar e de avaliar o desempenho e de colocar em ação o trabalho. A gestão por objetivos desloca claramente a prescrição do trabalho para os resultados [...]. Uma mobilização do "sujeito" (autonomia, iniciativa, implicação...) é requisitada. [...] O apelo às competências dos assalariados vem desde logo como um recurso necessário de administração para preencher as lacunas duma gestão por objetivos [...]. A avaliação do desempenho do indivíduo se desloca nitidamente do terreno dos resultados obtidos para o dos meios que ele empregou em sua atividade.[11]

---

[11] Marc Bartoli e Michel Rocca, "Gestion par objectifs et réquisition de compétences: vers de nouvelles sources d'intensification du travail", seminário sobre intensificação do trabalho do Centre d'Études de l'Emploi, Paris, 2002, p. 6.

E mais adiante concluem:

O trabalho dos indivíduos encontra-se posto em tensão entre as pressões – injunções dos tempos do mercado, desempenho e sistema de valores – e uma autonomia, mobilizar suas qualidades. Essa pode ser uma fonte poderosa de intensificação ou de estresse. [...] A saúde do assalariado encontra-se implicada por tais formas de requisição das competências: esse contexto se apresenta diferentemente conforme os indivíduos assalariados tenham ou não a possibilidade e os meios de agir sobre as condições de exercício de sua atividade. A natureza dos procedimentos de gestão, e notadamente sua preocupação de levar em conta e de tratar as dificuldades do exercício do trabalho, condiciona desde logo a penibilidade sentida e o grau de satisfação no trabalho. Esse novo contexto de desempenho não parece, pois, implicar uma intensificação do trabalho senão em função dos procedimentos de gestão utilizados: mais o implícito, o global ou o fluxo do universo do desempenho (prescrever, administrar, avaliar) reina, mais o risco de intensificação se mostra forte.[12]

A noção de pressão das hierarquias e a gestão por objetivos estão presentes no discurso dos trabalhadores bancários brasileiros entrevistados. A gestão por objetivos envolve, além do estabelecimento das metas, o emprego de meios para atingi-las, a avaliação dos resultados obtidos, as medidas de correção dos erros e as decisões para enfrentar novas injunções. Para administrar esse imenso espaço de contradições as empresas vêm procurando realizar uma mobilização do sujeito. Tal mobilização passa não apenas pelo desenvolvimento de determinadas competências e qualificações, como também pela construção de uma ética de responsabilidade. A noção de responsabilidade passa a fazer parte do discurso cotidiano, como aparece nesta fala de um entrevistado: "em virtude da concorrência é necessário que se tomem decisões imediatas com rápida eficiência, acima de tudo com responsabilidade".

A noção de responsabilidade está presente também no discurso de uma funcionária de um banco público que passou por forte reestruturação:

Antes, banco público multirrecursos. Depois, mais ou menos em torno de 1986, banco múltiplo, comercial e governo. Participar do mercado como banco privado. Captar recursos. Hoje globalização da economia, concorrência e competitividade e gestão por resultados e alcance de metas. Aumenta a responsabilidade, decisões que gerem lucro. Tensão grande.

---

[12] Idem.

Nesse discurso está presente uma interpretação muito ampla que permite localizar o surgimento da noção de responsabilidade. Primeiro, uma análise de conjuntura de largo prazo em que a globalização da economia implicou maior concorrência e na adoção da gestão por resultados. São elementos de ordem estrutural que explicariam a crescente intensificação. Em segundo lugar, que a gestão por resultados e a responsabilização do sujeito por decisões são fontes de forte tensão vivida pelos trabalhadores. Em terceiro lugar, o serviço bancário hoje é mais intenso.

A mobilização do sujeito envolve, pois, responsabilidade. Mas requer mais do que isso. Exige "comprometimento com a empresa". O empregado do banco ou de uma instituição financeira não é apenas aquele que mantém um contrato de trabalho. É aquele que se engaja com a sorte, com o destino e com os resultados da empresa. Tal engajamento é visto como um mecanismo de cobrar mais resultados. É fonte de tensão e de intensificação.

Uma análise detalhada do discurso dos trabalhadores bancários nos revela, portanto, como o processo de intensificação passa por uma política de gestão que compreende desde a cobrança de resultados efetivos por parte das administrações até a mobilização do sujeito, com apelo à ética de responsabilização pelos atos individuais e ao comprometimento com a sorte da empresa.

5.1.3 Ritmo e velocidade

Ritmo e velocidade são duas formas tradicionais de intensificar o trabalho que encontraram no taylorismo[13] seu desenvolvimento máximo como método científico estudado. Essas formas aparecem no levantamento de campo com um grau de 85% de respostas dos bancários concordando que hoje em dia ritmo e velocidade são superiores. (Tabela 5.1).

Não deixa de ser interessante notar que ritmo e velocidade são exigidos dos trabalhadores bancários. De cada dez assalariados do ramo, mais de oito reconhecem essa obrigação crescente. Ritmo e velocidade são formas de aumentar a produtividade no trabalho industrial. Mas elas também aparecem no serviço bancário moderno. São formas tradicionais de aumentar a produtividade do trabalho empregadas lado a lado com formas consideradas modernas, tais como a gestão por resultados e a mobilização do sujeito. O

---

[13] Frederick Winslow Taylor, *The Principles of Scientific Management* (Nova York, Norton and Company, 1967).

ramo bancário e financeiro combina o moderno com o mais tradicional. Alia polivalência, versatilidade e flexibilidade, que são conhecidas como as características pós-modernas do trabalho toyotista, com as velhas receitas de ritmo intenso e velocidade máxima provindas do taylorismo e da revolução industrial.

5.1.4 Acúmulo de atividades

Uma forma de intensificar o trabalho consiste em aumentar as tarefas ao encargo de um mesmo trabalhador. Trata-se de uma forma aberta de intensificação por aumentar a carga de trabalho. O grau de respostas positivas com respeito ao acúmulo de tarefas apresentado pelos empregados bancários e de instituições financeiras é de 75% (Tabela 5.1), ou seja, de cada quatro funcionários, três indicam que esse mecanismo está sendo empregado. Os bancários se queixam, hoje, de "mais coisas para fazer" ou, conforme outro depoimento, de um "volume maior de tarefas a fazer".

Os bancos argumentam que o aumento das tarefas não resultou em um esforço adicional para os bancários, porque houve um significativo aporte tecnológico nas instituições financeiras. A avaliação dos empregados não é concorde com esse argumento. O "volume de serviço, embora com tecnologia, aumentou" é a constatação que fazem.

A questão da introdução de novas tecnologias de informação e comunicação nas atividades bancárias e financeiras pode substituir trabalho humano como toda a tecnologia. Mas também pode produzir um conjunto de outros efeitos. Ainda no século XIX, Karl Marx[14] argumentava que o emprego de novas máquinas e equipamentos intensificava o trabalho por exigir ritmos e velocidades superiores para acompanhar os aparelhos, aprendizado de novas práticas que exigem trabalho mais rápido, e por colocar, modernamente, diversos dispositivos ao controle de uma pessoa.

As tecnologias de informação e comunicação criam novos meios de tornar o trabalho mais denso. Patrícia Vendramin[15] analisa alguns mecanismos pelos quais elas podem intensificar o trabalho. Primeiramente, observa que elas se tornam suportes-chave de dispositivos organizacionais. Os sistemas de distribuição automática de chamadas nos centros de chamada (*call centers*)

---

[14] Karl Marx, *The Capital* (v. 1, Nova York, International Publishers, 1975), p. 581-2.
[15] Patricia Vendramin, "Les TIC, complices de l'intensification du travail", seminário sobre intensificação do trabalho do Centre d'Études de l'Emploi, Paris, 2002.

permitem cálculos sofisticados sobre a necessidade de mão-de-obra e sua distribuição durante os horários. Tais cálculos conduzem a "tempos de trabalho cada vez mais densos, pois freqüentemente as necessidades de mão-de-obra são calculadas a tempo justo e não há espaço para gerir os imprevistos, os contratempos ou para desenvolver as qualificações ou inovações"[16]. Outro exemplo apresentado consiste na "adoção de novos ritmos de produção" quando a organização está baseada no serviço e aconselhamento da clientela. Os horários de trabalho passam a ser adaptados aos ritmos dos clientes mediante a utilização do trabalho por intervalos, de fim de semana, noturno e outras modalidades flexíveis.

Em segundo lugar, Vendramin observa a ordenação dos fluxos de atividades. As tecnologias de informação e comunicação possibilitam a codificação das informações e dos conhecimentos. Os softwares "reintroduzem a cronometragem e encadeamento de tarefas seqüenciais, numa cadeia de produção virtual [...] e eliminam toda porosidade na circulação das informações e nos tempos passados pelos operadores na organização dessa circulação de informações"[17].

Em terceiro lugar, as tecnologias de informação e comunicação realizam uma "medida implacável do trabalho" realizado, controlam com precisão de segundos o uso do tempo pelo trabalhador.

> Todos esses sistemas de controle eletrônico dos desempenhos são uma fonte de estresse para os assalariados. [...] As tecnologias de informação e comunicação controlam os tempos, as tarefas e produzem uma bateria de indicadores sobre o trabalho de cada pessoa. Elas colocam o assalariado numa situação de controle e dependência inédita, ao mesmo tempo em que se desenvolve um discurso sobre autonomia e responsabilização no trabalho [...]. A obsessão da medida não é sem ligação com a organização a tempo justo. O objetivo é sempre tirar o máximo lucro do tempo, de lutar contra os tempos mortos entre duas operações e contra a "porosidade" do tempo de trabalho.[18]

Ela observa ainda que a natureza do trabalho passa a ser de crescente abstração e de sobrecarga informacional.

> Com as tecnologias de informação e comunicação, o trabalho torna-se cada vez mais abstrato; o assalariado trabalha sobre uma representação da realidade,

---

[16] Ibidem, p. 2.
[17] Ibidem, p. 3.
[18] Ibidem, p. 4.

sobre os monitores dos computadores ou sobre os aparelhos de controle bem mais do que sobre a própria realidade [...]. A sobrecarga informacional é um outro fator de intensificação do trabalho que tomou uma amplitude considerável com o desenvolvimento das redes e dos equipamentos móveis.[19]

As tecnologias de informação e comunicação são também instrumentos de intensificação do trabalho por acúmulo de tarefas, conforme o depoimento de nosso trabalhador bancário.

O acúmulo de atividades está freqüentemente relacionado à redução do quadro de pessoal, que no ramo bancário e de finanças foi dramático nos últimos anos: "diminui o número de funcionários e aumenta o de serviços". Ou ainda, "a diminuição dos funcionários sobrecarregou os que ficaram". Uma terceira funcionária assim se expressa: "o número de funcionários diminuiu e com isso o volume de trabalho aumentou". De forma praticamente idêntica, um quarto bancário fala da "diminuição do quadro e do aumento do volume de serviços". Um quinto faz a relação de causa e efeito: "volume de coisas a fazer aumentou, pois o pessoal de apoio foi embora (diminuição de quadro)". Um sexto, "aumentou o volume de tarefas com a entrada do Banco do Brasil no mercado (venda de produtos), diminuem os funcionários". Por fim: "diminuição do quadro. Aumentou o número de atividades".

5.1.5 Horas de trabalho

Duas questões se sobrepõem na discussão sobre a duração da jornada de trabalho no ramo bancário e financeiro: uma geral e outra específica. Aqui nos interessa sobremodo a condição específica aos bancários, pois é ela que está em jogo neste momento. Os trabalhadores bancários conseguiram uma importante vitória, ainda em 1933[(o)], com a diminuição de sua jornada de trabalho para seis horas diárias. Tal vantagem aliada aos salários relativamente superiores dos demais assalariados brasileiros, entre outras coisas, transformaram o emprego do bancário num ideal muito cobiçado. A reestruturação do setor nos anos 1990, todavia, deu início a uma profunda erosão dessa profissão. Ela foi reduzida numericamente de maneira drástica, e diversas de suas vantagens foram retiradas, a exemplo da virtual estabilidade no emprego. Os níveis salariais praticados diminuíram consideravelmente, o trabalho ficou mais intenso e a vantagem das seis horas diárias passou a ser objeto de intensa disputa entre administradores e sindicatos. É nesse contexto

---

[19] Idem.

de uma ferrenha disputa entre retornar o trabalho do bancário para quarenta horas semanais, como querem os banqueiros, ou mantê-lo em trinta horas, por que lutam os sindicatos, as respostas dos bancários ao quesito sobre horas de trabalho em nosso levantamento são entendidas. Cabe ressaltar que as categorias de apoio ao trabalho bancário, aquelas que não entram na definição profissional de bancário, entre elas todo o serviço terceirizado, os estagiários, os *trainees* e outros trabalhadores contratados em condições especiais operam dentro da jornada de 44 horas semanais como todo e qualquer assalariado brasileiro do setor privado e não gozam da vantagem da jornada do trabalhador bancário.

No ramo dos bancos e finanças, o enfrentamento sobre a duração da jornada é o mais duro entre todos os setores de atividade pesquisados. Em nenhum outro, a porcentagem de respostas atingiu o índice de 62,5% (Tabela 5.1). Seis em cada dez entrevistados deram conta de que a prática de alongar horas está em andamento. A porcentagem é uma indicação inequívoca do grau de acirramento da disputa pela regulação da duração da jornada.

As respostas dos bancários também dão conta da forma de compensação de horas, no Brasil popularmente chamado de banco de horas[20], cujo emprego está amplamente difundido entre bancos e instituições financeiras. O mecanismo possibilita densificar o trabalho pela adequação dos horários dos trabalhadores aos tempos de demanda do mercado.

5.2 Telefonia e comunicação

Originalmente, o sistema de comunicação por telefone no Distrito Federal pertencia ao Estado, tanto sua rede local, em que a empresa se chamava Telebrasília, quanto seu sistema de comunicação nacional e internacional, com a Empresa Brasileira de Telecomunicações. Durante o governo do presidente Fernando Henrique Cardoso todo o ramo de telefonia nacional foi vendido ao setor privado, aí incluído o do Distrito Federal, na maior operação de transferência de propriedade estatal para os capitais privados já efetuada no território brasileiro. Os sistemas de telefonia fixa e móvel passaram a ser operados por empresas que têm participação de capitais não apenas nacionais como também internacionais. Se a compra de telefones fixos

---

[20] Sadi Dal Rosso, "Flextempo: flexibilização da jornada à brasileira", em Mário César Ferreira e Sadi Dal Rosso (orgs.), *A regulação social do trabalho* (Brasília, Paralelo 15, 2003), p. 71-92.

e móveis explodiu de forma espetacular, o preço da comunicação por telefone elevou-se astronomicamente.

A privatização do sistema repercutiu sobre os trabalhadores de diversas maneiras. Inicialmente, por demissão: houve uma redução substancial do número de empregados em telefonia e comunicação. A expansão dos serviços para empresas fez com que novos trabalhadores fossem contratados para atender a demanda, conduzindo mais tarde ao crescimento do emprego no setor[21]. Em segundo lugar, os funcionários remanescentes passaram a trabalhar segundo a cartilha do programa de qualidade total.

A seguir são analisados os resultados empíricos do levantamento sobre intensidade no ramo de telefonia, procurando compreender o conjunto das determinações que se manifestam sobre o trabalho dos telefônicos, mas tendo a especial preocupação de destacar aquilo que é novo nesse serviço. O trabalho dos telefônicos é tipicamente imaterial. Portanto, apreendendo os elementos da intensidade nesse ramo de atividade, poder-se-á iluminar também as determinações a que está sujeito o trabalho imaterial. Operamos com a hipótese de que nem só formas novas de intensificar o trabalho operam no setor da telefonia. Esperamos encontrar também formas convencionais de acelerar o ritmo ou de adensar o trabalho empregadas nos ramos que caracterizam o trabalho imaterial. Isso em nada reduz a importância do trabalho imaterial. Apenas indica que ele também está sujeito a determinações correntes de todo o trabalho humano.

Francis Green[22] escreve que os *call centers* são para a Revolução Informática o que as *sweat-shops*, expressão que indica elevado grau de exploração e precarização das condições de trabalho, foram para a Revolução Industrial.

Os telefônicos aparecem em segundo lugar (67,3%), em nosso levantamento no Distrito Federal, como o ramo de atividades em que os trabalhadores mais sentem os efeitos da intensidade. Em primeiro lugar, está, como já escrito, o serviço em bancos e instituições financeiras (72,5%). Portanto, no Distrito Federal, as verdadeiras *sweat-shops* do início do século XXI seriam as instituições bancárias e financeiras, seguidas de perto das empresas de telecomunicação.

---

[21] Ruy Gomes Braga Neto, "Trabalho e fluxo informacional: por uma sociologia da condição proletária contemporânea" (Caxambu, anais do 30º Encontro Anual da Anpocs, 2006).
[22] Francis Green, *Why Has Work Effort Become More Intense? Conjectures and Evidence about Effort-Biased Technical Change and other Stories* (Kent, Department of Economics, University of Kent at Canterbury, 2000).

TABELA 5.2

QUADRO SÍNTESE SOBRE INTENSIFICAÇÃO DO TRABALHO NAS ATIVIDADES DE TELEFONIA, AVALIAÇÃO DOS ASSALARIADOS

Pergunta	Respostas positivas
Comparando com a época em que começou a trabalhar, você avalia que o seu trabalho hoje é mais intenso, menos intenso, igual	Mais = 67,3%
Hoje você trabalha mais horas ou menos horas do que quando começou a trabalhar	Mais = 38,8%
O seu trabalho reúne atividades que antes eram exercidas por mais de uma pessoa	Sim = 34,7%
A empresa exige de você polivalência, versatilidade e flexibilidade	Sim = 46,9%
O ritmo e a velocidade do seu trabalho hoje são maiores do que anteriormente	Sim = 93,9%
A administração da empresa cobra mais resultados do trabalho hoje do que anteriormente	Sim = 93,9%

Fonte: Amostra, Intensidade, Distrito Federal, 2000-2002.

O trabalho em telefonia e comunicação é avaliado como denso pelos assalariados basicamente por duas razões: pelo ritmo e velocidade e pela cobrança de resultados. Ambos os quesitos recebem a concordância de nove em cada dez trabalhadores entrevistados (93,9%, Tabela 5.2). As demais modalidades são menos relevantes como mecanismos de elevação da carga de trabalho dos telefônicos. Ritmo e velocidade são formas de intensificação empregadas especialmente no trabalho material. Administração por resultados é a característica mais típica do trabalho imaterial.

5.2.1 Trabalho imaterial

Das questões postas aos trabalhadores em nosso levantamento, gestão por resultados e adoção dos princípios de polivalência, versatilidade e flexibilidade (46,9%) são as que mais se aproximam do trabalho imaterial (Tabela 5.2). Enquanto gestão por resultados consegue praticamente consenso (93,9%) entre os assalariados entrevistados como forma de tornar o trabalho mais denso hoje, polivalência, versatilidade e flexibilidade são avaliadas por um em cada dois entrevistados como tal. Ou seja, polivalência, versatilidade e flexibilidade não são, ainda, qualificações tão exigidas pelo trabalho telefônico no Distrito Federal. As respostas não indicam nada sobre a possibilidade de que venham a sê-lo no futuro. Apenas no presente não são tão demandadas.

A partir dessas informações estatísticas, aprofundaremos nossa análise por meio da utilização das respostas livres, dos depoimentos, das experiências narradas, das avaliações feitas e dos livres discursos.

O trabalho imaterial hodierno é ininteligível sem o concurso das mudanças tecnológicas. A literatura, ao se referir ao emprego de tecnologias de informação[23], destaca seu papel sobre a intensificação do trabalho. Nossos entrevistados concordam com essa avaliação: "O computador só é mais bonitinho, mas se trabalha mais com ele". Outro telefonista: "Dizem que o computador melhora a vida, mas na Telebrasília piora". Quando buscamos compreender por que os computadores são instrumentos que tornam mais denso o trabalho, a primeira razão alegada é que ele permite imprimir um ritmo mais rápido ao trabalho. "Os computadores aumentam o ritmo", afirma uma telefonista. Uma segunda, reforça o argumento da seguinte maneira: "O ritmo é maior com os computadores que foram instalados".

Além de elevar o ritmo, os computadores permitem uma distribuição tal das chamadas que os microtempos de descanso dos quais os telefônicos se beneficiavam praticamente desapareçam. "A gente não pára de atender telefone", reclama uma telefonista. Os computadores possibilitam uma racionalidade superior que elimina as micropausas e submete a fisiologia ao ritmo da máquina: "Não tenho tempo nem de ir ao banheiro", protesta esse trabalhador de telefonia.

Computadores e programas de informática agem como elementos de intensificação à medida que introduzem sistemas de controle do trabalho infinitamente superiores aos realizados por meio de fiscais ou supervisores. A existência de um severo controle é amplamente vivenciado pelos assalariados. "Tudo é controlado" e "Tudo é fiscalizado" são discursos correntes entre os telefônicos. O controle é exercido por meio do computador: "Todos os telefonemas que eu atendo são controlados por computador". Essa fiscalização é altamente eficiente: "Por um sistema eletrônico, a empresa controla com maior eficiência".

Vejamos agora o sistema prático adotado pelas empresas de telefonia do Distrito Federal para controlar o trabalho e que imprime o ritmo insano do

---

[23] Idem.

qual os funcionários se queixam. Uma telefonista diz que "tem um sistema de pontuação que permite saber quanto se trabalha no dia", outra que "hoje se controla por pontuação quantos telefonemas se atende", uma terceira lembra que "antigamente não se tinha controle do número de clientes atendidos, hoje já se faz isso e cobra-se muito", uma quarta observa que, "na Telebrasília celular, tem uma pontuação de rendimento. É, no fundo, para cobrar mais da gente", um quinto operador responde que "tem um controle para saber quantos clientes foram atendidos".

Os computadores modernos, os programas e os softwares exercem um controle implacável sobre o trabalho cotidiano dos telefônicos por meio de um prosaico sistema de "pontuação", que pode servir como subsídio para avaliação de desempenho e remuneração por produtividade, quando não como ameaça de perda do emprego.

Os computadores e os programas atualizam sistemas de controle sobre os tempos de trabalho e sobre o desempenho dos trabalhadores individuais que deixam as formas de fiscalização tradicionais da época da Revolução Industrial, por meio dos chefes ou dos supervisores da época do taylorismo, ou ainda, da cadeia rolante do fordismo do século XX, como elementos absolutamente primitivos de racionalização do trabalho. Somente a partir das máquinas inteligentes o trabalho pode ser densificado a um grau superior, como o que temos hoje nas *sweat-shops* das empresas de telefonia e comunicação. Computadores e máquinas inteligentes são pré-condição. Sem elas, não haveria como obter tal grau de eficiência do trabalho cotidiano. Não haveria como explorá-lo tão eficazmente. "A informática permitiu igualmente melhorar aquilo que o cronômetro realizava. As tecnologias de informação e comunicação medem sem piedade a produtividade do trabalho"[24].

O controle social exercido pelos computadores sobre o trabalho dos funcionários desencadeia a cobrança: "em tudo a gente é mais cobrado" e "hoje cobra-se muito mais" são expressões que demonstram a pressão contínua por resultados. A cobrança provém de dois lados: administradores e clientela.

A literatura a respeito das escolas de gestão enfatiza o papel do patronato e dos administradores na direção das firmas ou dos governantes no desempenho dos serviços estatais, bem como na cobrança dos resultados[25]. Na política contemporânea de qualidade total, administradores cobram

---

[24] Patricia Vendramin, "Les TIC, complices de l'intensification du travail", cit.
[25] Frederick Winslow Taylor, *The Principles of Scientific Management*, cit.; Henry Ford, *Princípios da prosperidade: minha vida e minha obra, hoje e amanhã, minha filosofia da indústria* (Rio de

resultados: "A diretoria está de olho na gente toda a hora" e "Pressão da chefia, nenhum tipo de incentivo. Eles prometem muito, mas nada fazem".

Dispondo de um controle estrito, proporcionado pelas máquinas inteligentes, sobre o trabalho realizado[26], os administradores acionam com o chicote da demissão a todos quantos não atingem as metas: "Não tem estabilidade. É fácil demitir", "Qualquer coisa, a chefia demite", "Se não fizer direito, é demitido" e "Qualquer um pode virar bode expiatório e ser demitido". A ameaça de demissão cria um ambiente de medo no serviço. Trabalha-se por medo: "Todo o mundo tem medo de ser demitido". O medo de demissão está também registrado em outros estudos sobre intensificação do trabalho contemporâneo. Vendramin escreve: "O estresse e o medo se espalham: [...] medo de não atingir os objetivos, medo de estar abaixo das médias, medo de não cumprir as prescrições, em suma, medo de passar por uma malha fina e perder seu emprego"[27].

Uma segunda fonte de pressão sobre os trabalhadores decorre da clientela: "saio do trabalho exausta e estressada, porque a gente só recebe reclamação tanto do cliente quanto do patrão" e "a cobrança é maior hoje tanto do cliente quanto do patrão". A chamada pressão do mercado[28] se manifesta de distintas maneiras sobre os trabalhadores, seja por meio do enorme esforço emocional para dar conta das mil reclamações dos clientes no dia-a-dia como acontece na telefonia, seja sob a forma de distribuição de horários flexíveis de trabalho para responder a demandas variáveis.

A flexibilização de horários aparece nas entrevistas sob a forma de trabalho em período noturno: "O trabalho noturno é mais intenso que todos" e "Antigamente trabalhar à noite era melhor porque tinha menos serviço, mas hoje diminuíram tanto o número de funcionários à noite que está pior. Nunca mais pego turno à noite".

Ainda que a flexibilização não tenha aparecido com o mesmo grau de consenso que a cobrança de resultados no levantamento de campo no Distrito

---

Janeiro, Brand, 1954); Taiichi Ohno, *L'esprit Toyota* (Paris, Masson, 1989); Marc Bartoli e Michel Rocca, "Gestion par objectifs et réquisition de compétences: ver de nouvelles sources d'intensification du travail", cit.

[26] Thomas Perilleux, "Diffusion du contrôle et intensification du travail", seminário sobre intensificação do trabalho do Centre d'Études de l'Emploi, Paris, 2002.
[27] Patricia Vendramin, "Les TIC, complices de l'intensification du travail", cit., p. 6.
[28] Michel Gollac e Serge Volkoff, "Citius, altius, fortius. L'intensification du travail", *Actes de la Recherche en Sciences Sociales*, Paris, Seuil, n. 114, 1996.

Federal, ela aparece no discurso dos entrevistados, indicando que algumas formas de flexibilização já são aplicadas no campo da telefonia.

Certo grau de polivalência e versatilidade no trabalho[29] também é requerido no campo da telefonia e da comunicação: "Hoje desempenho várias funções, antes era só atendimento".

A gestão por resultados e o programa de qualidade total que as empresas de telefonia procuram implementar e que "são só para explorar mais", na fala de uma telefonista, aliado aos esquemas de controle empregados pela empresa, desenvolve uma conseqüência sobre o trabalho coletivo: o autocontrole ou a fiscalização mútua. Trata-se de uma forma de internalização das regras e de assunção do papel de controle recíproco entre os trabalhadores. Esse tipo de controle em cadeia, envolvendo o sujeito trabalhador a partir dele e não mais a partir das chefias e dos administradores, que se expande como elemento de fiscalização mútua sobre os funcionários não foi ainda adequadamente apontado na literatura especializada sobre condições de trabalho e modos de dominação. É importante, pois, destacar o discurso de trabalhadores do ramo da telefonia em que dão conta desse mecanismo de autocontrole. Diz uma antiga funcionária: "A empresa criou inimizade entre nós mesmas. Uma fica fiscalizando a outra". Da mesma maneira, uma segunda funcionária fala: "Hoje, a gente compete até com a amiga de trabalho. É culpa da empresa". Uma terceira assim se expressa: "A empresa criou a competição entre quem trabalha e faz as mesmas coisas". Esses discursos dão conta de que o sujeito do trabalho passa a internalizar sob a forma de fiscalização ou de competição o papel de controle por resultados, exercido pelas empresas. O controle de si e dos outros que transparece na forma mais moderna do trabalho imaterial, como forma sutil de aumento da produtividade, é o controle do sujeito.

5.2.2 Trabalho material

Mesmo em suas manifestações mais clássicas, tais como nos ramos de telefonia e comunicação, de finanças, de educação, de saúde e de cultura, o trabalho imaterial não foge às formas de intensificação típicas do ofício material. A Tabela 5.2, acima, mostra que aumentar ritmo e velocidade recebe o quase consenso das respostas dos trabalhadores entrevistados. Telefonia é um exemplo destacado de como a densificação pode ser obtida por meio de

---

[29] Armelle Gorgeu, René Mathieu e Michel Pialoux, "Polyvalence, polycompétence ouvrières et intensification du travail: l'exemple de l'industrie automobile", cit.

meios tecnológicos altamente sofisticados de modo a que a porosidade do trabalho seja reduzida e a que os tempos mortos sejam retirados dos horários de trabalho[30]. Jean-Pierre Durand e Sylvain Girard[31] argumentam que, perante as pressões patronais pelo aumento da carga de trabalho, os mecanismos de defesa a que os trabalhadores têm acesso são a construção de procedimentos informais e o recurso a estratégias de evasão.

5.3 Supermercados

As grandes cadeias de supermercados passaram a controlar o imenso ramo de abastecimento urbano, utilizando para isso uma estrutura diversificada em tamanho e função dos estabelecimentos, que vão desde os descomunais hiper e maxiempreendimentos, passando pelos empórios médios e chegando até os minicomércios das redes de vizinhança. As cadeias de supermercados represen-

TABELA 5.3

QUADRO SÍNTESE SOBRE INTENSIFICAÇÃO DO TRABALHO EM GRANDES SUPERMERCADOS, AVALIAÇÃO DOS ASSALARIADOS

Pergunta	Respostas positivas
Comparando com a época em que começou a trabalhar, você avalia que o seu trabalho hoje é mais intenso, menos intenso, igual	Mais = 46%
Hoje você trabalha mais horas ou menos horas do que quando começou a trabalhar	Mais = 28%
O seu trabalho reúne atividades que antes eram exercidas por mais de uma pessoa	Sim = 44%
A empresa exige de você polivalência, versatilidade e flexibilidade	Sim = 86%
O ritmo e a velocidade do seu trabalho hoje são maiores do que anteriormente	Sim = 68%
A administração da empresa cobra mais resultados do trabalho hoje do que anteriormente	Sim = 78%

Fonte: Amostra, Intensidade, Distrito Federal, 2000-2002.

---

[30] Patricia Vendramin, "Les TIC, complices de l'intensification du travail", cit., p. 3.
[31] Jean-Pierre Durand e Sylvain Girard, "Attribution, perception et négociation de la charge de travail", *Les Cahiers d'Évry*, Évry, Université d'Évry Val d'Essonne, maio 2002.

tam consideráveis *loci* de concentração de capital com origem nacional e, já em boa medida, com participação acionária de capitais internacionais, especialmente estadunidense e europeu.

5.3.1 No começo era a polivalência

O trabalho no ramo de supermercados também já está em adiantado estado de transformação organizativa, por meio da aplicação dos conceitos de polivalência, qualidade total e gestão por resultados. Foi nesse setor que obtivemos a entrevista que fazia a apologia de uma possível transição do sistema de empregos para o sistema de trabalhos, com a qual construímos a introdução deste livro. Esse discurso das mudanças organizativas em curso ou desejadas indica a familiaridade com o tema no meio. Não é algo distante, longínquo. É próximo. É mudança em movimento.

As respostas dos trabalhadores em relação aos quesitos de intensidade também são explícitas. A absoluta maioria dos entrevistados aponta para as qualificações de polivalência, versatilidade e flexibilidade exigidas no serviço. De cada dez trabalhadores, oito indicam que tais qualificações são requeridas pelas empresas. Está em curso avançado uma mudança profunda do perfil do assalariado dos supermercados. Os trabalhadores que as empresas buscam devem ser polivalentes, versáteis e flexíveis.

Esses três elementos são formas contemporâneas de intensificar o trabalho. Tal alteração dos comportamentos dos empregados passa por uma redefinição nominativa do trabalhador e de sua ocupação. O funcionário não é mais um caixa ou um repositor de mercadorias. Ela e ele são operadores. A mudança vocabular encerra o núcleo do conceito de polivalência e flexibilidade. Não mais um caixa ou um repositor. E sim um operador que é caixa, repositor ou conselheiro da clientela de acordo com a necessidade do momento no estabelecimento.

Não parece ser esse o final da alteração dos nomes. O ato de conferir um nome, tal como na pia batismal, visa mais adiante. De operador, o assalariado de supermercado passará a parceiro, não sócio, mas parceiro. E de parceiros não se esperam conflitos, nem problemas, nem mesmo relações de trabalho que exijam direitos especiais. Essa manobra parece caminhar no sentido de desconstruir a relação de assalariamento, passando para uma de prestação de serviços ou parceria. Quem viver verá!

Os supermercados estão à frente de muitos outros ramos de negócios também por adotar a gestão por resultados. Não mais a administração centrada sobre o comportamento dos empregos em trabalhos contínuos, mas a gestão segundo os resultados conseguidos. Oito de cada dez assalariados (78%) indicaram que as chefias das empresas cobram mais resultados (Tabela 5.3). É uma evidência poderosa da maneira como os empregados sentem os efeitos das cobranças sobre seu trabalho cotidiano.

5.3.2 Gestão por resultados

"Tem de ser o melhor!", fala uma assalariada de supermercado.

Obtém-se uma evidência mais precisa do significado da gestão por resultados sobre a intensidade do trabalho com a análise dos discursos livres proferidos pelos entrevistados. Se pairar qualquer dúvida quanto à capacidade das evidências quantitativas ou sua objetividade com relação ao papel da administração por resultados, os livres discursos nos brindam com outro tipo de argumentos que permitem entender as razões, captar as experiências e compreender as significações que os trabalhadores atribuem à administração por resultados.

O primeiro elemento depreendido da análise dos discursos é a importância da gestão por resultados no processo de intensificação do trabalho. No ramo dos grandes supermercados, a razão principal para o serviço ser puxado é a cobrança das gerências e das chefias. Inúmeros discursos demonstram esse papel: "a empresa está cobrando muito mais dos funcionários", diz uma trabalhadora de um grande supermercado de Brasília. Outra afirma no mesmo sentido: "cada dia a empresa exige mais dos funcionários". Um terceiro empregado formula numa expressão mais sintética a mesma idéia de que há "maior cobrança por parte da empresa". Cito dois outros discursos indicadores do papel da gestão das empresas na intensificação: "a exigência da empresa é muito maior, não se pode ficar parado" e "como o desemprego está grande, a empresa cobra mais". Esse último discurso faz uma relação entre o desemprego, que é um fenômeno que está em todas as camadas sociais, e a adoção da política de cobrança por resultados. O ambiente de desemprego elevado interpõe obstáculos aos funcionários nas negociações salariais e também no estabelecimento das condições de trabalho mais favoráveis, fazendo pender as disputas para o lado das empresas.

Os entrevistados fazem comparações no tempo para definir um ascenso da gestão por resultados, como no discurso de que: "antes fazia menos trabalho", mas agora "aumentou a cobrança". O discurso contém uma perspectiva de história. Possui um antes e um agora. A fala é de um trabalhador que há anos labuta no ramo e mostra que a intensificação é um processo datado no tempo. Teve começo, foi introduzido há um tempo não bem certo. Mas é algo novo, é uma política nova. Não era uma forma de gestão que poderia ser encontrada antigamente no ramo. É nova. Esse discurso desvela basicamente que o processo de intensificação é recente, não apenas no mundo dos supermercados, mas em todo o conjunto da economia. Os autores internacionais sempre estabelecem o início dessas mudanças, entre as quais se inclui a intensificação, nos anos 1980[32]. No Brasil, tais mudanças chegaram um pouco mais tarde, no período de forte reestruturação econômica das empresas e com ela também a adoção de políticas de gestão do trabalho dos anos 1990, com a abertura da economia brasileira. Nosso entrevistado capta esse processo com toda a clareza. Antes não existia tal política. Agora é tempo de cobrança.

Como os funcionários de grandes supermercados definem essa política de cobranças? É uma política que "não admite erros" e para a qual "não se pode cometer erro". Erro zero é uma das máximas das gestões por qualidade total e sua origem como política empresarial remonta à formulação toyotista em torno dos anos 1950, segundo o relato de Taiichi Ohno[33]. Erro zero opera como um dos pilares da política de cobranças de resultados.

Quando a empresa cobra "resultado" significa exigir tanto qualitativamente "um bom desempenho no serviço" quanto quantitativamente "mais desempenho". O rendimento quantitativo do trabalho é expresso de várias maneiras pelos discursos dos empregados: a empresa cobra "cada vez mais produtividade", "cobra que renda cada vez mais" e "a empresa cobra mais serviço e sempre bem feito". O último discurso já introduz a noção de qualidade nas cobranças das empresas, que será enfatizada num conjunto grande de falas dos entrevistados.

Nada melhor expressa a idéia de qualidade total do que o discurso de que "tem que ser o melhor!" Ou ainda essas outras falas: a empresa "cobra que todo o trabalho seja feito com perfeição", "exige maior perfeição", "cobra que o trabalho seja bem feito sempre, cobra que o funcionário faça tudo bem feito", enfim, "tem de fazer em tudo o melhor possível". Para não deixar qualquer

---

[32] Robert Castel, *L'insécurité sociale: qu'est-ce qu'être protégé?* (Paris, Seuil/République des Idées, 2002); Alain Fernex, "Intensité du travail, définition, mesure, évolutions", seminário sobre intensificação do trabalho do Centre d'Études de l'Emploi, Paris, 2000; Francis Green, *Why Has Work Effort Become More Intense? Conjectures and Evidence about Effort-Biased Technical Change and other Stories*, cit.; Michel Gollac e Serge Volkoff, "Citius, altius, fortius. L'intensification du travail", cit.

[33] Taiichi Ohno, *L'esprit Toyota*, cit.

dúvida, as declarações mostram que as empresas exigem não apenas "competência", como também "dedicação total!". Tal expressão margeia a noção de instituição total, de que as empresas modernas estariam se revestindo, tamanho o grau de exigência lançado sobre os empregados.

Os discursos dão conta da cobrança de elementos cujas competências são parte das tarefas das administrações superiores, tais como balanço, lucro e custos. A empresa "cobra muito mais resultado em relação ao balanço e ao lucro". Uma outra funcionária fala que a gente tem de "se preocupar com custos". Esse é o sentido das cobranças feitas pelas empresas na forma entendida pelos empregados.

Resultados qualitativos e quantitativos e preocupação com custos e lucros são elementos essenciais para os grandes supermercados. Mas não chegamos ainda ao limite da dedicação cobrada dos trabalhadores. Porque as empresas desejam "comprometimento", "empenho", "mais responsabilidade" e "maior responsabilidade". Tais requisitos captados pelos empregados dos discursos das chefias ou das sessões de "treinamento das equipes" envolvem profundamente o sujeito, não apenas sua responsabilidade, como seu comprometimento. Tal cobrança de responsabilidades é vista como um mecanismo altamente sofisticado de intensificação pelo qual as gerências e chefias teriam diminuídas as exigências de controles externos, uma vez que os controles subjetivos dos trabalhadores exerceriam esse papel.

A cobrança sobre os sujeitos passa pela mobilização de sua corporalidade e seus hábitos, como por exemplo na exigência de "higiene", e também pelo envolvimento subjetivo de suas condições interiores, devendo os empregados se mostrar "bem dispostos" e "simpáticos" no trato com a clientela e com os colegas de trabalho.

A gestão por resultados no ramo dos grandes supermercados não se sustenta com o discurso das competências modernas exigidas do trabalhador. No afã por resultados, as empresas lançam mão da socialização pela obediência, que é empregada desde pelo menos a Revolução Industrial. Nessa socialização, as empresas controlam antes de mais nada a questão dos tempos de trabalho. Elas cobram "pontualidade", obediência a "horários", "hora certa para chegar" e "que o trabalho seja feito a tempo". Cobram ainda "agilidade" no trabalho e "organização" para "manter os produtos" e para que nunca "faltem produtos".

Os empregados dos grandes supermercados indicam que a intensificação também toma lugar através do tradicional mecanismo de acúmulo da carga de trabalho que se estabelece por meio da redução do número de funcionários e do conseqüente aumento da quantidade das "coisas a fazer" para cada indivíduo.

Igualmente opera no ramo das grandes redes de supermercados o clássico mecanismo de densificação do trabalho mediante a redução da sua porosidade, com a subtração ou diminuição de intervalos de descanso.

Por fim, o alongamento da jornada também é percebido como fator de intensificação pelos empregados do setor.

5.3.3 Ritmo e velocidade

Larga maioria dos entrevistados, sete em cada dez (68%, Tabela 5.3), concorda que o ritmo e a velocidade imprimidos ao trabalho é superior hoje do que anteriormente, fato indicador do crescimento do grau da intensidade. Se aumenta a velocidade, cresce correspondentemente o *quantum* de trabalho feito e a quantidade ou qualidade dos resultados. Ritmos mais intensos e aumento de velocidades demandam mais energia do trabalhador.

Agilidade e rapidez são como os funcionários percebem e expressam essa dimensão. A empresa "cobra mais agilidade", declara um trabalhador. Na mesma linha, outro afirma que a empresa pede "mais agilidade", trabalhar "mais rápido, tem de ser o melhor". Os discursos livres dos entrevistados corroboram a avaliação quantitativa de que há uma crescente pressão por mais rapidez no trabalho, o que equivale dizer que o trabalho em grandes supermercados está passando por intensificação.

Os demais quesitos sobre outros meios de intensificar o trabalho recebem uma avaliação quantitativa inferior a 50% dos entrevistados. Portanto, não se situam na linha de frente da elevação da intensidade. O alongamento da jornada é declarado por 28% dos entrevistados. O acúmulo de tarefas por 44% (Tabela 5.3). Não são nesses campos que se concentram as políticas de mais trabalho dos grandes supermercados.

5.4 Ensino privado

No Brasil o ensino privado estabeleceu-se como um dos ramos mais promissores de investimentos de capitais. O Distrito Federal apresenta um grande número de escolas particulares que vendem todos os tipos de cursos, do pré-escolar ao pós-universitário. Catapultada pela renda *per capita* elevada da região, que é sustentada em boa medida pelos salários pagos pelos governos local e nacional, a rede de ensino privado explodiu. Mas esse mercado já está atingindo seus limites máximos em alguns níveis educacionais. Muitas faculdades particulares, por exemplo, não estão mais conseguindo preencher as vagas oferecidas nos exames vestibulares, o que torna breve processos de fusão, compras de estabelecimentos, redução do número de agentes que atuam no ramo, concentração em poucas empresas e falências.

Nesse quadro de expansão do ensino privado, como andam as condições de trabalho dos seus empregados? Está em curso ou não um processo de elevação do grau da intensidade nas escolas particulares do Distrito Federal? Quais as suas principais manifestações?

Dos seis quesitos propostos aos entrevistados do ensino privado, cinco obtiveram respostas com porcentagens superiores a 50%. A Tabela 5.4 dá suporte ao argumento de que um processo de crescente exigência de mais trabalho está em andamento nas escolas particulares. O segundo elemento de análise é o número de cinco quesitos sobre seis que recebem respostas concordantes dos entrevistados. A rede privada de ensino está fazendo uso de uma grande variedade de meios, cinco sobre seis, para aumentar a carga de trabalho dos seus empregados. Nenhuma delas, no entanto, obtém consenso generalizado dos entrevistados, o que indica um processo em vias de implantação e consolidação, sem ainda concentração em torno de uma qualidade básica requerida do mestre de salas ou do funcionário administrativo. A rede privada de ensino atua na horizontalidade das modalidades de intensificação, mais do que na verticalidade. As razões que explicam esse comportamento horizontal parecem estar ligadas à inexistência de uma teoria consensual de gestão do trabalho educacional que explicite as capacidades e as competências exigidas, ao fato de que já existem mecanismos tradicionais de controle sobre o trabalho no ensino, a par das qualificações ditas modernas, e à resistência dos docentes e servidores quanto à interferência dos proprietários dos negócios educacionais no trabalho acadêmico. A luta dos trabalhadores da educação privada teve como ponto alto no Distrito Federal uma greve em 1989. Daquele ano em diante, as negociações são realizadas anualmente sem maiores dificuldades, obtendo os funcionários reposições salariais superiores às do setor público e melhorando algumas condições de trabalho, valendo-se para isso da possibilidade de transferir diretamente os custos dos acordos para as mensalidades dos alunos[34].

As competências mais exigidas do trabalho na educação privada correspondem às tecnologias modernas de gestão do trabalho. Polivalência,

---

[34] Ulisses Borges Resende, *Mobilização social no DF: abordagem comparada dos professores das redes pública e privada – 1995-2002*, dissertação de mestrado não publicada, Universidade de Brasília, 2003.

TABELA 5.4

QUADRO SÍNTESE SOBRE INTENSIFICAÇÃO DO TRABALHO EM ESCOLAS PRIVADAS

Pergunta	Respostas positivas
Comparando com a época em que começou a trabalhar, você avalia que o seu trabalho hoje é mais intenso, menos intenso, igual	Mais = 60,0%
Hoje você trabalha mais horas ou menos horas do que quando começou a trabalhar	Mais = 53,3%
O seu trabalho reúne atividades que antes eram exercidas por mais de uma pessoa	Sim = 23,7%
A empresa exige de você polivalência, versatilidade e flexibilidade	Sim = 66,7%
O ritmo e a velocidade do seu trabalho hoje são maiores do que anteriormente	Sim = 53,3%
A administração da empresa cobra mais resultados do trabalho hoje do que anteriormente	Sim = 53,3%

Fonte: Amostra, Intensidade, Distrito Federal, 2000-2002.

versatilidade e flexibilidade recebem 66,7% de respostas afirmativas dos entrevistados (Tabela 5.4). Outra característica considerada moderna é a gestão por resultados, indicada por 53,3% dos funcionários. As escolas privadas do Distrito Federal empregam meios gerados pelas propostas toyotistas, de qualidade total ou outras escolas contemporâneas de administração do trabalho. Se, de um lado, apóiam-se sobre esse ângulo da gestão mais contemporânea, jamais ousam desfazer-se das técnicas tradicionais criadas pelo taylorismo e fordismo. Por isso, num patamar um pouco inferior de respostas, ainda assim com porcentagens sempre superiores a 50%, encontram-se os quesitos de número de horas de trabalho, ritmo e velocidade.

5.4.1 Trabalhar sem parar

A rede de ensino privado é um dos poucos ramos de trabalho do Distrito Federal em que se verifica um alongamento das horas de trabalho. O outro é representado pelas atividades em instituições bancárias e financeiras, ramo em que está em curso a luta para manter as trinta horas semanais que os funcionários desfrutam há décadas ou elevá-las a 44 horas, como querem os banqueiros. O ensino privado apresenta freqüentes casos de jornadas de trabalho inauditas, cuja duração só conhecemos menção no auge da

Revolução Industrial[35]. Casos como esses são as pontas mais visíveis dos icebergs e indicam que o número de horas no campo do ensino tende a se manter longo ou mesmo a aumentar, porque os professores são pagos em sua quase totalidade por produção, a saber, à base de horas lecionadas. Como tal especificidade do pagamento do docente por horas-aula não é própria do Distrito Federal, a questão das longas jornadas é um problema para os docentes do Brasil inteiro.

5.4.2 Gestão por resultados

A administração da rede privada de ensino segundo a idéia de resultados está parcialmente implantada nas escolas privadas. 53,3% dos entrevistados responde que são cobrados por resultados (Tabela 5.4). "A cobrança é constante" e "a cobrança é a mesma de anteriormente, ou seja, intensa" são expressões que dão conta do papel das administrações escolares, donos, diretores, chefes e supervisores.

Algumas pressões sentidas pelos professores situam-se no âmbito acadêmico e profissional. Assim é a idéia de estar em dia com a área de conhecimento e com os desenvolvimentos técnicos do ensino. As falas "tem de estar sempre atualizado", "as escolas nos obrigam a fazer cursos de aperfeiçoamento", "com todas essas inovações, Internet principalmente, somos obrigados a estar sempre muito bem-informados, atualizados" e, por fim, "trabalhamos com um método de ensino que passou a ser cobrado com maior rigor (treinamento obrigatório em horário que não é de trabalho e não é remunerado)", proferidas por diversos professores, dão conta da cobrança por formação contínua. A referência à "competência" também aparece nos cenários desses discursos. Um problema que é levantado por uma das declarações consiste nas condições para atualização, formação e aperfeiçoamento. A resposta revela que os cursos são obrigatórios, mas não remunerados. Os professores devem se aperfeiçoar, porém as escolas não querem gastar um centavo sequer em formação.

Quem já entrou uma vez numa sala de aula, seja como professor seja como aluno, sabe que existe outra face da cobrança, cujo objetivo é controle e se aproxima da repressão. A pedagogia do medo e da repressão é antiga na rede. Conforme os entrevistados, a rede privada de ensino do Distrito Federal ainda

---

[35] Adriana Giubertti, *Trabalho prá que te quero: o espaço ocupado pelo trabalho na vida do indivíduo contemporâneo*, tese de doutorado não publicada, Departamento de Sociologia da Universidade de Brasília.

não superou esse estágio repressivo, em que o professor tem de ser moldado aos ditames das administrações escolares. "A coordenadora observa e assiste algumas aulas", reclama uma professora. "As escolas nos ameaçam", denuncia outro docente referindo-se à possibilidade de diminuição de alunos e redução de turmas para lecionar. Os trabalhadores do ensino reclamam ainda do sistema de "supervisão".

Na onda dessa administração por cobranças, que emprega o controle e a repressão como instrumentos corriqueiros de educar os professores, são constantes as referências a uma determinada ética da "responsabilidade" que deveria transparecer em comportamentos tais como "pontualidade" e cumprimento dos deveres.

5.4.3 Mais trabalho

Entre os professores, o aumento da carga de trabalho na rede privada de ensino acontece normalmente mediante a atribuição de mais turmas, o que implica em mais horas de trabalho dentro da sala de aula e fora dela na preparação de aulas, correção de trabalhos e provas, orientação de alunos etc. Dessa maneira, os professores chegam a compor cargas semanais inconcebíveis em outros ramos: "mais responsabilidades e atribuições e projetos para serem acompanhados, maior número de aulas à noite, em colégio e faculdade". Uma professora diz que houve "aumento da carga horária semanal" e que a "principal diferença é a atividade em duas empresas".

O trabalho docente na rede privada de ensino é completamente moldado pela flexibilidade de horários. Aliás, podemos dizer que o trabalho de professor é o exemplo típico disso. Primeiro, porque o contrato de trabalho feito na rede privada é sempre por número de horas a lecionar e não por períodos fixos de vinte, trinta ou quarenta horas. Em segundo lugar, porque essas horas não precisam ser seqüenciais, podendo variar por dias da semana, período diurno e noturno, semestres etc. Nesses termos, o trabalho do docente privado representa o ápice da flexibilidade.

Entre o pessoal não-docente que trabalha na rede, transparecem outros mecanismos de aumento da carga de trabalho revelados pelas falas dos entrevistados. Um assim se expressa: "antes ficava só na portaria, agora estou na área de execução e devo verificar ainda os documentos dos estudantes"; outro conta que "precisa atender rápido porque tem tempo de fila"; um terceiro funcionário administrativo afirma que "devido ao aumento de responsabilidade, trabalhos específicos e distribuição de serviços são feitos por mim"; um quarto empregado indica que o "cargo exige mais" dele; uma quinta funcionária explica que "hoje tem de trabalhar mais para poder se sustentar, pois o dinheiro não está dando".

5.5 Construção civil

O ramo da construção civil no Distrito Federal é grande, tanto no sentido do volume de capital investido, quanto na ocupação da mão-de-obra. Dados da Pesquisa de Emprego e Desemprego, do Dieese, da Fundação Seade e da Secretaria de Trabalho do Distrito Federal estimam em 12 mil os empregados do setor no Distrito Federal em 2004.

Em que pese tal poderio, a construção civil hoje não se caracteriza por grandes transformações tecnológicas nem por modelos de organização do trabalho. Os maiores investimentos feitos durante a construção do trem metropolitano de Brasília, em boa parte, terminaram carreados para capitais externos ao Distrito Federal, ficando o setor excluído da construção pesada e confinado a obras de habitações, lojas e investimentos semelhantes.

O levantamento sobre a intensificação do trabalho no Distrito Federal dá mostras dessa estagnação. Nenhum dos quesitos empregados para avaliar o grau de intensidade revelou um consenso que se aproximasse de metade dos trabalhadores. Dois quesitos se aproximam desse patamar. Ritmo e velocidade imprimidos ao trabalho recebe a concordância de 40% dos entrevistados e a cobrança de resultados obtém 44% (Tabela 5.5), que, dessa maneira, os entendem como mecanismos de endurecimento do trabalho. Se o crescimento da intensidade não prevalece no conjunto do setor, estudos de segmentos específicos ou determinadas empresas mostram que já estão sendo empregadas a gestão por resultados, qualidade total, erro zero e perda zero[36].

5.5.1 Mais produção

O discurso de mais produção é o que define basicamente a noção de elevação da intensidade do trabalho na construção civil do Distrito Federal. Devido às condições tecnológicas invariantes no ramo, mais produção implica necessariamente mais trabalho para os funcionários. Essa noção de crescente

---

[36] Urânia da Cruz Filha, *Mudanças técnicas e organizacionais em uma empresa de grande parte da indústria da construção civil do Distrito Federal: impactos no emprego, na cidadania e na educação do trabalhador,* dissertação de mestrado não publicada, Faculdade de Educação de Universidade de Brasília, 2003.

TABELA 5.5
QUADRO SÍNTESE SOBRE INTENSIFICAÇÃO DO TRABALHO NA CONSTRUÇÃO CIVIL

Pergunta	Respostas positivas
Comparando com a época em que começou a trabalhar, você avalia que o seu trabalho hoje é mais intenso, menos intenso, igual	Mais = 24%
Hoje você trabalha mais horas ou menos horas do que quando começou a trabalhar	Mais = 34%
O seu trabalho reúne atividades que antes eram exercidas por mais de uma pessoa	Sim = 24%
A empresa exige de você polivalência, versatilidade e flexibilidade	Sim = 22%
O ritmo e a velocidade do seu trabalho hoje são maiores do que anteriormente	Sim = 40%
A administração da empresa cobra mais resultados do trabalho hoje do que anteriormente	Sim = 44%

Fonte: Amostra, Intensidade, Distrito Federal, 2000-2002.

demanda de trabalho os empregados expressam em falas como as de que a empresa "exige mais trabalho", "cada dia aumenta mais a produção", hoje há "muito mais serviço" do que antes ou ainda esta outra comparação no tempo com a conclusão de que antes "trabalhava menos". A intensificação também se expressa na declaração de que os patrões ou os chefes "cobram muito esforço físico".

Os discursos sobre o aumento do volume de serviços e de produção qualificam significativamente o quadro estatístico sobre intensificação no sentido de que as condições de ofício estão exigindo cada dia mais trabalho. Evidência concreta mostra que a construção civil está a exigir mais trabalho. Os empregados localizam nas direções e chefias os agentes da cobrança de mais trabalho. É "exigência do chefe", disse um pedreiro entrevistado.

São conhecidos os mecanismos que os empregados da construção civil empregam para se proteger dessa investida por mais trabalho de parte dos empregadores.

5.5.2 Qualidade total, não. Perfeição!

A análise detalhada das falas dos empregados da construção civil demonstra que está em curso a implantação da gestão da qualidade total no ramo, tal é a freqüência das referências feitas a ela como mecanismo de intensificação do trabalho. Os discursos são marcados pela repetição do termo "qualidade" sem quaisquer adjetivos adicionais, exceto o de um trabalhador que levou sua fala ao superlativo: "Perfeição!". Perfeição vai para muito além da fronteira de qualidade total.

5.5.3 Produtividade

Outro discurso considerado moderno na gestão por objetivos é a idéia de produtividade. A preocupação com a produtividade do trabalho começa a aparecer nas falas dos empregados da construção civil. As empresas pressionam por "mais produtividade".

As cobranças dessas práticas por maior qualidade e produtividade e mais eficiência, agilidade e velocidade escondem o movimento de intensificação do trabalho.

5.6 Serviço público

Já é sobejamente conhecido que as técnicas de gestão da mão-de-obra aplicadas no setor privado são transferíveis para o público. Igualmente está demonstrado que, senão todas, algumas são introduzidas na administração pública[37]. Pode-se, então, descrever assim a ordem geral dos acontecimentos e sua conexão intrínseca. Primeiro movimento: práticas que objetivam aumentar o rendimento do trabalho – por alongamento de jornada, aumento do ritmo e velocidade, flexibilidade ou intensificação do trabalho – são concebidas e desenvolvidas no setor privado por agentes visionários que se valem de linguagem messiânica para gerar convencimento sobre os saltos de produtividade obtidos. Na realidade, o verdadeiro teste é o da prática dos locais de trabalho que mede se as técnicas realmente conduzem a resultados superiores. Segundo movimento: as técnicas assim geradas e testadas difundem-se rapidamente no mundo da economia privada e das empresas públicas, pois as companhias desejam beneficiar-se dos novos ganhos de produtividade. A difusão é marcada por resistências previsíveis. Terceiro movimento: implantadas nas empresas privadas e públicas, as práticas estão prontas para ser transferidas ao setor público, também enfrentando resistên-

---

[37] Maria Aparecida Muniz Campos, *A gestão dos servidores públicos pelo Estado*, tese de mestrado não publicada, Departamento de Sociologia da Universidade de Brasília.

cias. Com isso, completa-se a difusão das novas práticas de gerar trabalho extra e a técnica entra em obsolescência quando não significar mais vantagem concorrencial para as empresas ou os governos que as vierem adotar. Volta tudo à estaca zero e recomeça a busca desenfreada por novas formas de produzir mais trabalho.

Nos anos 1990, sendo presidente Fernando Henrique Cardoso, o governo brasileiro fez uma reforma administrativa. Importou conceitos de gerenciamento do Estado do exterior, particularmente da França e Inglaterra, e procurou introduzir no setor público elementos da administração privada. Dividiu a intervenção do Estado em esferas distintas, cujo resultado principal foi enfraquecer a resistência dos servidores públicos. Cometeu erros grosseiros, reduzindo o poder de compra dos salários da maioria dos servidores e elevando-o em setores ditos estratégicos. Quanto às práticas de gestão dos servidores, o principal resultado obtido restringiu-se ao discurso em introduzir termos da administração privada, como gestores públicos, gerentes, metas, resultados e qualidade total, na gestão pública. Na Universidade de Brasília, os secretários de departamentos e de institutos e faculdades passaram a chamar-se de gerentes. Além dessa mudança de nomenclatura, pergunta-se até hoje se algo mudou efetivamente em sua atuação.

O serviço público sofreu uma mudança tecnológica profunda. A Revolução Informática adentrou ministérios, secretarias, departamentos. Hoje, o Estado é um grande consumidor e um grande mercado para equipamentos de informática, como computadores, impressoras, scanners e programas. Salas e mais salas do setor público ficam abarrotadas por equipamentos superados ou em desuso a cada onda de compra de novos equipamentos pelos governos de plantão. Hoje, toda a operação do serviço público depende do sistema de informática. Como em toda parte, a informatização dos locais de trabalho produziu efeitos sobre o próprio trabalho.

A partir desse ponto concentraremos nossa atenção sobre os resultados do levantamento das condições de trabalho no Distrito Federal com o objetivo de captar em que medida as práticas de intensificação já chegaram ao setor público. Dispomos de informação para o serviço federal e para o do governo do Distrito Federal.

São pequenas as diferenças entre as respostas dadas pelos servidores da União e do Distrito Federal (Tabela 5.6). Em nenhum quesito, a diferença das respostas está num valor maior do que o erro amostral admitido. Portanto, não podemos assumi-las como sendo significativas. Diferenças introduzidas nos discursos dos entrevistados podem ser importantes como veremos.

A pergunta se a intensidade do trabalho hoje é superior à de anteriormente recebeu respostas divididas. Metade dos servidores afirmou que sim e outra metade disse que hoje o trabalho é mais leve ou igual ao de anteriormente. Entre os funcionários que afirmaram que o trabalho hoje é mais leve foi freqüente encontrar aqueles que o compararam ao trabalho anterior em empresas privadas, nas quais era mais duro. Esse atual servidor federal acha o trabalho público mais leve, "porque antes trabalhava na construção civil e era mais pesado". Dois outros funcionários federais comparam o trabalho atual com o anterior como bancário, que era muito estressante: "anteriormente trabalhava em banco atendendo diretamente ao público e isso é um trabalho estressante" e "antes de passar no concurso eu era gerente comercial de um banco no qual tinha muito mais responsabilidades, pressões por produção e principalmente risco constante. Hoje, quando há sobrecarga de trabalho, ainda assim trata-se de situações menos estressantes". A comparação é feita também com o trabalho de professor, considerado mais exigente: "antes eu dava aula e pesquisava, hoje sou servidor público". As comparações entre o serviço público e o privado aparecem também entre atuais funcionários do Governo do Distrito Federal, sempre como argumento para justificar a avaliação de que atualmente o trabalho é menos intenso.

A reforma administrativa do serviço público tentada nos anos 1990 não produziu inequívocos efeitos de intensificação do trabalho, nem as práticas do setor privado já se estenderam ao conjunto do setor. Green[38] descreve que o crescimento da intensidade do trabalho dos servidores públicos na Inglaterra entre 1995 e 2000 foi muito grande, superior ao do setor privado. Se a reforma administrativa objetivava aumentar o rendimento do serviço no Brasil, tal efeito ainda é parcial, mas não ausente (Tabela 5.6).

Se a avaliação comparativa da intensidade do trabalho aparece dividida na categoria dos servidores públicos, as respostas para os quesitos específicos de ritmo e velocidade e cobrança de resultados indicam mudanças em curso. Com efeito, de cada dez servidores públicos, sejam eles da União ou do Governo do Distrito Federal, seis concordam que as práticas de exigir resultados, bem como maior rapidez, são empregadas pelas chefias.

O discurso do estabelecimento de metas e consecução de resultados não aparece no serviço público com a mesma freqüência nem com o mesmo grau de exigência como na administração por resultados do setor privado ou do setor

---

[38] Francis Green, *Why Has Work Effort Become More Intense? Conjectures and Evidence about Effort-Biased Technical Change and other Stories*, cit.

TABELA 5.6

QUADRO SÍNTESE SOBRE INTENSIFICAÇÃO DO TRABALHO NO SERVIÇO PÚBLICO

Pergunta	Respostas SPF*	Respostas SPGDF**
Comparando com a época em que começou a trabalhar, você avalia que o seu trabalho hoje é mais intenso, menos intenso, igual	Mais = 50%	Mais = 44%
Hoje você trabalha mais horas ou menos horas do que quando começou a trabalhar	Mais = 31,9%	Mais = 34%
O seu trabalho reúne atividades que antes eram exercidas por mais de uma pessoa	Sim = 50,9%	Sim = 52%
A empresa exige de você polivalência, versatilidade e flexibilidade	Sim = 48,3%	Sim = 50%
O ritmo e a velocidade do seu trabalho hoje são maiores do que anteriormente	Sim = 59,5%	Sim = 61%
A administração da empresa cobra mais resultados do trabalho hoje do que anteriormente	Sim = 62,1%	Sim = 64%

* Servidores Públicos Federais; ** Servidores Públicos do Governo do Distrito Federal.
Fonte: Amostra, Intensidade, Distrito Federal, 2000-2002.

público empresarial, nem as chefias ou administrações, a despeito de ostentarem os novos nomes de "gerentes", assumem tais papéis. A declaração de um funcionário do Governo do Distrito Federal demonstra conhecer bem a descolagem entre discurso e prática de cobrança de resultados no setor público. "Na fala, sim" exigem-se resultados, "mas concretamente a cobrança é muito menor". No setor público federal, um funcionário declara que "atualmente as aquisições públicas têm uma maior preocupação com os resultados, exemplo seria maior agilidade na elaboração dos relatórios de determinadas atividades"; um segundo afirma que "atualmente exige-se resultado de trabalho com qualidade e no tempo certo", indicando que os termos da gestão por qualidade total, da administração por resultados e do tempo certo começam a fazer parte do dia-a-dia dos funcionários públicos; e um terceiro conta que "na área técnica, você sempre tem de dar resultado".

Entre os servidores do governo do Distrito Federal, o vocabulário da qualidade, e especificamente a gestão por qualidade total, está muito presente. Em boa parte, esse discurso é explicado por terem sido incluídas as empresas estatais na amostra junto com os demais servidores públicos. Uma delas adotou a política da gestão da qualidade total e seu discurso penetrou amplamente o espírito dos funcionários. Não se sabe quanto aos resultados dessa política. Um funcionário conta que "a empresa implantou o sistema de qualidade de trabalho total e foi certificada com o ISO 9002". O empregado inverte sem perceber os termos do discurso. Ao invés de dizer "qualidade total no trabalho", verbalizou "qualidade de trabalho total", demonstrando que, se o discurso de qualidade total já aparece entre os funcionários, eles não conseguem ainda controlar suas expressões nem saber exatamente o que quer dizer ou em que implica. A resposta desse outro funcionário, ainda que bastante complicada, dá mostras de entender seu objetivo final da forma de gestão, aumentar a produção: "participação de resultados, dependendo do desenvolvimento de cada setor ou equipe. Vai depender da produção". Outro funcionário sintetiza tudo em "mais qualidade".

O discurso mais forte entre funcionários públicos federais e locais é o da ética da responsabilidade. É necessário separar o discurso da ética da responsabilidade do discurso em que o termo responsabilidade significa apenas ascensão a um cargo com maior poder de decisão e definição, tal como na seguinte descrição de subida na carreira interna: "comecei a trabalhar como datilógrafo, hoje sou administrador, função gerencial, logo o trabalho é de maior complexidade e responsabilidade". E nesta outra fala com o mesmo sentido: "nomeação em cargos melhores, de maiores responsabilidades". Em tais declarações, o sentido de responsabilidade não é o de um comportamento ético que regula o trabalho do servidor. É poder de decisão, poder de mando.

O que nos interessa é uma ética de responsabilidade no trabalho. O termo está muito presente nas análises dos servidores públicos, mas com diversos sentidos. Segundo este funcionário, responsabilidade articula-se a mais conhecimentos: "o trabalho atual exige maior responsabilidade e conhecimentos". De acordo com este outro, responsabilidade tem a ver com desempenho: "porque, à medida que você vai se especializando, a responsabilidade vai aumentando. A diferença é a quantidade e o desempenho de suas atividades. Exemplo. No início, transferíamos os dados, hoje analiso, classifico, dou parecer, apresento relatório." Aqui, responsabilidade é pensada junto com conhecimento e dedicação: "exige maior conhecimento, mais responsabilidades, maior dedicação". Neste outro, responsabilidade tem a ver com exigências: a diferença é "mais responsabilidades, considerando a função que ocupo hoje e também mais exigência". Este outro discurso vincula responsabilidade com intensidade do trabalho: "maiores responsabilidades, mais intenso, mais interfaces". Por fim, este discurso é capaz de articular a maneira como responsabilidade pode significar intensificação: "à medida que se desempenha atividades de mais responsabilidades, consome-se mais energia psíquica, mais tempo, conseqüentemente, o desgaste é maior".

O discurso da responsabilidade não é, pois, unívoco entre os servidores públicos. É um motor de comportamento com sentidos bastante diferenciados, o que lhe confere um poder limitado sobre o comportamento dos servidores públicos, no sentido de impulsionar e direcionar a ação.

As mudanças tecnológicas no serviço público foram profundas. O computador é o equipamento que sintetiza a mudança do aparato de equipamentos e sistemas no setor. Qual seu efeito sobre o trabalho dos servidores? Vimos que no setor privado a informatização e os softwares produzem um efeito de controlar o trabalho, organizar e encadear as tarefas de modo a que desapareçam os tempos mortos, quantificar as tarefas realizadas e permitir a avaliação do desempenho, entre outros. Nesse sentido, as tecnologias de informação e comunicação produzem mais trabalho, intensificam-no.

Entre os servidores públicos, prevalece o entendimento de que os dispositivos eletrônicos aliviaram o trabalho. "Atualmente o trabalho está informatizado, conseqüentemente, o desgaste físico é menor", diz um funcionário do Governo do Distrito Federal que, nesse discurso, traça uma relação de causa e efeito ("conseqüentemente"). Um servidor federal afirma peremptoriamente que "a tecnologia ajudou muito". No mesmo sentido caminha a fala deste outro funcionário: "antes, quase tudo era feito manualmente, hoje podemos contar com o computador e outras máquinas".

A intensificação do trabalho acontece em decorrência da característica de trabalho imaterial do servidor público que exige especialmente esforço intelectual. "Há maior necessidade de elaboração intelectual e de pesquisas"; e ainda, são "atividades que exigem mais especialização"; e também a avaliação de um servidor federal de que o trabalho hoje "exige maior conhecimento, mais responsabilidade, maior dedicação".

As exigências do trabalho intelectual são sentidas também entre os servidores do Governo do Distrito Federal: "com o passar do tempo, vamos aprendendo mais, conseqüentemente, somos mais exigidos, raciocínio rápido, disposição etc."; "trabalho mais com a mente"; "maior comprometimento mental"; e "a produção intelectual é muito maior e a complexidade também". Nesses discursos, podemos perceber que o trabalho intelectual do servidor público é uma fonte de desgaste.

Talvez a principal fonte de intensificação é o aumento do serviço, que pode estar ou não acompanhado de diminuição de quadros. Uma funcionária pública federal disse que hoje tem muito "mais atividade para exercer". Outro funcionário também federal avalia que "a tecnologia avançada ajuda a amenizar, porém o volume de trabalho na área é sempre grande". Esta funcionária federal articula experiência com carga de trabalho: "maior responsabilidade, pela experiência, recebe maior carga de trabalho". E o cidadão da portaria assim descreve o crescimento das demandas no serviço público: "antes eu trabalhava só na portaria. Hoje eu faço de tudo. Troco de vaso sanitário a parafuso!".

Outro problema mencionado é o da introdução de uma ética de concorrência entre os servidores públicos. "A concorrência está grande e por isso se você não for um bom profissional vai para a rua", raciocina um assalariado de uma empresa estatal do Governo do Distrito Federal. Um outro funcionário queixa-se da cobrança de resultados "exatamente pelo fato da competitividade atual". Entre servidores públicos do poder federal, o espírito de concorrência não é mencionado nos discursos livres como um incentivador de resultados do trabalho.

Em suma, encontramos algumas formas de intensificação aos poucos sendo incorporadas ao serviço público. Referem-se mais ao ritmo e à velocidade do trabalho, às cobranças e às exigências, ao volume de tarefas, às características do trabalho intelectual demandante, ao peso da responsabilidade e, em menor escala, ao espírito de competição. E nos deparamos com uma ideologia em construção. A ideologia da gerência e da qualidade total que uma funcionária traduziu como busca de "perfeição", do erro zero, do trabalho a tempo justo, da eficiência, das metas e dos resultados.

CONCLUSÃO

A teoria da intensidade do trabalho

A pesquisa cujo relato este livro apresenta foi realizada tendo como pano de fundo o trabalho no Distrito Federal. Essa não é a região mais desenvolvida do Brasil. É a capital política, mas economicamente é periferia em relação aos grandes pólos industriais do Centro-Sul. O Brasil, por sua vez, é periferia em relação aos países do capitalismo central. O Distrito Federal é, então, duplamente periferia. Periferia da periferia. Que pode alguém dizer sobre intensidade do trabalho falando disso? Em que medida a pesquisa está captando um fenômeno geral cujas ondas atingem até as margens mais remotas do sistema capitalista mundial ou está captando particularidades próprias da periferia? Qual o discurso a ser construído? O do centro, o da periferia ou ambos? Arrisco a afirmar que, apesar de olhar as condições de trabalho a partir da óptica de uma situação de periferia, as condições de trabalho estudadas não se limitam ao território social da periferia. Pelo contrário, a periferia pode constituir um raro ponto de observação de fenômenos globais. As economias estão bastante interligadas hoje em dia e as contradições que se manifestam no centro atingem as periferias praticamente de modo instantâneo. Igualmente, por causa da interligação entre as nações, aquilo que ocorre na periferia também repercute nas metrópoles mundiais. Esse fato é tão verdadeiro que um sociólogo alemão, após encantar-se com o Carnaval no Rio de Janeiro, difundiu o termo "brasilização do Ocidente" para expressar que o subemprego e a precarização do trabalho chegaram à Europa e aos países ricos para ficar. Resta aos brasileiros avaliar se o emprego desse termo tem mais sentido pejorativo ou se descreve efetivamente um fenômeno social real. A óptica da periferia é privilegiada como lugar de observação por incluir as formas mais racionalizadas de organização do trabalho lado a lado com as mais arcaizadas, o que permite que as maneiras mais profundas de racionalização do trabalho ganhem destaque especial. Por outro lado, observar os fenômenos globais a partir da periferia não parece ser desvantagem alguma, porquanto olhando do centro ou da periferia estamos vendo o mesmo fenômeno. E se do centro poder-se-ia advogar uma vantagem da gênese do processo de intensificação, na periferia poder-se-ia argumentar que ele já está mais amadurecido, podendo aí manifestar toda a sua capacidade de exploração da força de trabalho. A óptica da periferia, portanto, apresenta algumas vantagens para a análise dos fenômenos sociais, seja sob o ponto de vista de suas manifestações empíricas, seja enquanto problema a ser conceituado. Este estudo assume, pois, que falando da periferia não está apenas se dirigindo a ela a partir dela, mas dela apontando para o centro e fazendo uma leitura também sobre o centro. Se essa pretensão atinge o alvo, cabe ao leitor dizer.

Síntese dos resultados obtidos em campo

Processo social amplo que invade e transforma progressivamente o mundo do trabalho – para 43% dos trabalhadores entrevistados já aconteceram as mudanças que tornam o trabalho de hoje mais intenso que o de ontem – e difundindo-se como uma vaga gigantesca com capacidade de atingir não apenas regiões, mas continentes inteiros ou o globo todo, a intensificação se manifesta concretamente por meio de mecanismos, formas ou maneiras diversas que possuem em comum a característica de fazer com que o trabalho produza maiores resultados.

Dos cinco meios de intensificar o trabalho investigados, três situam-se acima da média, que é 43%, e dois abaixo (Tabela C.1). Acima da média estão ritmo e velocidade, cobrança de resultados, polivalência, versatilidade e flexibilidade. Abaixo, acumulação de tarefas e alongamento da jornada. Dos mecanismos mais empregados para elevar os resultados do trabalho, um velho conhecido daqueles que laboram é aumentar o ritmo e a velocidade das ações, que se mantém como meio eficaz independentemente do passar dos anos e dos séculos e no qual os trabalhadores encontram extrema dificuldade de controlar. Já os outros dois, resultados e polivalência, representam construções

TABELA C.1
SÍNTESE DOS PRINCIPAIS RESULTADOS OBTIDOS EM CAMPO

Comparação das condições de trabalho de hoje com antes	% de respostas positivas na amostra
O trabalho é mais intenso	43
Alongamento da jornada	32,6
Acumulação de tarefas	34,1
Mais exigência de polivalência, versatilidade e flexibilidade	50,5
Mais ritmo e velocidade	57
Mais cobrança de resultados	56,8

Fonte: Amostra, Intensidade, Distrito Federal, 2000-2002.

modernas das escolas de gestão do trabalho. Por menos capitalizados que sejam os negócios, os princípios modernos de intensificação já penetraram com força o terreno das empresas e as atividades do Estado.

Os estudos, outrora chamados científicos, do trabalho começaram pela análise dos tempos de trabalho, suas velocidades e ritmos. Determinar ritmos e velocidades é deter um poder muito grande sobre as condições de uso do tempo. *Time is money*, dizia Benjamin Franklin. 57% dos trabalhadores entrevistados responderam que sentiram aumentar ritmo e velocidade em seus trabalhos. O fato de aparecer na amostra como o meio individualmente mais empregado para intensificar o trabalho nos dias de hoje indica que o controle dos tempos e movimentos continua sendo um mecanismo eficaz de produzir mais resultados hoje tanto quanto foi em qualquer momento da história.

Diferentemente de controle do ritmo e do movimento, gestão por resultados é uma técnica moderna de racionalização do trabalho que permite estimular tanto resultados tangíveis, quanto outros tipos de resultados em que estão envolvidos componentes cognitivos e emotivos do trabalhador. Em 56,8% dos casos, os trabalhadores afirmam que são cobrados por resultados, demonstrando que a técnica de gestão do trabalho está muito difundida entre os negócios e dentro da função pública também. A remuneração passa igualmente a obedecer a esse princípio.

Exigências de polivalência, versatilidade e flexibilidade por parte das empresas ou dos serviços públicos são percebidas pela metade (50,5%) dos trabalhadores entrevistados. Tais características, tão ambicionadas pela gestão contemporânea, envolvem graus adicionais de intensidade, pois seu efeito é ampliar o emprego da força de trabalho em tarefas diversas, sem aumentar a contratação de mão-de-obra.

Essas três técnicas – ritmo e velocidade, gestão por resultado e polivalência – são as de maior difusão, segundo a amostra de trabalhadores pesquisada, e indicam os principais mecanismos de intensificação do trabalho empregados hoje. As outras duas têm uma utilização menor no conjunto da economia, cerca de um terço da amostra, o que não é um valor negligenciável. E mais, elas podem ser muito importantes como parte de estratégias de setores específicos, pois nem todas as maneiras de aumentar os resultados do trabalho aplicam-se igualmente em todos os ramos de atividade.

A acumulação de tarefas é reconhecida como meio de transformar o trabalho em mais produtivo por um terço dos trabalhadores entrevistados. Se o professor de escola privada é obrigado a lançar a presença dos alunos no sistema de registro eletrônico da escola, a colocar na rede eletrônica exercícios, bibliografias e textos ilustrativos a que os estudantes tenham acesso, além de dar aulas, corrigir provas e trabalhos e atender os estudantes, a despeito de não ter remuneração adicional, está-se tratando de intensificação do tempo gasto no trabalho mediante acumulação de tarefas. As principais mudanças na intensidade do serviço bancário e dos telefônicos acontecem dessa forma.

Alongar as horas é o mais tradicional e elementar meio de intensificar o trabalho. Na verdade, só é menos tradicional do que a escravidão. O trabalhador é conduzido a reduzir o tempo à sua disposição e colocá-lo a serviço de sua empresa ou de seu serviço público. Como o tempo do trabalhador é um jogo de soma zero – o dia só tem 24 horas – o aumento do tempo no trabalho implica subtração do de não-trabalho à disposição do indivíduo. Um terço dos funcionários entrevistados afirma que gasta mais horas no serviço hoje do que anteriormente.

Até aqui a síntese foi dos resultados para o conjunto da amostra. A desagregação das respostas por ramos de atividade permite uma visão mais particularizada e, portanto, com elementos distintos da análise da amostra como um todo. Talvez o principal traço encontrado pela observação setorial seja a diversidade da aplicação dos meios de produzir mais trabalho nos diversos setores. Tal diversidade morfológica apresenta uma qualidade do processo de intensificação do trabalho como um todo, atribuindo-lhe algumas características e indicando a trajetória de sua difusão. A rota de entrada do processo de intensificação inicia pelo conjunto de atividades econômicas mais capitalizadas e mais envolvidas com o mercado nacional e internacional. São essas empresas e esses ramos de atividade que têm, por um lado, capacidade de absorver as propostas dos consultores de gestão e, por outro, de introduzi-las nos locais de trabalho, enfrentando resistências dos trabalhadores e de suas organizações de defesa. À medida que uma empresa ou um serviço estatal introduzem uma técnica de produzir mais trabalho, outros negócios buscam apropriar-se dos mesmos meios de aumentar resultados e daí em diante a difusão segue em direção aos setores mais tradicionais da economia e ao aparato do Estado.

Sendo a intensificação maior no grupo das empresas modernas, mais capitalizadas, envolvidas com o mercado e a competição nacional e internacional, a análise desagregada dos ramos de atividade possibilita ver casos exemplares de mudança das condições de trabalho, de reflexo sobre a saúde, bem como de diversidade do emprego das técnicas de intensificação. No ramo bancário e financeiro, o entendimento de que as condições de trabalho passaram a ficar mais intensas é compartilhado pela devastadora proporção de 72,5% dos entrevistados, indicando que aí o trabalho mudou radicalmente e em todas as frentes, seja pelo emprego das técnicas tradicionais, seja pela adoção dos meios mais modernos de produzir mais trabalho. Telefonia e comunicação, um ramo recentemente adquirido pelo setor privado nacional e internacional, possui um quadro muito próximo ao de bancos e finanças pela avaliação amplamente majoritária dos trabalhadores (67,3%) quanto ao grau de intensidade exigido pelo trabalho. Telefonia e comunicação fazem uso de duas técnicas de intensificação: elevar o ritmo e a velocidade do trabalho e cobrar resultados. As grandes cadeias de supermercado e abastecimento urbano, que também fazem parte do grupo capitalista moderno, valem-se majoritariamente das técnicas de polivalência, versatilidade e flexibilidade, ritmo e velocidade e gestão por resultados. Ainda assim, apenas metade dos trabalhadores reconhece que o trabalho ficou mais exigente hoje do que era antes. Finalmente, no serviço público, ramo em que apenas metade dos empregados reconhece que está em curso um processo de maior exploração do trabalho, duas estratégias são indigitadas pelos entrevistados, elevação do ritmo e da velocidade e cobrança de resultados.

A onda de intensificação do trabalho não afeta o trabalhador brasileiro da mesma maneira. Ela está presente nos empregos, fato sentido por metade dos entrevistados. Os meios utilizados para obter mais trabalho, entretanto, são diversos mesmo no grupo dos negócios capitalistas mais modernos. E no grupo das empresas mais tradicionais e mesmo nas atividades do Estado, a onda de intensificação se faz sentir com menos intensidade. Está apenas chegando.

O processo de intensificação do tempo de trabalho não ocorre sem efeitos sobre os corpos, a inteligência e a psique dos trabalhadores. Pesquisar esses efeitos nos permite adentrar outras dimensões difíceis de ser levantadas, senão pela via das conseqüências. Um dentre cada quatro trabalhadores informa que enfrentou problemas de saúde em decorrência da intensificação. Tais reflexos vão desde o recurso a atestados médicos pelos mais diversos motivos, passam por acidentes no trabalho e vão até doenças manifestas com duração mais ampla.

Uma das justificativas para realizar a pesquisa sobre intensidade do trabalho no Distrito Federal provém do fato de que as atividades econômicas predominantes são serviços e não atividades industriais, que são os tradicionais *loci* de observação do trabalho intensificado, em função da prevalência do componente de esforço físico vinculado. Alguns serviços, a exemplo de educação, saúde, pesquisa, comunicação, telefonia, finanças, importação e exportação, cultura e comércio permitem explorar a prevalência de demandas de tipo intelectual, emocional ou relacional sobre os trabalhadores, devido à natureza imaterial dos trabalhos realizados. A imaterialidade do trabalho conduz à observação de impactos novos sobre os corpos e as mentes dos empregados. Como todo o tipo de trabalho, os serviços apresentam formas próprias de intensificação que produzem efeitos sobre os corpos e, especialmente, sobre a psique dos trabalhadores. Esta pesquisa propõe grupos de doenças, acidentes e sintomas de adoecimento típicos do trabalho em atividades de serviço intensificadas. É possível contrapor uma tipologia de ataques à saúde e de adoecimento dos trabalhadores em serviços a uma tipologia semelhante em trabalho industrial. Tomando o serviço bancário como protótipo do trabalho intensificado moderno por empregar todas as modalidades conhecidas de elevar os resultados – as corporações que operam no campo da telefonia e comunicação também costumam ser citadas nas pesquisas como *sweat-shops* da era da Revolução Informática – por ser executado em empresas de largo porte, com âmbito nacional e internacional, e que operam com altíssimas concentrações de capital em poucos monopólios mundiais, empresas e monopólios que exigem tudo dos seus trabalhadores em termos de intensidade do trabalho, podemos avançar a tese de que esse trabalho intensificado produz um determinado tipo de efeitos sobre a saúde dos trabalhadores. O estudo de campo revelou que tal padrão de minar a saúde dos funcionários envolve os seguintes elementos, entre outros: estresse, LER/Dort, muitos atestados médicos e doenças permanentes decorrentes de tais agressões à saúde[1]. Quando comparado tal padrão com as

---

[1] Maria da Graça Luderitz Hoefel, *Processo saúde enfermidade trabalho: síndrome do sobrevivente (estudo de caso no setor financeiro)*, tese de doutorado não publicada, Departamento de Sociologia da Universidade Federal do Rio Grande do Sul, 2003.

conseqüências à saúde vistas em outras atividades capitalistas tradicionais ou nas atividades governamentais, encontramos uma mudança de padrão, pois nas atividades tradicionais o mais freqüente são problemas decorrentes do aspecto físico do trabalho. Dessa comparação resulta que a intensificação, segundo os parâmetros mais modernos, isto é, parâmetros vigentes naqueles setores hegemônicos da economia internacional, engendra um determinado padrão de doença que, à medida que estas formas de intensificação se generalizarem, também conduz a um processo de universalização das condições de saúde e das doenças próprias do trabalho moderno em toda a economia.

A categoria intensidade do trabalho

Esta pesquisa analisou a intensidade do trabalho no sistema do assalariamento, a relação adotada tanto por empresas capitalistas, empresas estatais, governos, sindicatos, organizações não-governamentais e agentes individuais. Nem todo o estudo de intensidade é feito sobre o trabalho assalariado. Mas o *locus* próprio da intensificação são as atividades em que prevalecem as relações capitalistas assalariadas, pois nelas o trabalho é organizado com vistas a produzir lucro, conseqüentemente, a intensificação é um componente constante desse tipo de trabalho. Os serviços assalariados não são premidos da mesma forma nem em igual grau de intensidade, dada a resistência que oferecem e dada a capacidade das empresas de obter acesso a tecnologias de trabalho mais intenso e sua posição na hierarquia dos negócios. Em decorrência disso, distintos graus de intensidade convivem na economia, segundo as empresas estejam organizadas nos setores mais rentáveis e competitivos, que demandam altos investimentos de capital, ou nos setores em que as facilidades de entrada e sobrevivência são maiores. Concebida uma maneira de intensificar o trabalho, empresas que operam em setores da economia que concentram grandes volumes de capital, que são altamente lucrativos e por isso duramente disputados, procuram comprá-la e integrá-la em seus sistemas de gestão de mão-de-obra. Aos poucos as práticas de trabalho intensificado se expandem para os demais setores da economia, inclusive aqueles mais tradicionais e artesanais, superando barreiras próprias e generalizando assim graus superiores de intensidade, o que significa obter maiores resultados para os negócios a despeito de maior exploração dos empregados.

O assalariamento em atividades governamentais ou serviços públicos não visa ao lucro, mas não fica imune ao processo de intensificação. Para esse conjunto de atividades sustenta-se a hipótese de que o processo de intensificação do trabalho é concebido, desenvolvido e testado em algum nicho do mundo capitalista empresarial moderno, espalhando-se por força do aguilhão da competição entre empresas pelo interior das atividades governamentais e pelos setores capitalistas tradicionais com graus diversos de rapidez.

A intensidade é uma entre várias condições de trabalho. Qualquer trabalho, capitalista ou não-capitalista, governamental ou familiar, cooperativo ou autônomo, é realizado segundo algum grau de intensidade. Esta é definida, primeiramente, pelas capacidades do indivíduo que trabalha. Dessa forma, a intensidade do trabalho pessoal ou individual quando vista no conjunto dos indivíduos que compõem a sociedade representa uma infindável diversidade de intensidades, como infinitas são as características individuais das pessoas.

Entretanto, desde que o trabalho é organizado socialmente, seja sob a forma mais elementar da família, seja sob o modo empresarial moderno, a intensidade passa a ser regida pelos parâmetros sociais vigentes em tais organizações. Se na família tradicional rural os filhos eram socializados ao trabalho intenso segundo os parâmetros inculcados pelos pais, parentes e vizinhos, nas empresas capitalistas modernas a intensidade é objeto de estudo científico. Não existe um grau ideal. A intensidade do trabalho é uma condição do labor em permanente disputa entre empregadores e empregados. Os primeiros sempre aspiram obter melhores resultados, o que implica impor mais elevados graus de intensidade. Os trabalhadores, por seu turno, organizados ou não sindical ou associativamente, sempre buscam reduzir a intensidade a parâmetros pessoais ou grupais toleráveis. O resultado dessa dialética não é completamente antecipável em termos teóricos. Empiricamente, os intelectuais da intensidade medem os resultados de suas iniciativas, como ficou demonstrado dos escritos de Frederick Winslow Taylor, das experiências de Henry Ford e dos livros de Taiichi Ohno. A procura de mais elevados padrões de intensidade no trabalho é feita por uma categoria de gerentes-pesquisadores, tipicamente representados na figura de Taylor, ou de gerentes associados a pesquisadores, especialistas em organização do trabalho, que assessoram empregadores, governos, grupos nacionais e internacionais e que tomam por objeto de pesquisa encontrar formas de trabalho mais produtivo, o que conduz quase que invariavelmente a trabalho mais intensificado, uma vez que é pouco freqüente, embora possível, obter-se uma tecnologia mais produtiva separada de labor mais intensificado.

Um trabalho é considerado mais intenso do que outro quando, sob condições técnicas e de tempo constantes, os trabalhadores que o realizam despendem mais energias vitais, sejam físicas, emocionais, intelectuais ou relacionais, com o objetivo de alcançar resultados mais elevados quantitativamente ou qualitativamente superiores aos obtidos sem esse acréscimo de energias. A categoria intensidade do trabalho é reservada para descrever o fenômeno que reúne distintas formas e maneiras de fazer com que o trabalhador produza resultados quantitativa ou qualitativamente superiores, mantidas constantes as condições técnicas, a jornada e o número de funcionários. A intensidade do agir aparece tanto no labor como no esporte, no qual também é possível distinguir-se corridas e partidas mais intensas de jogos menos exigentes quanto ao gasto de energias e aos resultados. Trabalho mais intenso distingue-se de trabalho mais produtivo à medida que os resultados mais elevados do trabalho são obtidos mediante o acréscimo de energias adicionais do trabalhador e não resultados de ganhos mediante avanços técnicos, como acontece quando se emprega o conceito de produtividade. O trabalho mais intenso distingue-se do serviço com duração mais longa, uma vez que ele produz mais resultados no mesmo período de tempo considerado. O trabalho mais intenso consome mais energias do funcionário com vistas a obter maiores ou melhores resultados, razão pela qual alguns autores passaram a denominar a intensificação de aumento da carga de trabalho. A intensificação do trabalho visa a um único objetivo: obter mais resultados do que se conseguiria em condições normais. Por isso, ela é também denominada apenas pelo termo de mais trabalho. Para se obter mais trabalho, expresso em volume, produtos ou resultados imateriais, é necessário consumir mais energias do trabalhador, o que demonstra cabalmente que a elevação da intensidade do trabalho não acontece sem derramar-se do local de trabalho para dentro da sociedade, sem provocar conseqüências para a pessoa do trabalhador e para a sociedade que o envolve, variando os efeitos em função das energias mais demandadas pelo agir, se físicas, intelectuais ou relacionais.

A intensidade do trabalho é medida pelo esforço físico despendido no serviço, mas não apenas. Essa é a maneira de expressão da intensidade do trabalho quando se refere a trabalhos que apresentam componentes físicos. Nem todos os tipos de trabalho são assim. Há trabalhos, como o do pesquisador, em que a componente física fica em segundo plano e prevalece o esforço intelectual. As atividades de serviços, sejam elas capitalistas privadas ou governamentais, apresentam-se como exigindo enorme dispêndio de energia intelectual e bem menor componente físico. Em tais serviços, o grau de intensidade precisa ser verificado e medido de acordo com tais componentes intelectuais do trabalho e não mediante supostas exigências físicas. Da mesma forma, devemos ampliar o conceito de intensidade para abarcar o envolvimento emocional dos trabalhadores em suas atividades. Um exemplo ilustrativo pode ser retirado de todos os serviços que envolvem a expressão inglesa "care", que corresponde à palavra portuguesa "cuidado"[2] e que se aplica a todos os serviços educacionais, de saúde, de recuperação de drogados e que poderiam ser estendidos de alguma maneira a todos os setores de atendimento ao público. Tais serviços requerem altas doses de envolvimento emocional e, em conseqüência, a intensidade precisa captar a sobrecarga emocional despendida a mais pelos trabalhadores para dar conta da tarefa. Todo o trabalho envolve, simultaneamente, as componentes física, intelectual, emocional e relacional. Todas elas precisam estar integradas na pesquisa. Mas há serviços que certamente consomem mais um tipo de energia do que outro.

As grandes vagas de intensificação do trabalho

A teoria da intensidade do trabalho precisa dar conta de como o trabalho é organizado de maneira a produzir resultados, expressos em bens ou serviços. A organização do trabalho assalariado toma lugar dentro de uma lógica precisa. A organização que se distingue de outras por produzir melhores resultados compõe aos poucos uma práxis social, um padrão normal de trabalho, uma forma de regulação social do trabalho[3]. A observação empírica mostra que sucessivas práxis sociais do trabalho prevalecem durante períodos longos. Em algum momento, tais práxis entram em crise, seu potencial de organizar o trabalho de modo a produzir mais resultados entra em colapso. Examinando sob a óptica do empregado, as crises dos modos de organização da intensidade se expressam por crises econômicas ou por revoltas sociais. Em geral, as revoltas sociais dos trabalhadores indicam o começo das crises econômicas. Elas são expressão de uma acumulação de descontentamentos, de desconformidades, de exigência de reconhecimento de direitos através do tempo que em algum momento rompem as barreiras da regulação social vigente fazendo sentir todo seu furor e todo seu impacto. A regulação social vigente sob uma determinada práxis vai se desarticulando aos poucos, vai se esfacelando. À medida que as revoltas sociais são suficientemente fortes para desintegrar o tecido das regulações sociais, que representam a norma-

---

[2] Vanderlei Codo, *Educação: carinho e trabalho* (Brasília, Vozes, 1999).
[3] Sadi Dal Rosso, "Flextempo: flexibilização da jornada à brasileira", em Mário César Ferreira e Sadi Dal Rosso (orgs.), *A regulação social do trabalho* (Brasília, Paralelo 15, 2003), p. 71-92.

lidade, e as formas de gerir a intensidade do trabalho, ou o trabalho em toda a sua complexidade, que vai desde a exigência de segurança social até a reivindicação de salário mais alto, passando pela melhoria das condições de trabalho, a estrutura econômica como um todo pode entrar em crise, sendo suas expressões mais visíveis a elevação do desemprego, a precarização do trabalho, a desconstituição de direitos, a retração do produto interno, a superprodução, a quebra de firmas e de setores inteiros. Tal crise pode ser de caráter local, regional ou mundial. Esses períodos podem dar origem a guerras e levantes sociais, rupturas de sistemas inteiros e de Estados-nações.

A crise, a desestruturação de uma forma de regulação social, prolonga-se por um tempo incerto durante o qual ocorrem as desconstituições da práxis vigente e todos seus componentes, mas também ocorre a busca desesperada por inovações no campo das relações sociais. O desfrute elevado a ritmos paroxísticos transforma a vida das pessoas em vida de trabalho. A exploração sem freios consegue se manter e, conseqüentemente, adiar a crise à medida que existam meios à disposição para continuar preservando a regulação vigente, a práxis de intensidade do trabalho constituída. O principal meio consiste no preço do salário, não sendo menos importantes o desejo de mais autonomia no trabalho, mais emprego da inteligência, maior capacidade de decisão, entre outros. Ou seja, os trabalhadores consentem em ser explorados em graus de superior intensidade, desde que as compensações correspondam ao grau de exploração. À medida que esse equilíbrio instável se rompe e começa a se instalar em seu lugar a crítica, a partir desse ponto começa a ganhar força um período de acumulação de insatisfações que, no limite, pode levar a práxis social de intensidade do trabalho e seu conseqüente sistema regulatório à crise. Entre os elementos que conduzem ao consentimento dos trabalhadores com um processo de trabalho, não devem jamais ser afastados aqueles instrumentos que buscam seus fundamentos na teoria de Maquiavel. Os instrumentos repressivos empregados, seja pelas empresas, seja pelos governos, à medida que precisam buscar soluções para os períodos de crise de crescimento econômico são dissuasórios de maneira vigorosa em relação às reivindicações dos trabalhadores por mais vantagens e ganhos. São conhecidos exemplos desse feito na contemporaneidade.

Estabelecida a crise, se já existir entre as experiências de organização do trabalho uma proposta ou algumas idéias que respondam de forma geral às reivindicações dos trabalhadores, mas que ao mesmo tempo sejam capazes de restabelecer e, além disso, de elevar o patamar da intensidade do trabalho, o que é um empreendimento extremamente difícil – e esse fato nos ajuda a entender as manifestações messiânicas que os formuladores das práxis sociais tayloristas e toyotistas colocam em seus livros, indicando que estão certos contra tudo e contra todos e que a história demonstrará sua certeza –, tais experimentos podem se candidatar a assumir o papel social regulatório do trabalho que cabe a uma práxis hegemônica. Entre a proposição de uma prática e sua efetiva adoção vai uma longa distância, na qual se localiza a questão do convencimento dos trabalhadores a adotar as novas regras do trabalho.

A questão do convencimento dos trabalhadores é complexíssima, porque envolve não só um movimento no campo ideológico, como também reorganização dos espaços de labor e do trabalho enquanto tal. Para se avaliar a profundidade de tais mudanças organizativas, basta lembrar que elas são precedidas ou seguidas de mudanças tecnológicas que, por sua vez, requerem alterações substantivas nas qualificações dos trabalhadores. As mudanças tecnológicas nem sempre ficam sob controle dos trabalhadores. A mudança do trabalho freqüentemente implica em modificar conhecimentos e qualificações dos servidores, em questões que não são apenas superficiais. E, se hoje em dia a requalificação do trabalho é visto como um processo permanente, nem por isso deixa de ter impactos profundos sobre a pessoa do trabalhador. Daí o processo de convencimento dos trabalhadores a adotarem mais elevados padrões de intensidade apresentar-se como uma tarefa duríssima para empresários e gerentes do Estado.

A razão mais profunda da dificuldade de implantação de reorganizações do trabalho é que sistematicamente elas implicam elevação do grau de intensidade. Implicam maiores envolvimentos dos trabalhadores. Implicam maiores desgastes de seus corpos, de suas mentes, de suas afetividades, de seus sentidos de participação coletiva e de suas habilidades culturais adquiridas ou duramente aprendidas.

Perante tais resistências, os argumentos operam como mecanismos de convencimento por argumentos de racionalidade, de obtenção de vantagens e, simplesmente, de repressão.

Vencidas as resistências, começa a ser construída a nova práxis hegemônica. É possível demonstrar que a hegemonia de uma nova práxis, vista em seu conjunto de princípios fundantes, de lógica de sustentação, depende em última análise da prova dos resultados concretos. Ou seja, a evidência convincente de que a reorganização do trabalho permite a elevação da produtividade, conseqüentemente, da intensidade e a retomada do crescimento econômico e, para as empresas que as adotam desde cedo, vantagens substantivas no campo da competição interempresarial e internacional.

As práxis de intensidade do trabalho podem ser pensadas ao largo das grandes ondas de crescimento e de acumulação da economia. Representariam o outro lado da moeda, o lado desconhecido e escondido do crescimento econômico.

NOTAS FINAIS

(a) Ver exemplos de analistas simbólicos em Robert Reich, *O trabalho das nações: preparando-nos para o capitalismo do século XXI* (São Paulo, Educator, 1995).

(b) "Smith was writing at the very dawn, if not the eve, of the Industrial Revolution, full forty years before Ricardo... In a century when some of the most notable progress in capitalist investment and new productive methods was made in agriculture rather than in industry" (Maurice Dobb, *Theories of Value and Distribution since Adam Smith: Ideology and Economic Theory* [Cambridge, Cambridge University Press, 1973] p. 55). A contribuição de Smith em relação a teoria do valor está no sentido de alargar o conceito de trabalho produtivo considerando trabalho produtivo também o trabalho de "artífices, trabalhadores em manufaturas e em comércio" (ibidem, p. 59-60). Mas diretamente não é investigado o modo de produção do valor, o que indica que a intensidade do trabalho não está compreendida entre as preocupações do autor.

(c) "... until 1817, the year of Ricardo's Principles, there was nothing that could be called a single theoretical system of political economy[...]. With Ricardo we meet something rather different: an integrated theory of value, of profit and of rents" (ibidem, p. 66). Ricardo teorizou o "antagonism of interest between landed property and industrial capital" (ibidem, p. 72), posicionando-se contra o interesse do capital terratenente que, por elevação da renda da terra, conseguia capturar o sobretrabalho produzido pelo produtor rural ou pelo industrial. Para explicar a apropriação dos valores entre propriedade fundiária e capital agrário ou industrial, Ricardo formulou uma teoria da mais-valia. O valor da mercadoria foi pensado como "the relative quantity of labour which is necessary for its production" (ibidem, p. 76). Igual a Smith, Ricardo não trabalha as formas pelas quais a mais-valia é produzida, não chegando portanto a questão da intensidade do trabalho. Este trabalho é feito por Marx.

(d) Ver Thomas Gounet, *Fordismo e toyotismo na civilização do automóvel* (São Paulo, Boitempo, 2001), que contém exemplo marcante de investimentos perdidos pela GM com o projeto Aquarius ou Saturno.

(e) Como seria isso possível para as empresas? Para obter ganhos de produtividade, as empresas precisam realizar gastos, sejam investimentos em máquinas e equipamentos, sejam gastos em incentivos salariais para obter a adesão dos trabalhadores e conseguir que eles trabalhem mais intensamente, sejam ainda com as perdas que as empresas têm em função dos acidentes de trabalho, que ocasionam faltas ao trabalho, gastos com serviços médicos e outras contribuições. Computados todos estes dados, afirma David Fairris ("Towards a Theory of Work Intensity", seminário sobre intensificação do trabalho do Centre d'Études de l'Emploi, Paris, 2002), ganhos em eficiência produtiva resultariam positivamente no desempenho das empresas. Se economicamente viável, por que não o seria também socialmente aplicado?

(f) A fonte destas informações provém da Pesquisa do Emprego e Desemprego (PED) no Distrito Federal, abril de 2000 (Tabela 4.4). A PED é efetuada em conjunto pelo Dieese e pela Secretaria de Trabalho do Distrito Federal.

(g) A fórmula empregada para calcular a amostra da pesquisa de campo é a seguinte:

$$N = \frac{Z^2 (P\mu)(1-P\mu)}{E^2}$$

em que N = o tamanho da amostra desejada
Z^2 = o escore Z adequado ao grau de confiança selecionado
$P\mu$ = a proporção da população com a característica determinada
E^2 = o erro amostral elevado ao quadrado.

A fórmula depende basicamente de dois parâmetros: o intervalo de confiança (Z) e o erro amostral (E). Desenvolvendo-a com os valores estabelecidos, encontramos o tamanho da amostra procurada (N).

$$N = \frac{1.96^2 \,(.5)\,(.5)}{.035^2} = \frac{.9604}{.001225} = 784$$

O tamanho da amostra de 784 casos não é muito grande, devido aos valores adotados para intervalo de confiança e erro amostral. Em ambos os casos, adotamos valores bastante amplos, uma vez que o levantamento amostral sobre intensidade do trabalho não é precedido de estudos anteriores que, no Brasil, tenham definido regularidades ou pontos de partida mínimos. Ao contrário, o levantamento amostral que propomos traz a marca de abrir caminhos no campo específico de estudos de intensidade do trabalho. Daí os valores amplos para intervalo de confiança e erro amostral.
Na execução do trabalho de campo, tivemos a precaução de preencher cerca de 10% a mais de questionários para antecipar possíveis problemas de erros de preenchimento ou de outra ordem, mantendo as devidas proporções entre os ramos de atividade. Com isso, chegamos a um total de 825 questionários preenchidos, cuja distribuição pode ser visualizada na Tabela 3.1. Esse total de 825 questionários constitui a base de dados para toda a análise realizada.

(h) Todas as porcentagens que não aparecem nas tabelas e todos os discursos de entrevistados citados no curso do texto sem indicação do informante, com o intuito de não sobrecarregar o livro com elementos técnicos importantes, mas desnecessários, são procedentes de levantamento de campo realizado entre 2000 e 2002, descrito minuciosamente no terceiro capítulo deste livro e coordenado pelo autor.

(i) Em entrevistas de campo, realizadas no segundo semestre de 2003, a doutoranda do Departamento de Sociologia da Universidade de Brasília, Adriana Giubertti, encontrou professores que realizam carga semanal de 70 horas de trabalho e ainda entendiam que poderiam ampliá-la. Adriana Giubertti, *Trabalho prá que te quero: o espaço ocupado pelo trabalho na vida do indivíduo contemporâneo*. Tese de doutorado não publicada, Departamento de Sociologia da Universida de de Brasília.

(j) Esta resposta unânime e esta pesquisa permitem estabelecer um debate teórico com os sociólogos do trabalho que privilegiam o setor industrial e o trabalho material ao invés dos serviços e do trabalho imaterial. A avaliação no ramo dos bancos é próxima a 100%.

(l) Ver comparações com pesquisa sobre a União Européia, Damien Merllié e Pascal Paoli, *Ten Years of Working Conditions in the European Union (Summary)* (Dublin, European Foundation for the Improvement of Living and Working Conditions, 2000).

(m) A média de atestados por pessoa é elevada e o desvio padrão é grande indicando que os problemas se repetem sobre as mesmas pessoas.

TABELA NF.1

TRABALHADORES SEGUNDO O NÚMERO MÉDIO DE ATESTADOS MÉDICOS POR SOBRECARGA DE TRABALHO NOS ÚLTIMOS CINCO ANOS

Mínimo	Máximo	Média	Desvio-padrão
1	50	4,64	7,13

Fonte: Amostra, Intensidade, Distrito Federal, 2000-2002.

(n) Intermezzo: Estudar a intensidade do trabalho é relevante porque a intensificação do trabalho é hoje o combustível que sustenta o crescimento econômico e a expansão do capitalismo. Houve época em que estudar a duração da jornada era mais importante, porque era possível alongar as jornadas médias a limites inconcebíveis. Como esse caminho está limitado por um conjunto de regulações e normas sociais, e como a crescente intensificação do trabalho não sofre dos mesmos constrangimentos, é na esfera da intensidade que se localizam as principais mudanças dos ganhos de efetividade do trabalho.

Conseqüentemente, se podemos derivar uma hipótese a partir dessa localização da intensidade do trabalho no centro do debate contemporâneo sobre o labor, aí também se localizariam os conflitos mais candentes e as crises mais profundas. É algo a ser observado no presente e no futuro.

(o) A jornada de trabalho de bancos e casas bancárias foi estabelecida pelo art. 1º do Decreto 23.322 de 3/11/1933 em seis horas diárias, disposição que passou a incorporar a CLT a partir de 1943 (Sadi Dal Rosso, *A jornada de trabalho na sociedade: o castigo de Prometeu*, São Paulo, LTr, 1996, p. 240).

AGRADECIMENTOS

Muitos estudantes, bolsistas e voluntários, colaboraram em diversas partes do projeto de pesquisa do qual resulta este livro. Menciono Maria Luisa Barbosa, Amaranta Reis Duarte, Renato Carvalheira do Nascimento, Agnaldo A. Andrade, Camila Poyara Pereira e Nelson do Vale Oliveira. Destaco o esforço de Fernanda Pereira de Paula, que atuou no trabalho de campo e operou o processamento dos dados da pesquisa. Se outras pessoas colaboraram e não foram mencionadas, nem por isso deixo de registrar meu muito obrigado.

Este livro foi composto em Adobe Garamond, com texto em corpo 10,5 e títulos em Bookman ITC, e reimpresso em papel Chambril Avena 80 g/m² pela gráfica Forma Certa para a Boitempo, em outubro de 2024, com tiragem de 100 exemplares.